Gorodenkoff/Shutterstock

EDITORA
intersaberes

Estudos estratégicos
Érico Esteves Duarte

EDITORA intersaberes

Rua Clara Vendramin, 58 • Mossunguê
CEP 81200-170 • Curitiba • PR • Brasil
Fone: (41) 2106-4170
www.intersaberes.com
editora@editoraintersaberes.com.br

conselho editorial	Dr. Ivo José Both (presidente)
	Drª Elena Godoy
	Dr. Neri dos Santos
	Dr. Ulf Gregor Baranow
editora-chefe	Lindsay Azambuja
gerente editorial	Ariadne Nunes Wenger
preparação de originais	Ana Maria Ziccardi
edição de texto	Natasha Saboredo
capa	Débora Gipiela (design)
	kamomeen/Shutterstock (imagem)
projeto gráfico	Raphael Bernadelli
adaptação de projeto gráfico	Sílvio Gabriel Spannenberg
	Laís Galvão
equipe de design	Sílvio Gabriel Spannenberg
	Charles L. da Silva
diagramação	Querido Design
iconografia	Regina Claudia Cruz Prestes

Dado internacionais de Catalogação na Publicação (CIP)
(Câmara Brasileira do Livro, SP, Brasil)

• • •

Duarte, Érico Esteves
  Estudos estratégicos/Érico Esteves Duarte.
Curitiba: InterSaberes, 2020.

  Bibliografia
  ISBN 978-65-5517-564-6

  1. Estudos estratégicos 2. Pesquisa 3. Pesquisa – Metodologia
I. Título.

20-35166   CDD-001.42

• • •

Índices para catálogo sistemático:
1. Metodologia da pesquisa   001.42
2. Pesquisa: Metodologia   001.42
    Maria Alice Ferreira – Bibliotecária – CRB-8/7964

1ª edição, 2020.
Foi feito o depósito legal.

Informamos que é de inteira responsabilidade do autor a emissão de conceitos.

Nenhuma parte desta publicação poderá ser reproduzida por qualquer meio ou forma sem a prévia autorização da Editora InterSaberes.

A violação dos direitos autorais é crime estabelecido na Lei n. 9.610/1998 e punido pelo art. 184 do Código Penal.

Sumário

Apresentação, 7

capítulo um   Estudos estratégicos: origem e desenvolvimento conceitual, 18

1.1   Origem e desenvolvimento, 20

1.2   Finalidade e contribuições dos estudos estratégicos, 27

1.3   Conceitos e terminologia, 29

1.4   As agendas dos estudos estratégicos, 37

1.5   Estudos de segurança e críticas e limites dos estudos estratégicos, 41

capítulo dois   As causas da guerra e as condições para a paz: a guerra como fenômeno de estudo, 52

2.1   Guerra no reino animal, 54

2.2   Guerra e política, 58

2.3   Condições para a guerra: sociedade e economia, 69

2.4   Teoria da guerra de Clausewitz, 74

2.5   Métodos dos estudos estratégicos, 80

capítulo três   A guerra clássica e os conflitos contemporâneos, 90

3.1   Guerra e história, 92

3.2   A guerra e o Estado nacional moderno, 100

3.3   Guerra e formação dos Estados na América Latina, 108

3.4   Guerra e tecnologia, 113

3.5   Guerra no século XXI, 119

capítulo quatro **Relações civis-militares no Brasil contemporâneo, 136**

4.1 Elementos conceituais, 138

4.2 Relações civis-militares e efetividade militar, 141

4.3 Guerra e democracia, 149

4.4 Breve história militar do Brasil, 159

4.5 Relações civis-militares no Brasil contemporâneo, 175

capítulo cinco **Estudos estratégicos no Brasil, 186**

5.1 Origem e desenvolvimento, 188

5.2 A doutrina de segurança nacional no Brasil: origem e legado, 191

5.3 Panorama dos estudos estratégicos no Brasil, 196

5.4 A dimensão regional: América do Sul, 200

5.5 A dimensão internacional: Estados Unidos e África, 205

capítulo seis **Política de defesa no Brasil, 214**

6.1 Política de defesa: atributos, componentes e atividades, 216

6.2 *Checklist* para análise e avaliação de políticas de defesa, 223

6.3 Instituições e formulação de política de defesa no Brasil, 228

6.4 Os documentos brasileiros para a defesa nacional, 232

6.5 A efetividade das Forças Armadas brasileiras, 238

Considerações finais, 247
Consultando a legislação, 251
Referências, 252
Respostas, 266
Sobre o autor, 270

Apresentação

Atualmente, na virada para a terceira década do século XXI, existe um mal-estar geral com relação às democracias. Nos Estados Unidos, muitos acreditam que as últimas administrações, principalmente após os eventos do dia 11 de setembro de 2001, vêm minando as bases da democracia norte-americana. De maneira mais incisiva, existem indicações de uma onda autocrática ao longo do globo que envolve Filipinas, Turquia, Polônia e Hungria. Mais do que isso, existe uma sensação de que Rússia e China – cada uma a seu modo – estão com maior capacidade de atuação internacional, principalmente no caso chinês, em virtude dos crescentes poderios econômico e militar.

O cerne desse mal-estar é a preocupação de que as três grandes virtudes das democracias estejam sendo erodidas ou superadas. De acordo com essa visão, elas não estariam mais capacitadas a prover mais prosperidade e estabilidade social do que regimes não democráticos, por isso sua terceira virtude – a liberdade – estaria sendo colocada sob questão. Em outras palavras, passou-se a questionar se a liberdade seria condição suficiente para manutenção de regimes representativos como melhor forma de governo.

Apesar disso tudo, existe um argumento recente – baseado numa análise retrospectiva da história contemporânea – a favor das democracias: elas vencem guerras. Segundo Reiter e Stam (2002), em *Democracies at War,* entre 1816 e 1990, as democracias venceram

95% das guerras que iniciaram, contra 60% e 58% de, respectivamente, ditaduras e oligarquias. Além disso, mesmo quando atacadas, as democracias venceram 65% dos conflitos. Apesar de esse não ser um desempenho predominante, ele é muito mais significativo do que o de suas contrapartes, que venceram apenas 34% e 40% das vezes (Reiter; Stam, 2002, p. 27-29, 52-57).

Assim, surgiu uma quarta virtude (talvez a mais decisiva) que justifica a manutenção de regimes democráticos no século XXI: eles conduzem melhor guerras e são mais capazes de prover segurança. Isso porque democracias não venceram guerras porque eram mais ricas e produziam mais material bélico, nem porque se articulavam em alianças de estados liberais. As razões seriam outras duas: as democracias escolheram melhor as guerras que travaram e empregaram melhor suas forças combatentes do que os regimes não democráticos (Reiter; Stam, 2002, p. 4-11). Por fim, a condição institucional dessas vantagens estratégicas, logísticas e táticas residiria no seu sistema político de pesos e contrapesos, no controle social do Executivo por meio de consentimento público regular sobre questões de guerra e paz e pela organização de suas forças armadas, segundo princípios mais profissionais de meritocracia, pragmatismo e eficiência.

O desenvolvimento e preservação desses atributos explica o surgimento dos estudos estratégicos como disciplina acadêmica após a Segunda Guerra Mundial, com o propósito de prover conhecimentos sobre os propósitos e formas de uso da força, com atenção para a perpetuação desse equilíbrio. Esse é um campo de interesse do Estado, que se foca em apreciar: (1) os parâmetros e requisitos da efetividade das forças armadas; (2) a qualidade e responsabilidade do uso dessas forças pelo Executivo; (3) o apoio do Congresso e outros órgãos de controle do Executivo e das forças armadas; e (4) a consecução contínua, e mais aguda em tempos de crise, de um debate público.

Entretanto, para a execução desse papel social de grande importância, o estudioso da estratégia precisa de um foco muito mais claro e fundamentado de suas contribuições. Por um lado, ele não pode emprestar ou conceder "autoridade acadêmica" para justificação de decisões e ações relacionadas à guerra e à paz. Essas são questões políticas que correspondem às prerrogativas de escolher entre uma ou outra alternativa. O papel acadêmico é qualificar cada uma delas e não substituir ou sobrepor aqueles que têm esse mandato público. Por outro lado, os estudos estratégicos precisam ser uma disciplina mais rigorosa do que outros campos que tratam das relações humanas. Isso porque a área se originou nas ciências exatas, diante da ameaça de guerra nuclear, tendo em vista a consciência de que o risco da produção de conhecimentos inconsistentes, falsificados ou não replicáveis poderia acarretar desastres. Isso implica uma inclinação mais reducionista e objetiva de suas abordagens, ou seja, de concentração sobre os aspectos materiais e imateriais que envolvem o uso da força, excluindo-se suas implicações sociais, econômicas, éticas e culturais, mas, principalmente, as políticas. Consequentemente, esse é um campo que se atenta muito para a história e que é muito cauteloso na indicação de prescrições, previsões e generalizações.

No contexto brasileiro atual, este livro se justifica de duas maneiras. Por um lado, de maneira mais abrangente, com a celebração dos 30 anos de nossa Constituição Federal, ainda existem consideráveis avanços institucionais, de normas e de conhecimentos para serem desenvolvidos em matéria de defesa nacional. Nesse sentido, o livro atende à atribuição de divulgação científica dos estudos estratégicos. Por outro lado, de uma maneira mais específica, ele busca contribuir para a consecução das Diretrizes Curriculares Nacionais para os cursos de Relações Internacionais – Resolução n. 4, de 4 de outubro de 2017 (Brasil, 2017) –, que estabeleceram Segurança, Estudos Estratégicos e Defesa como eixos de formação estruturante.

Nesse sentido, devemos apontar que este é um livro formativo, com objetivos claros de aprendizado, por isso não daremos enfoque a informações sobre os últimos conflitos, tecnologias militares e modelos analíticos. Da mesma maneira, por ser um livro introdutório, não buscamos criticar (ou propor), de maneira aprofundada, as agendas e políticas de segurança e defesa brasileiras. Isso já foi realizado em outras oportunidades (Duarte, 2013b, 2016d, 2016a, 2015; Vucetic; Duarte, 2015; Fagundes; Duarte, 2014; Bonato; Duarte, 2014; Santos; Duarte, 2014). Dessa forma, o papel deste livro é permitir que cidadãos e alunos formulem suas próprias conclusões.

O livro oferece um conteúdo introdutório, mas relativamente aprofundado, levando-se em conta mais de 15 anos de pesquisa e docência na disciplina Estudos Estratégicos em instituições civis e militares dentro e fora do país. É válido ressaltar, no entanto, que esta obra não se limita a uma coleção de notas de aula e foi desenvolvida por meio de ampla revisão da literatura especializada, principalmente pela compilação dos principais periódicos acadêmicos, como *Journal of Strategic Studies, International Security, Security Studies, Comparative Strategy* e *Survival*. Portanto, esta obra busca apresentar os debates e desafios atuais do campo. Uma última e importante referência é o *Guia de Estudos da Estratégia*, de Domício Proença Júnior, Eugenio Diniz e Salvador Raza, que há 20 anos vem sendo o único livro de divulgação científica sobre estudos estratégicos publicado no Brasil.

Organizada em seis capítulos, a abordagem deste livro evolui de conteúdos mais gerais e teóricos para questões mais específicas, até chegarmos ao caso brasileiro. O conteúdo conceitual e analítico é exemplificado e retomado em capítulos posteriores. Estudos de casos e questões para reflexão foram distribuídos a fim de estimular o juízo crítico e o debate entre colegas.

No Capítulo 1, apresentaremos os fundamentos da área, estabelecendo como os estudos estratégicos evoluíram como campo acadêmico e explicando sua relação próxima com as questões de Estado. Também indicaremos conceitos básicos que, no Capítulo 2, serão expandidos com demonstração de seu alcance. Os estudos estratégicos não se limitam ao mundo contemporâneo e têm um poder de explicação trans-histórico, que abraça o mundo pré-histórico e o reino animal como objeto de estudo e comparação. Ademais, os estudos estratégicos são interdisciplinares e cobram noções de biologia, psicologia, ciência política, economia, sociologia, entre outros. Ainda assim, fundamenta-se em teorias próprias, sendo a principal a teoria da guerra, de Carl von Clausewitz.

No Capítulo 3, abordaremos um conteúdo mais histórico e específico do campo. Por um lado, exemplificaremos a importância da história como laboratório dos estudos estratégicos e esclareceremos seu papel na demonstração dos aspectos políticos, sociais e econômicos da guerra. Por outro, debateremos o papel da tecnologia na guerra e apontaremos os elementos de continuidade e mudança nas guerras do século XXI.

No Capítulo 4, avançaremos na transição de conteúdos gerais para modelos analíticos e questões contemporâneas da política internacional e da política doméstica dos países, principalmente os de regime democrático.

Por fim, nos dois últimos capítulos, examinaremos o Brasil: no Capítulo 5, delinearemos o campo dos estudos estratégicos no país e, no Capítulo 6, analisaremos e debateremos o aparato brasileiro para a defesa, incluindo suas Forças Armadas.

Boa leitura!

Como aproveitar ao máximo este livro

Empregamos nesta obra recursos que visam enriquecer seu aprendizado, facilitar a compreensão dos conteúdos e tornar a leitura mais dinâmica. Conheça a seguir cada uma dessas ferramentas e saiba como estão distribuídas no decorrer deste livro para bem aproveitá-las.

Conteúdos do capítulo
Logo na abertura do capítulo, relacionamos os conteúdos que nele serão abordados.

Após o estudo deste capítulo, você será capaz de:
Antes de iniciarmos nossa abordagem, listamos as habilidades trabalhadas no capítulo e os conhecimentos que você assimilará no decorrer do texto.

Conteúdos do capítulo
- Panorama geral sobre os estudos estratégicos.
- Razões históricas de seu surgimento e sua relação com outras áreas.
- Papel social e compromisso ético com a democracia.
- Desafios e limites de seu desenvolvimento e aplicação prática pelos Estados.

Após o estudo deste capítulo, você será capaz de:
1. compreender o contexto de surgimento dos estudos estratégicos e sua utilidade;
2. reconhecer os principais termos dos estudos estratégicos;
3. discutir as agendas de pesquisa e temas desse campo;
4. discutir as críticas de outras áreas aos estudos estratégicos (estudos de segurança, principalmente).

exércitos e forças aéreas —, como linguagem e códigos próprios, podem contaminar o campo e levá-lo a ter uma terminologia muito especializada e de limitada acessibilidade. Ademais, a complexidade da guerra contemporânea desafia a compreensão e comunicação de qualquer reflexão subordinada aos aspectos técnicos dos armamentos, equipamentos e processos militares.

No entanto, a guerra é mais antiga do que a humanidade e é um fator de sua evolução. Portanto, o conteúdo de seus conceitos e entendimentos e as implicações últimas de sua comunicação não são, realmente, um problema. Em parte, mais ocasionalmente do que deveria, isso é sintoma da fragilidade conceitual de políticas, formulações estratégicas inconsistentes ou direcionamentos do aparato de defesa para interesses e vieses particulares que deformam suas prerrogativas e atributos originais.

> **Preste atenção!**
> Ninguém mais do que o professor Sir Hew Strachan apontou o dedo para esse problema, com artigos, palestras públicas (disponíveis no Youtube) e um livro intitulado *The Direction of War: Contemporary Strategy in Historical Perspective* (2014). **Historiador militar especializado em Primeira Guerra Mundial, Strachan dirigiu, na Universidade de Oxford, o programa de pesquisa** *Changing Character of War* **entre 2004 e 2015, quando produziu diversas críticas às administrações britânica e norte-americana, que foram compiladas nesse livro.**

Um campo do conhecimento e atividade de interesse público que se manifesta por meio de termos sem sentido e que poucos compreendem se deve a um mau uso do idioma e é um erro básico da produção conceitual. Na ciência, as definições conceituais precisam ser elaboradas com base em definições compartilhadas socialmente, bem como em termos adicionais que permitam seu reconhecimento e, de alguma forma, sua mensuração (Jaccard; Jacoby, 2009, cap. 5). Por exemplo, a definição de *grande potência*, do teórico John

Preste atenção!
Apresentamos informações complementares a respeito do assunto que está sendo tratado.

---

credibilidade e utilidade do conhecimento acadêmico é ter suficiente autonomia para que possa ser relevante politicamente, sem ser parte dos departamentos políticos (Duyvesteyn; Michaels, 2016, p. 25-26).

Estudo de caso

Strachan (2014) oferece dois casos exemplares que ilustram esses problemas conceituais e terminológicos. O primeiro é a guerra global ao terror. Conduzida pelos Estados Unidos na esteira dos eventos do 11 de setembro de 2001, a guerra ao terror tornou-se uma expressão política, não uma estratégia, pois não se trava guerras contra uma forma de uso da força. A inconsistência dessa expressão denota a fragilidade das decisões e ajuda a explicar o fracasso das operações militares norte-americanas conduzidas para atendê-la. Uma estratégia é definida no tempo e espaço e contra oponentes específicos. Entretanto, a guerra ao terror não tinha definição geográfica e sua oposição variava de indivíduos — como Osama Bin Laden e Saddam Hussein —, estendendo-se a grupos étnicos e religiosos e chegando ao extremo de incorporar indivíduos associados e cobeligerantes sem vínculos claros com os citados anteriormente. A explicação para essas falhas, e o que sua falta de rigor terminológico mascarava, era a ausência de uma perspectiva de futuro político e de estratégias específicas correspondentes aos vários teatros para onde se deslocaram forças. Levados pelo excesso de confiança da superioridade de meios combatentes, não havia formulação de políticas sem conexão com as realidades regionais e capacidades militares disponíveis. Consequentemente, houve superextensão das forças, erosão do consenso político e danos institucionais na formulação da política de defesa dos Estados Unidos (Strachan, 2014, p. 11-14).

Outro exemplo importante foi o contexto de desenvolvimento do conceito *nível operacional da guerra*, amplamente difundido e

Estudo de caso
Nesta seção, relatamos situações reais ou fictícias que articulam a perspectiva teórica e o contexto prático da área de conhecimento ou do campo profissional em foco com o propósito de levá-lo a analisar tais problemáticas e a buscar soluções.

Importante!
Algumas das informações centrais para a compreensão da obra aparecem nesta seção. Aproveite para refletir sobre os conteúdos apresentados.

> Capítulo 2 que as causas e a resolução de guerras se dão por *status quo* político entre grupos e isso não é possível de ser feito a distância.
> De fato, o maior ganho real que se observa, atualmente, pela tecnologia é o **aumento no domínio do espaço de batalha**. Desde a introdução do telégrafo e de formas de comunicação a distância, existe a capacidade de troca de informações entre unidades combatentes adjacentes e seus centros de comando. Com a inovação contínua de computadores e sistemas automatizados, é possível que os sistemas de navegação, mira e controle de fogos de sistemas de armamentos atuem não apenas ao mesmo tempo, mas também em complementação – ou seja, integrados, mas não simplesmente com concentração de ações, e sim na correção para a maximização de efeitos.
>
> **Importante!**
> O que se denomina *guerra centrada em redes* teve início com a Marinha Britânica ainda no século XIX, expandindo-se posteriormente para a guerra na terra e no ar, evolvendo até mesmo o domínio espacial, onde a maior parte das ondas eletromagnéticas com informações e ordens passam. Assim, a digitalização da guerra foi capaz de ampliar a capacidade de detecção de ameaças no campo de batalha com mínimo contato **e máxima precisão e eficiência em circunstâncias táticas específicas**, em que uma força é capaz de enfrentar dispersa e a distância seu oponente.
> Portanto, as variações topográficas, as distâncias geográficas, as circunstâncias de maior ou menor concentração de forças e as **contingências políticas de lados opostos a engajar em circunstâncias de desvantagem ainda são predominantes com relação à tecnologia militar**.
>
> Ademais, ainda existem alguns desafios técnicos organizacionais de difícil superação. Do ponto de vista técnico, existe a ilusão de se criar um único supercomputador, bancos de dados e "sistemas dos sistemas" para todas as forças terrestres, marítimas e aéreas. Isso é impossível. O próprio controle dos aviões e navios de combate mais avançados demandam vários computadores e sistemas em cada

Síntese
Ao final de cada capítulo, relacionamos as principais informações nele abordadas a fim de que você avalie as conclusões a que chegou, confirmando-as ou redefinindo-as.

Para saber mais
Sugerimos a leitura de diferentes conteúdos digitais e impressos para que você aprofunde sua aprendizagem e siga buscando conhecimento.

> *Síntese*
> Neste capítulo, articulamos as causas, condições e interações da guerra. Você conheceu as características gerais da guerra em diversas espécies e aquelas particulares dos humanos, bem como quatro motivações para a guerra: competição por recursos, disputa por parceiros e melhores condições de bem estar e perpetuação de um grupo social, disputas por *status* e prestígio e disputa por território.
> As condições sociais e econômicas da guerra entre grupos sociais resultam em traços culturais e institucionais que potencializam essas causas em dois tipos de guerras. Primeiro, guerras ilimitadas, em que a concessão de alteração, ou não, de *status quo* político é tão grave que apenas será concluída quando um dos lados estiver prostrado, indefeso e sem capaz de resistir. Em segundo, guerras limitadas, causadas por motivações menos graves e polares, por isso os lados são capazes de atender seus objetivos e tirar concessões voluntárias do outro.
> O capítulo é encerrado apresentando as demais proposições conceituais da teoria da guerra de Carl von Clausewitz. Somados a elas, os fundamentos da guerra, pode-se entender os propósitos, meios e formas de emprego da guerra, bem como suas diversas variações e interações.
>
> *Para saber mais*
> DUARTE, E. E. **A Guerra entre China e Estados Unidos na Coreia.** Curitiba: Appris, 2019a.
> Essa obra permite uma reflexão aprofundada sobre guerras limitadas, por meio de um estudo de caso bem detalhado e importante das relações internacionais. Ela permite visualizar ainda a operacionalização de vários dos métodos apresentados neste capítulo.

é monopolizada pelos militares e o Ministério da Defesa ainda não possui um processo adequado de recrutamento de especialistas civis. Por fim, a dimensão da efetividade militar, teve avanço nos governos Lula, mas esses não foram suficientes para resolver incongruências entre o tamanho da força e seus gastos com o tipo de ameaças externas que o país tem.

Questão para reflexão

Para a avaliação da convergência entre sociedade e forças armada por Pion-Berlin e Martinez (2017), foram desenvolvidos alguns questionários que serviram de indicadores. Apesar de polêmicas, essas questões são necessárias de serem feitas e debatidas entre todos em uma democracia, recorrentemente. Por isso, propõe-se a comparação das impressões entre colegas quanto a quatro questões:

a. Você confia nas forças armadas brasileiras?
b. Os militares interferem na política nacional?
c. Qual sua avaliação dos valores e missões das forças armadas que você conhece?
d. Você avalia que existe risco de um novo regime militar no Brasil?

Certamente, essas questões não possuem uma resposta certa ou errada e muito mais propõem expor percepções e a maior ou menor convergência entre valores dos civis com os dos militares.

No contexto contemporâneo, existe uma sétima dimensão que avançou as relações civis militares no Brasil e convergiu política externa com política de defesa: a qualificação e engajamento do Brasil em operações de paz da ONU.

Nos últimos 30 anos, o Brasil desenvolveu um histórico e arcabouço institucional de suas forças armadas e um reservatório substantivo de experiência e recursos humanos militares para operações de paz. Com isso, é

Questões para reflexão
Ao realizar estas atividades, você poderá rever os principais conceitos analisados. Ao final do livro, disponibilizamos as respostas às questões para a verificação de sua aprendizagem.

A GUERRA do Paraguai. Guerras do Brasil. Direção: Luis Bolognesi. Episódio 3, Brasil: Netflix, 2018. Documentário. 26 min.

Esse filme faz um resumo histórico da Guerra da Tríplice Aliança, ou do Paraguai, com contribuições de especialistas no tema.

Questões para revisão

1. Aponte três elementos que caracterizem a importância da participação brasileiras em missões de paz das Nações Unidas.
2. Explique por que os objetivos políticos de Solano Lopez que deflagraram a Guerra da Tríplice Aliança, ou do Paraguai, não podem ser apontados como de guerras limitadas. Consulte as seções 2.3 e 2.4, no Capítulo 2, para recuperação do conceito.
3. Assinale a única alternativa correta com relação ao financiamento da guerra em democracias:
   a. O financiamento externo é a melhor forma, pois não gera ônus à população doméstica.
   b. O financiamento direto é a melhor forma porque permite controle social e reduz os efeitos inflacionários da guerra.
   c. A extração indireta não tem efeitos inflacionários porque financia a guerra em longo prazo.
   d. A extração direta é melhor porque não tem nenhum ônus e a população sempre irá apoiar as decisões da liderança política de ir à guerra.
   e. Todos os países têm condições de financiar a guerra por meio do aumento de impostos.
4. Assinale a única alternativa **incorreta** sobre o consentimento público para a deflagração de guerras em democracias:

Questões para revisão
Ao realizar estas atividades, você poderá rever os principais conceitos analisados. Ao final do livro, disponibilizamos as respostas às questões para a verificação de sua aprendizagem.

> **Consultando a legislação**
> Listamos e comentamos, nesta seção, os documentos legais que fundamentam a área de conhecimento, o campo profissional ou os temas tratados no capítulo para você consultar a legislação e se atualizar.

Consultando a legislação

A principal base legal que ampara os conteúdos deste livro são os artigos 4, 21, 49, 84, 89, 90, 91, 136, 137, 142 e 144 da Constituição Federal (Brasil, 1988). São eles que regulam as várias instâncias e atribuições relacionadas à defesa nacional.

A base legal que ampara os estudos estratégicos como parte da formação dos cursos de Relações Internacionais no Brasil são as Diretrizes Curriculares Nacionais para os cursos de Relações Internacionais – Resolução n. 4, de 4 de outubro de 2017, do Conselho Nacional de Educação (Brasil, 2017).

Por fim, os atuais documentos que orientam a política externa declaratória do Brasil são: Livro Branco da Defesa Nacional (Brasil, 2018a), a Estratégia Nacional de Defesa (Brasil, 2012a) e, principalmente, a Política Nacional de Defesa (Brasil, 2018b).

capítulo um

Estudos estratégicos: origem e desenvolvimento conceitual

Conteúdos do capítulo

- Panorama geral sobre os estudos estratégicos.
- Razões históricas de seu surgimento e sua relação com outras áreas.
- Papel social e compromisso ético com a democracia.
- Desafios e limites de seu desenvolvimento e aplicação prática pelos Estados.

Após o estudo deste capítulo, você será capaz de:

1. compreender o contexto de surgimento dos estudos estratégicos e sua utilidade;
2. reconhecer os principais termos dos estudos estratégicos;
3. discutir as agendas de pesquisa e temas desse campo;
4. analisar as críticas de outras áreas aos estudos estratégicos (estudos de segurança, principalmente).

1.1 Origem e desenvolvimento

O estudo da guerra não é domínio distintivo e exclusivo dos estudos estratégicos. A reflexão sobre a guerra é tão velha quanto (ou mais do que) o domínio da escrita. No entanto, a atividade de seu estudo foi, na maior parte do tempo, restrita aos comandantes e combatentes e a pensadores à frente de seu tempo.

De fato, a primeira disciplina criada em bases acadêmicas modernas para avançar na compreensão sobre a guerra foi Relações Internacionais. Em 1919, na Universidade do País de Gales, em Aberystwyth, foram criadas as primeiras cadeiras destinadas a compreender as causas das guerras e como evitar que uma catástrofe como a Primeira Guerra Mundial (1914-1918) se repetisse. Seria muito cruel simplesmente afirmar que as relações internacionais fracassaram na missão quando a Segunda Guerra Mundial (1939-1945) eclodiu. Entretanto, além das dificuldades de interação entre acadêmicos e políticos e dos constrangimentos da prática da estratégia, que veremos mais adiante, é importante apontar as falhas das relações internacionais na compreensão e estudo da guerra, as quais, como elementos de sua definição disciplinar, persistem atualmente.

Do ponto de vista dos estudos estratégicos, as relações internacionais – particularmente, a corrente que mais se dedica a questões de segurança internacional, o realismo – vêm falhando na compreensão da guerra e, de certa maneira, do próprio sistema internacional porque têm uma definição limitada e uma agenda de pesquisa insuficiente sobre capacidades militares.

Uma componente principal do núcleo duro das **teorias realistas** é a distribuição de capacidades militares entre os atores internacionais, pois é ela que define os padrões de comportamento desses atores e os distingue em termos de comportamento externo e atendimento de suas finalidades políticas.

Os realistas falham ao prover definições materiais de poder e ferramentas analíticas objetivas para estudá-lo foi apontado por construtivistas (Wendt, 1995) e liberais (Legro; Moravcsik, 1999). Kenneth Waltz (1979, p. 181-183) é ambíguo com relação às propriedades do poder militar e, assim como grande parte dos realistas, limita-se a definições e abordagens indiretas do poder militar, como PIB, orçamento de defesa, capacidade industrial e orçamento ou detenção de tecnologia militar avançada (Kennedy, 1989; Wohlforth, 1999). Essas deficiências foram reconhecidas e parcialmente revistas por John Mearsheimer (2007) em *A tragédia da política das grandes potências*, que distinguiu poder (militar) real de poder latente. Ainda assim, essa e outras formulações de estudiosos das relações internacionais pecam na consideração e explicação de aspectos centrais sobre o poder militar, como:

- a discrepância de desempenho entre forças combatentes e uma mesma força em condições diferentes;
- a variação de efetividade na percepção por lideranças políticas e comandos militares de ameaça ou avaliação estratégica;
- as diferenças essenciais entre defesa e ataque;
- as várias formas e utilidades de emprego da força;
- a condição da guerra como um fenômeno de efeito mútuo entre os beligerantes e as dimensões e tipos dessas relações interativas.

De modo geral, a crítica que se faz às relações internacionais é que elas tratam as guerras e as forças combatentes como caixas pretas, em que apenas importam dados e explicações sobre o que ocorre antes e depois, ignorando-se seus desenvolvimentos e, com isso, boa parte das evidências históricas. Essas deficiências foram compiladas e confrontadas por Stephen Biddle (2006) em *Military Power: Explaining Victory and Defeat in Modern Battle*, que – por meio de modelos históricos, estatísticos e computacionais – apontou como o realismo das relações internacionais não é capaz de explicar a maioria das guerras. A implicação prática disso é a limitação da produção de conhecimento e aprendizado sobre os fracassos e erros de países democráticos e não democráticos na defesa da nação e na condução da guerra.

O melhor exemplo disso ainda é a Primeira Guerra Mundial, sobre a qual diversos mitos ainda são mantidos por várias abordagens e estudiosos das relações internacionais. A seguir desconstruímos alguns deles.

- A Primeira Guerra Mundial não foi um acidente causado de maneira precipitada e indesejada. Ela também não foi causada por instituições deturpadas e que funcionavam segundo mecanismos automáticos de mobilização e deflagração da guerra. De fato, ela foi projetada, com consciência de escala, caráter e duração.
- Nenhum país foi forçado a entrar na guerra por alianças secretas. Os envolvidos consideraram bem honrar, ou não, seus compromissos. Mais do que isso, as lideranças usaram essas alianças de maneira a aplacar grupos domésticos opositores à guerra.
- Nenhum país entrou nessa guerra por uma falha de cálculo racional. Houve informações e sinais suficientes capturados e processados pelos serviços de inteligência, de maneira que os líderes sabiam das posições dos demais países e suas prováveis reações à ação dos demais. Era claro que a Rússia reagiria se a Áustria atacasse a Sérvia; que a Alemanha atacaria a França e a Rússia; e que o Reino Unido se aliaria à França.
- Mais importante, todas as partes estavam conscientes de que essa não seria uma guerra curta e de pequenas baixas. O fato é que elas entendiam que tudo isso era justificado pelo interesse nacional (Harrison, 2016, p. 137-140).

Os problemas da formulação estratégica da Primeira Guerra Mundial – e as principais lições a serem aprendidas – são: primeiro, ela foi instigada por líderes irresponsáveis e sem qualificação sobre as questões de guerra; segundo, ela foi conduzida por comandos militares imprudentes com relação ao aparato militar que tinham à mão e que suplantaram critérios de efetividade militar por valores anacrônicos; por fim, entre as democracias, a conscientização pública sobre a guerra – por representantes legislativos, imprensa e acadêmicos – era idealista e sem reflexão independente (Duarte, 2016c). Consequentemente, a população era refém e massa de manobra das lideranças políticas e militares.

No contexto da Segunda Guerra Mundial, esses atores responsáveis pelo debate público sobre a guerra estavam mais qualificados e presentes, no entanto, ainda bastante dispersos, uma vez que a disciplina de Relações Internacionais não teve o impulso que se esperava e passou a dar enfoque a outros temas além de guerra e paz. Por isso, no início da Guerra Fria (1947-1991) e sob o risco de guerra nuclear, houve a organização de uma nova comunidade de especialistas sobre a guerra.

Os estudos estratégicos surgiram com a formação de acadêmicos civis, na maioria, das ciências exatas e da economia, preocupados em prover conhecimento rigoroso às políticas de defesa na era atômica. O ineditismo dessa tecnologia como artefato de guerra e a participação próxima de departamentos universitários inteiros no seu desenvolvimento, nos Estados Unidos e no Reino Unido, abriram espaço para civis nessas áreas. A falta de uma história militar do armamento nuclear tornou a bagagem de conhecimento acumulado das forças armadas pouco útil e, por isso, foi necessário produzir conhecimento novo, basicamente de maneira abstrata e com muito mais rigor metodológico. A principal referência desse processo foi a criação da *Rand Corporation*, em 1948, por ex-funcionários oriundos do Departamento de Guerra, de projetos de pesquisa e desenvolvimento militar e de empresas de defesa dos Estados Unidos.

O campo não ficou limitado aos conhecimentos técnicos para tomadores de decisão. Ele desenvolveu, desde o início, um conteúdo ético de que uma Primeira Guerra Mundial nuclear era inaceitável. Em outras palavras, no contexto atômico, o potencial de devastação por incompetência de líderes ou irresponsabilidade de militares era proibitivo. Além disso, os oficiais militares tiveram de aderir aos campos de conhecimento correlatos nas universidades para serem capazes de criar, atualizar, gerir e saber como empregar o novo arsenal. Entretanto, a expansão acadêmica para apoiar esses empreendimentos continuou a ocorrer, principalmente, nos departamentos das ciências exatas. Por isso, a criação de espaços para produzir conhecimento sobre guerra e estratégia surgiu na esteira da escalada da Guerra Fria a partir da Guerra da Coreia (1950-1953).

As mais antigas instituições de estudos estratégicos são o Departamento de Estudos de Guerra e Paz da Universidade de Columbia, nos Estados Unidos, criado em 1951; o Instituto Internacional de Estudos Estratégicos, criado em 1958; e o Departamento de Estudos de Guerra do King's College, da Universidade de Londres, criado em 1962. O primeiro foi criado pelo então comandante supremo da Organização do Tratado do Atlântico Norte (Otan) Dwight Eisenhower, ainda com elementos de missão e aspectos próximos das relações internacionais, ou seja, tinha como função promover entendimento sobre as consequências desastrosas da guerra. O segundo surgiu para criação e manutenção de uma comunidade de especialistas dentro e fora de governos, com o objetivo de subsidiar políticas e debates públicos sobre questões relacionadas ao uso da força. O terceiro surgiu da fusão do Departamento de Ciência Militar – criado no século XIX e expandido na Segunda Guerra Mundial, formado por e para militares – com a cadeira de História Militar, criada em 1926.

Os anos 1950 e 1960 foram a era de ouro, quando se formaram acadêmicos respeitados e influentes. Nos anos 1970, apesar da expansão de departamentos de pesquisa e pesquisadores, existiram alguns percalços: primeiro, porque vários desses centros de pesquisa (*think tanks*) e departamentos de universidades se tornaram vinculados a projetos e departamentos militares e governamentais, perdendo autonomia e originalidade; segundo, porque as guerras no Terceiro Mundo levaram à politização da comunidade e ao descrédito e distanciamento mútuos entre academia e governo (Duyvesteyn; Michaels, 2016, p. 25).

A formação de oficiais militares sofreu ciclos correspondentes de mais proximidade e distanciamento dos estudos estratégicos e de mais e menos equilíbrio entre conteúdos de estratégia e técnicos (Proença Júnior; Duarte, 2007). Particularmente, nos serviços militares intensivos de tecnologia militar – marinhas e forças aéreas –, o déficit tornou-se maior, bem como o equilíbrio entre membros da profissão militar e o público (Shanks-Kaurin, 2018, p. 22; Beasley Jr., 2018, p. 104-105).

Em parte, esse déficit foi reduzido ao final dos anos 1970, com a "redescoberta" da teoria da guerra, de Carl von Clausewitz, pela obra *Pensar a guerra Clausewitz*, de Raymond Aron (1976), e, em especial, pela nova tradução para o inglês do livro *Da guerra* (Clausewitz, 1976), feita por Michael Howard (fundador do Instituto Internacional de Estudos Estratégicos e do Departamento de Estudos de Guerra do King's College) e Peter Paret. Nessas obras, foram oferecidas bases teóricas para orientação normativa da obrigação de os civis se qualificarem e produzirem a direção da guerra. Essa agenda manteve-se relativamente contínua e produtiva até o fim da Guerra Fria, quando houve a ascensão de várias perspectivas sobre a irrelevância da guerra e seu estudo, bem como houve a proposta de transformação da guerra para novas e distintas formas e a revolução da guerra pela tecnologia (Miller, 2010, p. 640).

Consequentemente, desde então, os estudos estratégicos vieram sofrendo gradual marginalização nos mundos acadêmico e governamental. Apenas muito recentemente, na esteira dos insucessos dos Estados Unidos e da Europa no Iraque e no Afeganistão, bem como na esteira da percepção da expansão das capacidades militares russa e chinesa, houve uma parcial revitalização do campo.

A condição atual é mista em decorrência de fatores exógenos e endógenos. Primeiramente, o panorama internacional contemporâneo e os flagrantes insucessos das alternativas ao pensamento estratégico tradicional na formulação e direção efetiva da guerra recuperaram o reconhecimento dos estudos estratégicos pelos militares (Duarte, 2012). Em segundo lugar, existe deficiência institucional dos departamentos civis de defesa dos governos, que ainda não foram capazes de articular, de maneira consistente e consolidada, as esferas e os procedimentos públicos e restritos de reflexão sobre a estratégia nem de se articular com o mundo acadêmico (Augier; Marshall, 2017, p. 276; Domingo, 2015, p. 530-532; Strachan, 2014). No Brasil, a posição mais próxima seria a do Chefe de Estado-Maior Conjunto das Forças, no entanto, este tem uma limitada capacidade de planejamento. Por fim, as relações internacionais ainda não se conformaram em como recuperar seu mandato original e avançar, nos seus departamentos, a produção de uma interface melhor com os estudos estratégicos; além disso, o estudo da guerra ainda é periférico e visto com ressalvas.

Um aspecto do problema é a condição de seus cursos de graduação. Por um lado, são, em boa medida, dispersos, sem foco curricular e com limitada correspondência com pesquisa teórica. Por outro, o problema se manifesta na predominância de um pequeno círculo de acadêmicos ocidentais, particularmente dos Estados Unidos, nos periódicos, livros e comitês de instituições que promovem o estudo de temas correlatos, o que leva à potencial reificação do conhecimento e ao escopo limitado de temas, fontes e resultados (Duyvesteyn; Michaels, 2016, p. 25; Domingo, 2015, p. 530-532)

Por último, os estudos estratégicos ainda pecam pela falta de bases epistemológicas que consolidem o campo como ramo científico (Duarte; Mendes, 2015). Isso decorre da falta de continuidade de sua evolução e de critérios rígidos para a produção de conhecimento empiricamente corroborado e para o intercâmbio de conhecimentos com as burocracias civis e as forças armadas. Consequentemente, falha-se na organização de hierarquia de conhecimentos, divisão de trabalho intelectual e falsificação explícita de propostas superadas.

> **Para saber mais**
>
> O texto a seguir permite um exercício de reflexão sobre o contexto da Primeira Guerra Mundial e suas implicações, lançando mão de indicação de filme de mesmo nome.
>
> DUARTE, E. E. O batalhão perdido: a grande guerra e a mudança na face da batalha contemporânea. In: ZANELLA, C.; NEVES JÚNIOR, E. (Org.). **As relações internacionais e o cinema**. Belo Horizonte: Fino Traço, 2016. v. 2: Estado e Conflitos Internacionais. p. 117-130

1.2 Finalidade e contribuições dos estudos estratégicos

A razão de ser dos estudos estratégicos é o desafio milenar de as sociedades políticas serem capazes de **equilibrar, de maneira sustentável, segurança, prosperidade e liberdade**.

Historicamente, segurança com liberdade tem sido a aspiração dos regimes liberais desde as cidades-Estado gregas, passando pelas repúblicas romana e holandesa e chegando aos nossos dias. Embora muitas democracias tenham sido conquistadas e abaladas por forças externas, os modelos atuais têm tido certa virtude em repeli-las. O maior desafio tem sido, realmente, a manutenção da estabilidade e da funcionalidade internas dos aparatos de guerra, que, do contrário, têm levado a desequilíbrios econômicos, sociais e institucionais, rupturas e transformações para outros tipos de regimes menos virtuosos. Portanto, o preço que se paga pela fragilidade de tal equilíbrio é ter de vigiá-lo eternamente.

Isso se resume na vigilância dos líderes políticos e dos militares. Por um lado, os líderes políticos sempre irão ter problemas para entender a utilidade da força e se inclinar a usar as forças armadas como instrumento conveniente para resolver, de forma inadequada, problemas de curto prazo, com gradual evasão ou erosão do consentimento público. Por outro lado, as forças armadas sempre vão buscar autonomia e, sem direção política e reformas regulares, tendem a perder efetividade.

Portanto, os estudos estratégicos nascem do compromisso ético com regimes representativos e têm, como finalidade social, contribuir para que eles mantenham o foco nas questões sobre o uso da força e propiciem que civis e militares tenham os conhecimentos necessários para a elaboração da estratégia e do incremento da efetividade militar com consentimento público (Earle, 1943a; Freedman, 2017). Os conhecimentos desse campo devem estar relacionados aos fins, meios e métodos de uso da força para propósitos políticos (Duarte; Mendes, 2015; Duyvesteyn; Worrall, 2017, p. 347).

O forte e claro vínculo entre estudos estratégicos e sua utilidade social deve-se ao fato de que eles não evoluíram gradualmente da convergência de interesses intelectuais e da percepção de suas potenciais implicações na sociedade. Eles surgiram de fracassos políticos, estratégicos, institucionais e intelectuais das democracias no começo do século XX, portanto, os imperativos e implicações de sua utilidade social antecedem e definem, muito claramente, os requisitos de sua contribuição (Domingo, 2015, p. 228-230):

- Prover educação para especialistas e não especialistas.
- Prover avaliação e responsabilização da política de defesa.
- Desenvolver-se por meio de argumentos baseados em método, rigor e evidência empírica.
- Formar especialistas, cuja relação com o público deve ser condicionada à capacidade constante de refutar comentários críticos de outros especialistas.
- Transcender interesses e vieses que contrariem sua finalidade social.

Esses requisitos apresentam duas repercussões para a área. Internamente, é um campo interdisciplinar, mas com foco e critérios muitos claros de produção de conhecimento. Ou seja, é um campo que deve se manter inclusivo, mas severo quanto aos termos de seu progresso. Externamente, os estudos estratégicos devem dar subsídios, em todas as oportunidades possíveis, às instituições, debates e atividades que avancem na conscientização e no consentimento públicos sobre as questões referentes à guerra e aos usos e atributos das organizações de força da sociedade.

> **Para saber mais**
>
> Os *sites* apresentados a seguir correspondem às principais associações acadêmicas, respectivamente, nacional e internacional de estudos estratégicos. Seu acesso permite conhecer mais sobre as histórias e contribuições dessa área.
>
> ABED – Associação Brasileira de Estudos de Defesa. Disponível em: <https://www.abedef.org/>. Acesso em: 18 fev. 2020.
>
> IISS – International Institute for Strategic Studies. Disponível em: <https://www.iiss.org/>. Acesso em: 18 fev. 2020

1.3 *Conceitos e terminologia*

Um dos aspectos mais desafiantes dos estudos estratégicos para cumprimento de seu desenvolvimento como campo do conhecimento e de sua função social é seu rol de conceitos e terminologias. A raiz do problema é que a imprecisão de conceitos e discursos, ou a demasiada codificação dos termos relacionados à guerra, levam à redução do consentimento público e ao distanciamento entre civis e militares.

Em parte, isso é compreensível pela própria gramática da guerra: as características particulares de cada força singular – marinhas, exércitos e forças aéreas –, com linguagens e códigos próprios, podem contaminar o campo e levá-lo a ter uma terminologia muito especializada e de limitada acessibilidade. Ademais, a complexidade da guerra contemporânea desafia a compreensão e comunicação de qualquer reflexão subordinada aos aspectos técnicos dos armamentos, equipamentos e processos militares.

No entanto, a guerra é mais antiga do que a humanidade e é um fator de sua evolução. Portanto, o conteúdo de seus conceitos e entendimentos e as implicações últimas de sua comunicação não são, realmente, um problema. Em parte, mais ocasionalmente do que deveria, isso é sintoma da fragilidade conceitual de políticas, formulações estratégicas inconsistentes ou direcionamentos do aparato de defesa para interesses e vieses particulares que deformam suas prerrogativas e atributos originais.

> **Preste atenção!**
>
> Ninguém mais do que o professor Sir Hew Strachan apontou o dedo para esse problema, com artigos, palestras públicas (disponíveis no Youtube) e um livro intitulado *The Direction of War: Contemporary Strategy in Historical Perspective* (2014). Historiador militar especializado em Primeira Guerra Mundial, Strachan dirigiu, na Universidade de Oxford, o programa de pesquisa *Changing Character of War* entre 2004 e 2015, quando produziu diversas críticas às administrações britânica e norte-americana, que foram compiladas nesse livro.

Um campo do conhecimento e atividade de interesse público que se manifesta por meio de termos sem sentido e que poucos compreendem se deve a um mau uso do idioma e é um erro básico da produção conceitual. Na ciência, as definições conceituais precisam ser elaboradas com base em definições compartilhadas socialmente, bem como em termos adicionais que permitam seu reconhecimento e, de alguma forma, sua mensuração (Jaccard; Jacoby, 2009). Por exemplo, a definição de *grande potência*, do teórico John Mearsheimer (2007), refere-se a países que possuem grandes forças terrestres e capacidade de retaliação nuclear. Essa é uma definição precisa de um tópico de interesse de estudo e que pode ser observado empiricamente. É possível identificar, por meio de informações adicionais, quais países possuem, por exemplo, submarinos capazes de lançamento de mísseis balísticos (no caso, Estados Unidos, Rússia, China, Reino Unido e França). Assim, esse conceito pode ser verificado, refinado e até ter seus termos substituídos. Portanto, os conceitos e termos usados nos estudos estratégicos, como em qualquer campo científico, devem ser constantes e claros na sua correspondência com a realidade.

Ainda assim, é um problema recorrente o condicionamento dos conceitos e, dessa maneira, do conteúdo, dos estudos estratégicos a agendas e atividades governamentais. A primeira consequência disso é a tensão entre a preocupação acadêmica com a estratégia ser generalista, de longo prazo e contínua, e a vida política formada pela contingência, com variadas e intermitentes perspectivas de curto prazo. Isso, por si só, gera muita confusão e dificuldade na comunicação entre ambos os lados e o setor público. Mas o pior que pode acontecer é a incorporação acrítica, pelos estudiosos, dos verbetes do governo e das forças armadas como equivalentes, ou substitutivos, de conceitos teóricos (Strachan, 2014).

O estudioso deve ser capaz de assimilar e compreender essas expressões terminológicas para desempenhar seu papel público, e, principalmente, para examiná-las como objeto de estudo (o que representam e ao que atendem); entretanto, o estudioso não deve chancelar, com autoridade acadêmica, conceitos das instituições governamentais como forma de validá-los, muito menos como forma de aumentar o seu alcance e impacto na agenda política. Por um lado, a autoridade acadêmica é uma falácia em si mesma, uma vez que os melhores conceitos, do ponto de vista científico, são aqueles que explicam mais e melhor a realidade, independentemente de seu autor e da instituição de origem. Por outro lado, o que garante a credibilidade e utilidade do conhecimento acadêmico é ter suficiente autonomia para que possa ser relevante politicamente, sem ser parte dos departamentos políticos (Duyvesteyn; Michaels, 2016, p. 25-26).

Estudo de caso

Strachan (2014) oferece dois casos exemplares que ilustram esses problemas conceituais e terminológicos. O primeiro é a guerra global ao terror. Conduzida pelos Estados Unidos na esteira dos eventos do 11 de setembro de 2001, a guerra ao terror tornou-se uma expressão política, não uma estratégia, pois não se trava guerras contra uma forma de uso da força. A inconsistência dessa expressão denota a fragilidade das decisões e ajuda a explicar o fracasso das operações militares norte-americanas conduzidas para atendê-la. Uma estratégia é definida no tempo e espaço e contra oponentes específicos. Entretanto, a guerra ao terror não tinha definição geográfica e sua oposição variava no que se refere às figuras centrais, como Osama Bin Laden e Saddam Hussein, estendendo-se a grupos étnicos e religiosos e chegando ao extremo de incorporar indivíduos associados e cobeligerantes sem vínculos claros com as figuras citadas. A explicação para essas falhas, e o que sua falta de rigor terminológico mascarava, era a ausência de uma perspectiva de futuro político e de estratégias específicas correspondentes aos vários teatros para onde se deslocaram forças. Levados pelo excesso de confiança da superioridade de meios combatentes, não havia formulação de políticas sem conexão com as realidades regionais e capacidades militares disponíveis. Consequentemente, houve superextensão das forças, erosão do consenso político e danos institucionais na formulação da política de defesa dos Estados Unidos (Strachan, 2014, p. 11-14).

Outro exemplo importante foi o contexto de desenvolvimento do conceito *nível operacional da guerra*, amplamente difundido e presente até mesmo nas publicações doutrinárias e no vocabulário das Forças Armadas brasileiras. Sua origem foi bem registrada, nos anos 1980, pela Otan, como parte da revitalização do pensamento estratégico convencional após a derrota dos Estados Unidos no Vietnã. O nível operacional da guerra surgiu para definir a orientação de emprego das forças combatentes terrestres e aéreas de vários países de maneira convergente. Até os anos 1980, os contingentes dos serviços militares de cada país eram preparados e planejados para operar separadamente em setores específicos, segundo um ambiente estratégico que se manteve contínuo por 30 anos e que tinha como limite a escalada das operações ao teto da dissuasão nuclear.

A criação da "arte operacional" serviu ao incremento de revisão de hipóteses de guerras, planos operacionais integrados para multiplicação de força e incorporação de novos sistemas de armamentos sem uma nova estratégia, pois os propósitos políticos, as delimitações geográficas e as forças oponentes não se alteraram.

Com o fim da Guerra Fria, o nível operacional passou a ser a perspectiva dominante da preparação e do emprego militar na falta de contextos simplificados de direção política e estratégica da bipolaridade. Como o aparato para formulação estratégica não foi revisto, houve mais inconstância no direcionamento do emprego da força e redução da política de defesa à renovação da doutrina militar pela atualização de sistemas de armamentos, normas e práticas do que hipóteses de emprego politicamente orientados. Isso porque os propósitos políticos se tornaram vagos e descontextualizados – devido à ampliação unilateral de superioridade militar ocidental – e justificavam o avanço de **conceitos operacionais** desprovidos de qualquer formulação estratégica, como: **revolução de assuntos militares**, *transformation* e **guerras de quarta geração** (Strachan, 2014, p. 17-18). O mais grave disso tudo, do ponto de vista acadêmico, é que esses "conceitos" foram aceitos no âmbito dos estudos estratégicos como equivalentes e, em alguns casos, superiores a conceitos com base em teorias e empiricamente validados. Ainda que o nível operacional tenha utilidade na organização mental e burocrática das forças armadas, como conceito, ele não é ancorado em qualquer teoria e aquelas três formulações derivadas já foram suficientemente falsificadas (Duarte, 2012, p. 9-35).

O provimento de uma linguagem que possibilite um esperanto intelectual entre interlocutores distintos para reflexão, debate e descoberta de conhecimentos é um dos papéis da teoria. No campo dos estudos estratégicos, a teoria da guerra de Carl von Clausewitz é a mais duradoura e amplamente testada e reconhecida, sendo qualificada como fonte de termos e conceitos.

Preste atenção!

Carl Phillip Gottlieb von Clausewitz (1780-1832) foi um militar prussiano que teve sua vida associada à Revolução Francesa (1789-1799) e às Guerras Napoleônicas, participando diretamente das campanhas de 1805-1806, 1813 e 1815. Entre 1807 e 1811, compôs o comitê que reorganizou e reformou as forças armadas prussianas e foi instrutor de cadetes da Academia Militar de Berlim e do Príncipe Augusto.

É válido ressaltar que Clausewitz foi produto de uma primeira geração de oficiais formados segundo um currículo formal e contemporâneo. Distintamente, ele foi contemporâneo da criação do modelo moderno de educação superior de Wilhelm von Humboldt, na Universidade de Berlim, e do surgimento dos estudos pedagógicos e das escolas-modelo idealizadas por Johann Pestalozzi, com quem chegou a se corresponder. Por isso, Clausewitz discordava de formulações dogmáticas da guerra e se esforçou na elaboração de teorias e métodos pedagógicos para seu estudo, de maneira que cada comandante, ou estudioso, aprendesse por conta própria a produzir suas soluções e formulações sobre a guerra, ou a avaliar com autonomia intelectual a utilidade e a consistência daquelas formuladas por outros.

> A grande tragédia de sua contribuição reside na precariedade da comunicação de suas contribuições – seja em razão de sua morte prematura, seja pela destruição de parte de seus arquivos na Segunda Guerra Mundial –, logo, na reprodução e acesso consistente de seus escritos, em especial de sua principal contribuição, a obra *Da guerra*, que tem sobrepostas, pelo menos, três versões do manuscrito produzidas ao longo de dez anos de estudos.

A compreensão do pensamento de Clausewitz é difícil, assim como sua assimilação e interpretações contemporâneas. Por isso, optamos, neste livro, pela sua apresentação gradual ao longo deste e do próximo capítulo, principalmente por meio de casos. A sumarização de seus conceitos operacionais, a seguir, não pretende resumir essa teoria, o que é feito na Seção 2.4, mas apresentar conceitos básicos que atendem ao papel de introduzir questões centrais dos estudos estratégicos e associar e ordenar os demais conceitos do campo, por meio de outras teorias e agendas de estudo.

Figura 1.1 – Atividades e categorias analíticas da guerra

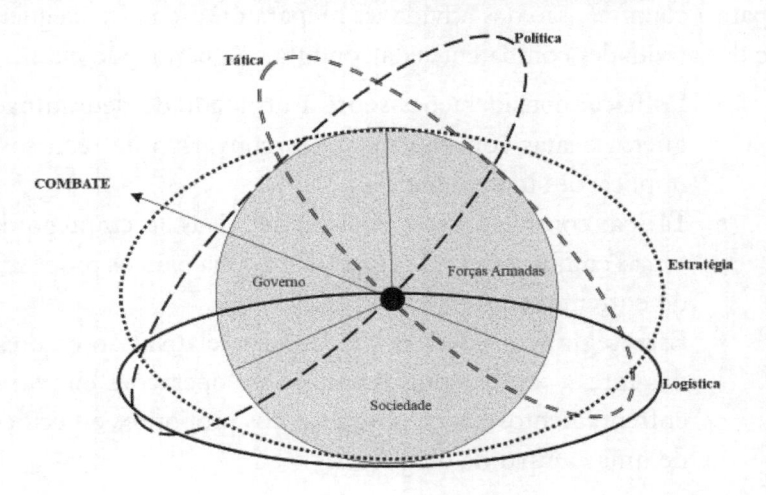

A guerra compreende uma vasta série de atividades. Seu conjunto mais amplo é classificado por Clausewitz (1976) como a arte da guerra. Um escopo bem mais restrito de atividades envolve o uso das forças combatentes e é classificado como a conduta da guerra. Esse segundo conjunto de atividades é a preocupação de Clausewitz (1976) e compreende a teoria da guerra propriamente dita. Essa teoria, no seu sentido mais preciso, trata, portanto, das **considerações do uso das forças combatentes na conduta da guerra**. Com esse entendimento de recorte, Clausewitz (1976) faz, por um lado, uma distinção entre **categorias de fatos** – atividades concretas conduzidas pelas forças combatentes na realidade – e **categorias analíticas** – instrumentos para a análise e a instrução intelectual sobre a guerra. O que existe na realidade, portanto, são: (1) a criação, movimentação, posicionamento e manutenção das forças combatentes; (2) o enfrentamento; (3) a campanha; e (4) a guerra (Proença Júnior; Duarte, 2005; Duarte, 2013a).

As **categorias analíticas** não existem na realidade, elas são construções abstratas, resultado de proposições conceituais da teoria da guerra em contraposição à história da guerra. Elas são aplicadas para a compreensão das atividades preparatórias da arte da guerra e das atividades combatentes da conduta da guerra. São elas:

- **Política**: considerações sobre a utilidade de determinada guerra e suas consequências em conversão de recursos e implicações internacionais.
- **Tática**: considerações e decisões relativas ao emprego das forças combatentes no campo de batalha para os propósitos do enfrentamento.
- **Estratégia**: considerações e decisões relativas ao emprego das forças combatentes no teatro de operações em vários enfrentamentos para a produção dos propósitos específicos de uma campanha ou guerra.

- **Logística**: considerações e decisões relativas à preparação para que as forças combatentes estejam prontas para seu uso combatente.

Essas categorias analíticas têm a função de enquadrar a realidade bélica, delimitando os fatos mais importantes daqueles que são menos importantes e seus relacionamentos de causa e efeito. Dessa maneira, existe a possibilidade de controle do fenômeno, sua inferência sobre diferentes pontos de vista e a compreensão mais ampla possível.

> **Para saber mais**
>
> A palestra indicada a seguir, realizada pelo então comandante das forças holandesas, oferece um testemunho pessoal dos dilemas de preparação de defesa nacional em democracias e os riscos de não realizá-la adequadamente.
>
> UHM, P. van. **Por que eu escolhi uma arma**. TED, Amsterdam, 30 jan. 2012. Disponível em: <https://youtu.be/LjAsMIvAhWo>. Acesso em: 18 fev. 2020.

1.4 As agendas dos estudos estratégicos

A principal agenda de pesquisa dos estudos estratégicos é avançar no entendimento sobre a guerra e em como pensar sobre ela. O tipo de conhecimento puro que a pesquisa almeja produzir são bases para o entendimento sobre a guerra, testando, corroborando e falsificando teorias e hipóteses contra fatos. Existem **quatro linhas de pesquisa**, derivadas da teoria da guerra de Clausewitz e da observação da prática da estratégia.

1. *Fins*
A pesquisa sobre as possibilidades e formas como a guerra pode ser utilizada para propósitos políticos. O que se espera de sua produção é "compreender melhor como os planos de guerra de cada sociedade política podem servir a seus propósitos políticos ao longo do tempo em relação a cada um dos seus rivais" (Duarte; Mendes, 2015, p. 139). O objetivo é fornecer subsídios para que líderes políticos sejam capazes de desenhar e demandar objetivos políticos viáveis pela avaliação da correlação entre os meios disponíveis e as condições de seu emprego e os resultados esperados (Duyvesteyn; Michaels, 2016, p. 26-27).

2. *Meios*
A "centralidade da guerra é o uso da força e esta é sua própria gramática. Portanto, uma agenda de pesquisa permanente" refere-se às "forças combatentes, em suas várias formas, ao longo da história e no tempo contemporâneo" (Duarte; Mendes, 2015, p. 136). O objetivo é apoiar a atividade governamental de projeto de forças combatentes e de desenho das circunstâncias de emprego; os requisitos operacionais e de desempenho; os recursos materiais, humanos e técnicos; os procedimentos e doutrinas; e os termos de avaliação de utilidades estratégicas. Esses meios têm ainda especializações e condicionantes do domínio onde operam: terra, mar, ar e espaço. Em outras palavras, esse é um conhecimento necessário para as "instituições responsáveis na alocação de recursos não apenas orçamentários, mas em termos de utilidade dos meios [de força] auferidos. A questão não é simplesmente" se a quantidade "de recursos é suficiente, mas para que é suficiente" (Duyvesteyn; Michaels, 2016, p. 32-34).

3. *Métodos*

A contingência e a variação dos contextos e objetivos políticos, mais os constrangimentos da gramática da guerra e seus meios, criam um contraste permanente, que é a atribuição eminente de a estratégia harmonizar, por meio da elaboração de cenários e planos militares, combinados ou não, com outros instrumentos não coercitivos. A mais complexa agenda de pesquisa dos estudos estratégicos é qualificar a formulação estratégica ao estudar e propor os vários métodos pelos quais as forças combatentes podem ser empregadas em função das condições relativas de forças e da intenção positiva, ou negativa, de um lado sobre o outro. Historicamente, uma função pública dos estudos estratégicos é a falsificação de formulações prescritivas na concepção de planos segundo leis, princípios e tradições. Em seu lugar, uma linha de pesquisa é a elaboração de alternativas de projeção de resultados e planejamento do emprego dos meios coercitivos.

4. *Educação e estudo sobre a guerra*

É função dos estudos estratégicos o avanço de arcabouços pedagógicos e metodológicos para o ensino e pesquisa sobre a guerra, bem como a contribuição para a educação de líderes políticos, comandantes e combatentes e do público sobre a guerra. Além do debate público sobre as implicações práticas dos fins, meios e métodos da guerra, outra forma de realização dessa linha de pesquisa é pela expansão da compreensão sobre as guerras do passado e do presente.

Note que, mesmo as linhas de pesquisa pura dos estudos estratégicos, não devem ser desconexas de sua utilidade social. A questão, aqui, é que esse produto e efeito são gerais e de alcance mais longo em termos de suas implicações.

Os estudos estratégicos vêm produzindo outro ramo de pesquisa aplicada para solução de problemas específicos de Estados e forças armadas, com base em linhas de pesquisa menos gerais, mais técnicas e específicas. Essa pesquisa aplicada também é denominada *estudos de defesa* e organiza-se em duas linhas principais, com várias subcategorias.

A primeira é a **análise de defesa** e compreende uma gama de técnicas e estudos para o apoio dos vários estágios da formulação de uma política de defesa. Vários desses estudos e técnicas derivam do que se chama de *ciência militar*, ou seja, um tipo de conhecimento, em geral, produzido no âmbito das forças armadas, centrado na questão do combate.

A segunda linha de pesquisa aplicada é a **gestão da defesa**, referente à extensão e adequação de outros campos do conhecimento para atividades-meio ligadas à execução das várias atividades-fim da política de defesa. Portanto, esse é um tipo de conhecimento bastante híbrido e técnico, mas, essencialmente, **civil** e com **menor conteúdo militar**.

Confira, no Quadro 1.1, subcategorias de cada uma dessas linhas de pesquisa.

Quadro 1.1 – Áreas de pesquisa aplicada dos estudos estratégicos

Análise de defesa	Gestão de defesa
Análises de sistemas de defesa	Diferenças entre gestão civil e gestão de defesa
Análises de estratégia e tática	
Alocação de recursos e forças	Aquisição de sistema de armamentos
Informação e inteligência	Política Pública
Análise de operações e cenários	Orçamento e economia de defesa
Cenários de emprego de força	Gestão e liderança
Comando, controle e comunicações	Gestão organizacional
Simulações de combate e jogos de guerra	Aspectos institucionais

> **Para saber mais**
>
> Este é o principal, mas não o único, periódico acadêmico de estudos estratégicos. Recomendamos, na medida do possível, que leia os títulos e resumos dos artigos, a fim de desenvolver uma noção da produção acadêmica internacional da área.
>
> JOURNAL OF STRATEGIC STUDIES. Disponível em: <https://www.tandfonline.com/toc/fjss20/current>. Acesso em: 18 fev. 2020.
>
> O artigo a seguir aprofunda o debate sobre a evolução dos estudos estratégicos no ambiente acadêmico e sobre sua importância para a formulação de políticas de defesa
>
> PROENÇA JÚNIOR, D.; DUARTE, E. Os estudos estratégicos como base reflexiva da defesa nacional. **Revista Brasileira de Política Internacional**, Brasília, v. 50, n. 1, p. 29-46, 2007.

Como é possível perceber, essas áreas de pesquisa aplicada são relacionadas às atividades executivas e instrumentais e aos tomadores de decisão, analistas e gestores de atividades de defesa.

1.5 Estudos de segurança e críticas e limites dos estudos estratégicos

Como apontamos nas seções anteriores, os estudos estratégicos perderam consistência e qualidade em sua produção posterior à Guerra Fria, em boa medida, pelas deficiências, que apontamos anteriormente, de perda de rigor conceitual e metodológico e má conexão com o mundo político. Essa foi uma razão interna e teve como implicação a perda de utilidade social. Ademais, no mesmo período, o campo também perdeu credibilidade e espaço nos mundos acadêmico e político em razão das críticas e do antagonismo com o, então, emergente e, hoje, dominante campo dos estudos de segurança internacional (Buzan, 1987; Buzan; Hansen, 2009). A produção dos estudos estratégicos é acusada de uma aparente falta de relevância e percebida como tendo falhas intelectuais, ao passo que a produção dos estudos de segurança parece ter recebido mais apelo no contexto de democracias liberais do Ocidente (Duyvesteyn; Worrall, 2017, p. 347-348).

Em geral, os estudos de segurança são um subcampo das relações internacionais que busca oferecer alternativas às abordagens tradicionais sobre as questões de segurança e de defesa. Isso remete ao realismo e aos estudos estratégicos, mas, de fato, os estudos de segurança são uma "perspectiva", não uma escola de pensamento, paradigma ou programa de pesquisa. Uma de suas motivações de origem e expansão foi, justamente, a libertação das amarras conceituais e metodológicas e do enfoque bem delimitado dos estudos estratégicos. Por isso, os estudos de segurança tendem à experimentação nos critérios de demarcação e produção do conhecimento. Eles têm como base não apenas a incorporação e replicação mais ampla de conceitos e métodos da antropologia, da sociologia, da psicologia e da comunicação, mas também – como parte do terceiro debate das relações internacionais, entre abordagens positivistas e pós-positivistas – reconhecem, ou propõem, a mudança na natureza da política, do Estado, da segurança e da guerra.

Isso implica dois tipos de críticas aos estudos estratégicos: ou ele foi superado e se tornou incapaz de explicar a realidade; ou sua forma e sua orientação de produção de conhecimento não permitem a superação das condições de uso da força. Observe a seguir as principais críticas aos estudos estratégicos e a resposta a cada uma delas.

1. Os estudos estratégicos têm uma demarcação epistemológica estreita e superada, por isso o campo é incapaz de abarcar a complexidade de aspectos e dimensões relacionadas à guerra. Ademais, têm uma orientação positivista e a solução de problemas.

O compromisso ético dos estudos estratégicos cobra que eles sejam não apenas restritos e especializados, mas também efetivos. A crítica que alguns estudiosos da estratégia fazem aos estudos de segurança é que tentar contemplar tudo o que afeta as políticas nacionais domésticas de um país "requer conhecimento de cultura, religião, alimentação, línguas, meio ambiente, economia, provimento de energia e água e ética" (Strachan, 2014, p. 41, tradução nossa). Ao serem excessivamente inclusivos, perdem o foco e explicam muito pouco (Gray, 1999).

Ademais, é possível responder que os estudos estratégicos reconhecem a importância de que se estudem questões e eventos emergentes relacionados à segurança; no entanto, seu enfoque deve continuar a explicar o mesmo velho fenômeno da guerra de sempre (Miller, 2010, p. 644). Dessa forma, as consequências de seu mau emprego são razão mais do que suficiente para que se enfrente esse problema.

2. O campo tem um foco limitado ao Estado nacional e às forças armadas, sendo que existe a manifestação do uso da força por grupos não estatais.

Isso é falso, visto que a guerra precede o Estado e a humanidade e, mesmo depois do advento destes, sempre se manifestou segundo as amplas margens de variação da política como objeto e organização social. Ademais, o campo não é limitado às convenções legais do que se denominam *guerras* e *instituições militares* nos dias de hoje. O emprego de drones e intervenções humanitárias, por exemplo, não é guerra no sentido legal do termo, mas a expressão do fenômeno bélico do ponto de vista dos estudos estratégicos. Por fim, na realidade presente e na expectativa futura, tanto os Estados e suas forças armadas quanto outras entidades, com mais capacidades e consequências no uso da força, seguirão como objeto de pesquisa dos estudos estratégicos.

3. Os estudos estratégicos detêm um arcabouço teórico rígido e pouco criativo, senão pobre, do ponto de vista de ambição e desafio intelectuais.

Isso é parcialmente verdade, mas decorreu de problemas que também repercutem nos estudos de segurança. Primeiramente, podemos destacar o modismo e a inclinação a proposições novas com descarte das velhas, que são problemas provenientes de expectativas de mudança da natureza da guerra pelos armamentos nucleares, pela tecnologia e pela cultura. Particularmente, o último decorre da influência dos estudos de segurança (Gray, 1977; Duarte, 2012; Proença Júnior; Duarte, 2007).

Há também o predomínio das mesmas poucas instituições de pesquisas dos Estados Unidos e da Europa que controlam as editoras de jornais e livros acadêmicos, o que leva à perda de vitalidade intelectual.

Por fim, há o excedido vínculo dos estudos estratégicos com departamentos governamentais, principalmente nos Estados Unidos, que leva à perda de originalidade e qualidade. Ademais, a guerra e as condições de sua condução por democracias são desafios intelectuais bastante significativos (Augier; Marshall, 2017, p. 285).

4. Os estudos estratégicos orientam a produção de conhecimentos aplicados a soluções para o provimento de defesa e segurança pelo Estado. Trata-se de um braço acadêmico da gestão das coisas do Estado (*statecraft*).

Se existe um consenso nos estudos estratégicos é o de que as alternativas ao controle do uso da força pelo Estado e a disseminação do emprego da guerra por outros tipos de atores **são piores**. Ademais, existe ampla comprovação empírica de que a recorrência da guerra e sua taxa de letalidade reduziram desde o surgimento do Estado nacional (Pinker, 2017; Morris; Gil, 2016; Gat, 2017). Nesse sentido, existe a confluência entre estudos estratégicos e o realismo das relações internacionais pela relevância do Estado e por compartilharem das mesmas bases do pensamento ocidental que refletem a sua evolução no provimento de seu principal papel: a segurança.

As críticas apresentadas anteriormente são úteis, pois ajudam a delimitar os desafios e limites dos estudos estratégicos.

O primeiro deles é que o campo pode sofrer de miopia e desatualização com temas emergentes. Da mesma maneira, é recorrente a convicção de que possa produzir modelos analíticos e recomendações políticas que possam controlar, ou mesmo eliminar, as variações e incertezas da guerra. Esse é um problema de excesso de reducionismo na tentativa de generalizar para todos os casos uma explicação ou solução prática, ou de intensiva formalização ou quantificação de teorias e metodologias que comprometam o alcance de teorias e estudos. O remédio para esse problema é reconhecer, constantemente, o pensamento estratégico não apenas nas suas contribuições efetivas, mas também nas suas falhas.

O segundo desafio, derivado do primeiro, é produzir indicadores de observação e modelos de análise relativos e comparativos do poder militar e que reconheçam o caráter relacional, reativo e contextual da guerra. Existem sucessivos estudos que superestimam fatores quantificáveis como riqueza, população, orçamentos de defesa e níveis de desenvolvimento tecnológicos como variáveis suficientes para explicar a efetividade militar e os resultados da guerra (Beckley, 2018; Biddle, 2006). A solução para isso é mais atenção e rigor no reconhecimento da gramática da guerra, em particular, de seu caráter humano e fatores não materiais.

O terceiro, e talvez o maior, desafio dos estudos estratégicos é prover a perpetuação dos seus conhecimentos – ao longo do tempo – para novas gerações de leigos na universidade, no governo e em instituições privadas, bem como novas gerações de militares (Domingo, 2015, p. 258). Esse é um desafio que vai além do campo e há limites do que se possa fazer pelos seus membros. O principal deles é a necessidade permanente de ampliação de sua comunidade em veículos de divulgação científica, entretanto, existem dois aspectos que são políticos e parecem ser intrínsecos.

Por um lado, não existe – e talvez não seja possível existir – uma profissão específica de estrategistas no âmbito dos governos. A principal consequência disso é que a educação daqueles que ocupam essa função é enviesada, quando não inadequada, porque ela não é institucionalizada e sistemática. Uma evidência disso é a resistência à teoria da guerra de Clausewitz como única teoria geral e consolidada do campo e à sua adequação como base pedagógica daqueles que formulam a estratégia. Aqui, não nos referimos aos oficiais de Estado-Maior que, de uma maneira ou de outra, estudam Clausewitz. Aqui, nos referimos às figuras que ocupam o papel de pensar e articular Estado, forças armadas e sociedade para a guerra. Em alguns casos, elas são ocupadas por militares, mas nem sempre.

Por outro lado, os líderes políticos formulam decisões sobre forças armadas, defesa e guerra baseadas em vários fatores, domésticos e internacionais, da mídia e de partidos políticos. Entre todos eles, os acadêmicos e suas teorias são os mais fáceis de serem ignorados porque não custam nada para isso. O único remédio – de irregular efeito – é que o campo sempre contribua para um debate público amplo e barulhento. Isso também não é óbvio e fácil de proceder, visto que o incentivo estrutural do mundo acadêmico não favorece essa relação com o público, embora haja o atendimento de indicadores de produção, hoje, basicamente pela publicação em periódicos especializados e de limitado acesso (Freedman, 2017, p. 2).

Por razões históricas, no Brasil e em outros países, existem as eventuais criação, fusão, separação e sobreposição entre associações e subcampos afins de estudos de defesa, história militar, policiais, de segurança, entre outros. Essas são questões expedientes que não devem obstruir os propósitos, métodos e produtos do campo (Miller, 2010, p. 644-645). Isso tudo indica ser da universidade a responsabilidade principal pelos estudos estratégicos; e dos acadêmicos a responsabilidade de resolver seus próprios interesses e vieses, desde que a maximização da segurança com liberdade seja do interesse de todos (Proença Júnior; Duarte, 2007).

Questão para reflexão

Para entender a agenda dos estudos estratégicos e suas fronteiras com outras disciplinas, principalmente os estudos de segurança, você deve debater com seus colegas suas impressões com relação ao filme *300* (2007), que narra a Batalha das Termópilas entre espartanos e persas, sobre os pontos que chamaram mais sua atenção . Em seguida, compare suas opiniões com as de seus colegas e avalie se cada um deles teve interesses mais próximos aos dos estudos estratégicos ou dos estudos de segurança. Outra possibilidade é conduzir o debate com base nas análises política e estratégica: Por que os gregos mobilizaram tão poucos para fazer frente aos persas? Termópilas era, realmente, o melhor local para essa batalha, tendo em vista que ela seria a primeira de muitas? Qual era a correspondência dessa batalha com a Batalha de Artemísio, entre as marinhas ateniense e persa? Não teria sido uma alternativa melhor uma estratégia de desgaste e recuo, de modo a enfrentar os persas quando estivessem mais dispersos e exauridos? O sacrifício espartano era realmente necessário?

300. Direção: Zack Snyder. EUA, 2006. 117 min.

Síntese

Neste capítulo, contextualizamos o panorama de surgimento dos estudos estratégicos após a Segunda Guerra Mundial, mas, ainda, marcadamente influenciados pelas implicações da Primeira Guerra Mundial. Isso permitiu a você, leitor, compreender o caráter interdisciplinar de seu desenvolvimento com base em outros campos do conhecimento, tendo, como membros de sua primeira geração, estudiosos provenientes das ciências exatas e da economia.

O compromisso ético em prover especialistas civis e militares mais bem qualificados sob a égide do armamento nuclear levou os estudos estratégicos a terem um foco muito definido. Isso teve, como consequências, uma interlocução difícil com novos desenvolvimentos nos campos das ciências sociais e relações internacionais, bem como uma limitação na promoção de debates públicos e expansão de sua comunidade de estudiosos.

Assim, com o estudo deste capítulo, foi possível concluir que o desafio dos estudos estratégicos é manter seu rigor metodológico e papel social originais, sem prejuízo para sua atualização temática e divulgação científica.

Questões para revisão

1. Qual das alternativas a seguir indica uma atribuição dos estudos estratégicos?
    a. Listagem e comparação de armamentos.
    b. Promover o militarismo.
    c. Refletir sobre o uso da força de maneira geral e sobre a efetividade militar em democracias de maneira mais específica.
    d. Acabar com o fenômeno da guerra.
    e. Trata-se do estudo das formas práticas e simbólicas da guerra, como guerra às drogas e guerra à pobreza.

2. Qual das alternativas a seguir **não** indica corretamente uma correlação entre fins e meios no que se refere à análise das guerras?

   a. Logística: atividades preparatórias e combatentes.
   b. Política: a conversão de recursos sociais em militares.
   c. Política: uso da guerra para os propósitos da política.
   d. Tática: o uso de armamentos pelos soldados numa guerra.
   e. Estratégia: o uso de enfrentamentos e forças combatentes para uma campanha ou guerra.

3. Qual das alternativas a seguir **não** faz parte da agenda de pesquisa dos estudos estratégicos?

   a. Estudos para construção da paz e superação do Estado nacional.
   b. As formas de constituição e emprego de marinhas, forças aéreas e exércitos.
   c. Educação militar.
   d. Estudo e comparação de guerras ilimitadas e limitadas.
   e. Teste e falsificação de conceitos sobre a guerra e a estratégia.

4. Aponte três críticas que os estudos estratégicos fazem ao estudo das guerras realizado pelas relações internacionais.

5. Entre as escolas ou paradigmas das relações internacionais, qual possibilita mais convergência com os estudos estratégicos? Justifique sua resposta.

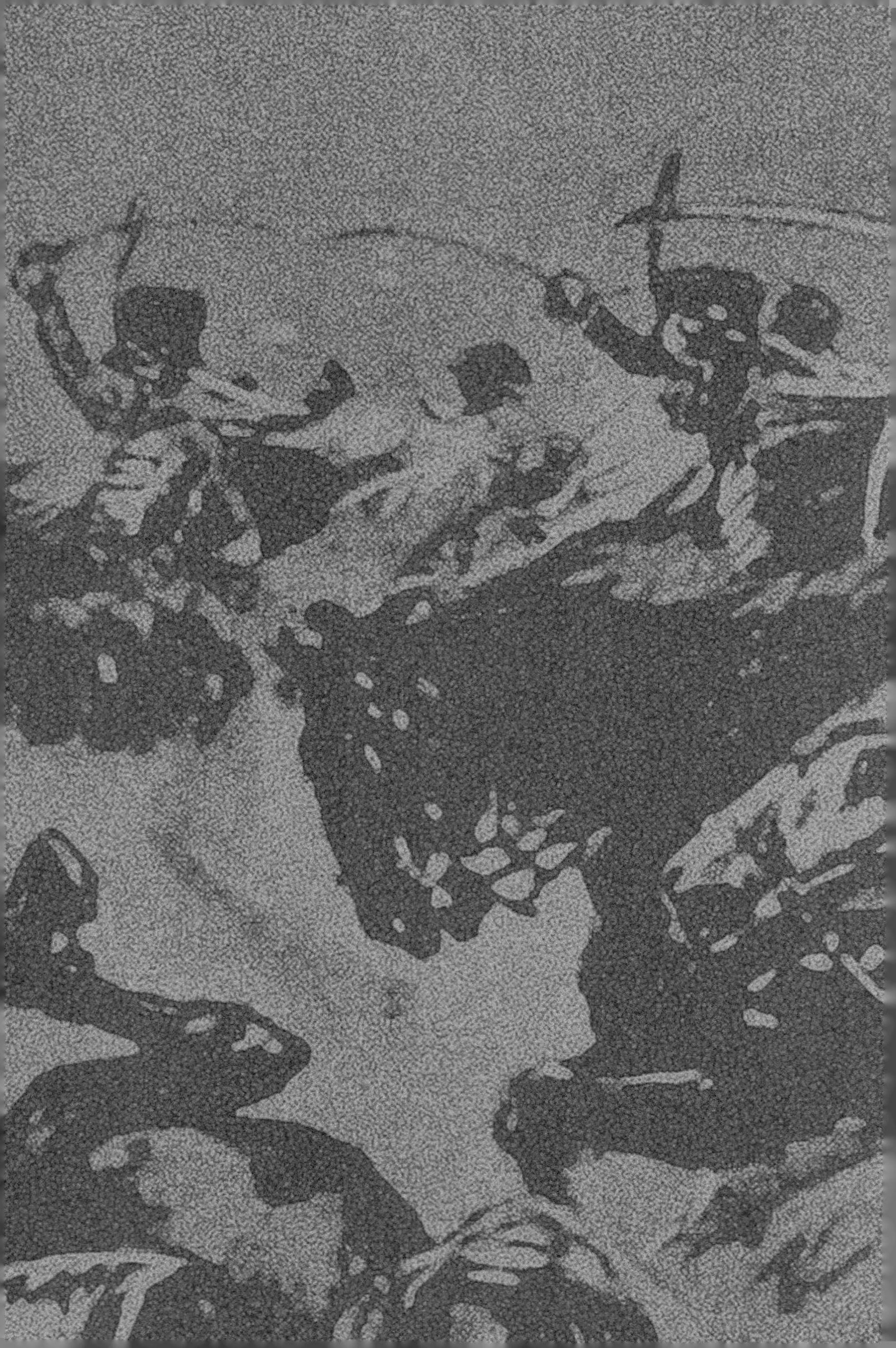

capítulo dois

As causas da guerra e as condições para a paz: a guerra como fenômeno de estudo

Conteúdos do capítulo:

- Principais conceitos dos estudos estratégicos.
- Causas e condições da guerra.
- Teoria da guerra de Carl von Clausewitz.
- Métodos de estudo da guerra.

Após o estudo deste capítulo, você será capaz de:

1. compreender que a guerra não é um atributo exclusivo dos humanos;
2. identificar as origens e as barreiras da agressividade humana;
3. discutir as dimensões econômicas e sociais da guerra;
4. discutir o paradoxo entre natureza e contexto das guerras;
5. analisar, politicamente, as guerras, diferenciando guerras ilimitadas e limitadas.

2.1 Guerra no reino animal

Os tempos atuais de TV a cabo e canais de documentários sobre o reino animal, como Animal Planet e Discovery Channel, tornaram insustentáveis os argumentos de que a guerra é um traço exclusivamente humano e que outras espécies não matam seus iguais. De insetos a chimpanzés, existe a recorrência de guerras entre grupos de uma mesma espécie. Mais do que isso, existe certo consenso entre cientistas de que o choque entre grupos de uma mesma espécie pode ser mais intenso em violência porque eles competem pelos mesmos tipos de recursos e território, além de serem mais equivalentes em termos de adaptação a um ambiente, o que lhes confere simetria em capacidade de luta.

Existem quatro motivações para a guerra (Gat, 2017, p. 41-49), sendo a **competição por recursos** a causa mais recorrente para a agressão e violência na natureza, bem como o principal traço em comum entre animais e humanos. Essa competição é inevitável pela impossibilidade – pelo menos, até tempos modernos – de se alcançar equilíbrio entre grupos e disponibilidade de recursos. Mesmo em ambientes abundantes, há a propagação de indivíduos, de maneira que se limita sua disponibilidade, elevando a escala de competição. Em ambientes mais escassos, há a demarcação mais rigorosa de território, que não impede assaltos entre os grupos ou a tentativa de dominação ou conquista de um sobre o outro.

O tipo de recurso que produz mais disputa no reino animal é a comida de mais alto valor nutritivo. Entre elas, carne é a principal, em razão de seu alto valor nutricional e disponibilidade menos constante e contínua. Em seguida, há a disputa por frutas e raízes. Já herbívoros raramente lutam por pasto, pois seu baixo valor nutricional e ampla disponibilidade não justificam os custos do controle de seu acesso.

A segunda principal causa para guerra no reino animal é a **disputa por parceiros e melhores condições de reprodução**. Enquanto essas últimas também são relacionadas ao acesso a recursos alimentares e ao provimento de segurança para os descendentes, existe a predisposição à procura de parceiros em grupos distintos como forma de maximização da variabilidade genética. Certamente, existe grande variação dessa causa devido à sazonalidade e às condições específicas de acasalamento e reprodução de cada espécie e até mesmo entre populações de uma mesma espécie. Ainda assim, geralmente os machos estabelecem um perímetro, incursões e lutas por áreas favoráveis com relação à disponibilidade de parceiras. Leões, por exemplo, têm a característica de apenas acasalarem quando alcançam a condição de macho-alfa, por isso são bastante agressivos quando há presença de outros machos adultos no perímetro de seu bando. Essa variável, portanto, opera em função das taxas operacionais de acasalamento e reprodução de cada espécie (Johnson; Toft, 2014, p. 19).

A terceira causa de guerras é a **disputa por *status* e prestígio** dentro de bandos. Indiretamente, essa causa está relacionada à maior disponibilidade de recursos e oportunidades de reprodução aos líderes de grupos animais. Uma variação ou extensão desse tipo de causa é a **retaliação entre bandos** como forma de preservação da posição de um bando, seja para dissuasão ou enfraquecimento de um bando rival, seja para conquistá-lo e, assim, obter aumento de posição ao ter um maior número de indivíduos subordinados, recursos e parceiros.

A quarta causa é a **predominância do comportamento territorial** como principal estratégia para atendimento das demandas anteriores. O comportamento territorial não é exclusivo dos humanos e existe no reino animal – é uma característica que evoluiu em grupos distintos e em diferentes ecossistemas. A recorrência desse comportamento vem sendo interpretada como uma convergência evolucionária de várias espécies para uma solução estratégica comum. As espécies que tendem a desenvolver territorialidade tentam maximizar suas possibilidades de sobrevivência e reprodução, bem como seu *status* dentro de um bando. O controle de território favorece um grupo na disputa por recursos – comida, parceiros, abrigo, locais de reprodução e proteção de predadores. Assim, o território em si não tem valor. O controle de território garante acesso a recursos-chave e proteção contra competidores (Johnson; Toft, 2014, p. 19).

No entanto, a territorialidade não é uma estratégia universal e existe variação entre espécies, populações e indivíduos. Essa estratégia pode ser benéfica em certos lugares e custosa em outros. À estratégia de territorialidade sobrepesam três cálculos:

- o potencial de retenção de recurso ou o potencial de uso da força;
- o valor assimétrico do território, ou seja, o valor em disponibilidade de recursos ou comparado ao custo de migração, e o valor que o grupo dá ao território;
- a possibilidade econômica de defesa ou o custo-benefício da utilidade da luta pelo território.

O primeiro cálculo é a **correlação de forças entre bandos**. Nesse ponto, devemos levar em conta que os detentores de um território têm vantagens táticas contra intrusos mais fortes ou predadores. Por isso, essa correlação não se limita a uma estimativa numérica simples de espécies que vivem em grupo ou a uma simples avaliação do porte de espécies que vivem individualmente, como aranhas, salamandras e alguns tipos de pássaros. Isso porque animais e humanos moldam o ambiente para lhes dar mais vantagem de combate e, nesse sentido, a disponibilidade tática do terreno é também um fator importante.

O segundo cálculo é o dos **riscos, custos e benefícios entre territorialidade e alternativas estratégicas**. Residentes dão mais valor ao território que habitam porque, além de dispor de recursos adequados, têm mais a perder quanto mais tempo passam nele. Em outras palavras, a familiaridade que os grupos desenvolvem com o passar do tempo em uma mesma área favorece suas condições de sobrevivência e reprodução comparadas com a necessidade de prospectar áreas desconhecidas. Portanto, residentes têm mais a perder se removidos. Isso confere um valor acima da quantidade de recursos objetivos precisos, pois são consideradas as condições relativas entre bandos e entre espécies de um ecossistema. Áreas grandes e abundantes povoadas por espécies herbívoras pequenas tendem a ser mais tolerantes. No entanto, grandes herbívoros, como elefantes e búfalos africanos, convivem constantemente com a escassez, visto que precisam de muita comida. No caso do búfalo, a condição restrita de acasalamento, desde que não conviva em bandos, faz dele um dos animais mais agressivamente territorialistas.

A disputa por território onde se sabe que há recursos alimentares raramente é uma estratégia pior do que a fuga e a busca por outras áreas. Os riscos de não se encontrar uma nova área ou de confronto em deslocamento são sempre altos, bem como os custos de adaptação em novo habitat. A disputa pelo controle de um território não se resume, unicamente, a uma predisposição de uso constante da violência, mas, além do curto prazo, de uma estratégia dissuasória, ou seja, para evitar conflitos futuros.

O terceiro cálculo é referente aos **custos econômicos de defesa do território**. Em outras palavras, calcula-se se os custos de defesa do território são menores do que os recursos disponíveis. Espécies herbívoras seminômades tendem a ser menos agressivas quando a comida é abundante e a densidade populacional de bandos é baixa, visto que a defesa de território é desperdício de esforço; ou onde inexistem recursos, pois não existe recompensa pela defesa do território. Além disso, mais comum do que o uso da violência em disputas é o uso de demonstrações de agressividade como forma de reprimir e espantar rivais. Por sua vez – como as evidências de lobos, chimpanzés e humanos nômades mostram –, os grupos que defendem ou tomam um território raramente o fazem por meio de confrontos abertos. De maneira geral, utilizam incursões calculadas, eliminando pequeno número de indivíduos do grupo oponente. Essa é a evidência mais contundente de que a guerra assimétrica não é um fenômeno apenas humano (Keeley; Faria, 2011).

> **Para saber mais**
>
> Os documentários indicados a seguir apresentam casos de guerras no mundo natural entre bandos de chimpanzés e permitem identificar as causas das guerras discutidas nesta seção.
>
> WHEN Chimps Go to War. Ben G. Thomas, 25 nov. 2018. Disponível em: <https://youtu.be/OoS1Yi61Nuo>. Acesso em: 18 fev. 2020.
>
> LA GUERRA Mundial De Los Chimpancés. Alejandro Bartez, 19 abr. 2016. Disponível em: <https://youtu.be/L88il3S5FOE>. Acesso em: 18 fev. 2020.

2.2 Guerra e política

Por muito tempo, perdurou o entendimento de que a guerra é uma doença da civilização. Ou seja, de que a vida no estado de natureza, sem os penduricalhos da vida moderna, é mais pacífica e feliz. Esses eram esforços para extensão da validade da proposição filosófica do bom selvagem, derivada da filosofia de Jean-Jacques Rousseau. Por exemplo, Yuval Harari (2015), em seu best-seller *Sapiens: uma breve história da humanidade*, pontua que a subsistência de nômades coletores-caçadores era mais adequada e que a sedentarização com a agricultura trouxe mais pobreza e fome. Como aponta Keeley (2011), em *A guerra antes da civilização – o mito do bom selvagem* (2011), o problema é tão grave que arqueólogos treinados como ele, por muito tempo, interpretaram valas de chacinas de grupos humanos da pré-história e os armamentos que os mataram como parte de um tipo de ritual religioso e não como resultado de guerras.

Nas últimas duas décadas, novos estudos com base na teoria evolucionista associada à antropologia e à psicologia vem oferecendo explicações para esclarecer traços comuns da guerra humana e de outras espécies, bem como para apontar características particulares da evolução humana – com destaque para a cultura.

Diante dessas novas descobertas, foram criados padrões de agressividade e violência específicos (McDonald; Navarrete; Van Vugt, 2012; Richerson; Boyd, 2006; Shackelford; Weekes-Shackelford, 2012; Wilson, 2007; Wrangham; Glowacki, 2012; Zefferman; Mathew, 2015). No entanto, ainda há a necessidade de avanços adicionais para adequar esses novos entendimentos à ciência política, às relações internacionais e aos estudos estratégicos (Lopez, 2016; Alford; Hibbing, 2004; Thayer, 2009).

A principal determinante da causa das guerras humanas, como de várias outras espécies, é que a violência, a cooperação e a competição são formas de interação social que evoluíram como estratégias de sobrevivência e organização **de** e **entre** coletividades. Nenhuma delas é uma invenção ou uma pulsão inevitável. A inclinação das sociedades para a guerra e a paz varia, principalmente, pelas condições ambientais, sociais e culturais ao longo da história. Nesse sentido, as guerras entre grupos humanos nômades caçadores-coletores eram motivadas, principalmente, pela disputa por áreas de caça e disponibilidade de vegetais e, em segundo lugar, por parceiros e melhores condições de gerar descendentes.

Já as guerras por *status* e território passaram a ser cada vez mais dominantes à medida que os seres humanos foram assumindo caráter sedentário e se organizando em formações sociais mais complexas e institucionalizadas. A principal consequência é que as civilizações da Antiguidade até o Estado moderno demandaram e demandam altos níveis de extração de recursos e mobilização social para viabilizar seus meios materiais e institucionais. Assim sendo, a competição entre Estados maiores e mais abastados passou a ser mais intensa, em função do potencial de ganhos de recursos, territórios e *status*.

No entanto, a boa notícia é que o mais alto nível de complexidade e competição das interações entre sociedades organizadas não necessariamente levou a mais elevadas taxas de guerra e morte. De fato, na comparação entre povos nômades e Estados modernos, há acúmulo razoável de evidências e estudos que apontam que as chances de morte violenta entre os primeiros eram dez vezes maiores. Entre 10 e 20% dos membros de bandos nômades morriam por morte violenta em contraste com as taxas médias de 1 a 2% no século XX (Morris; Gil, 2016, p. 7-10). Tendo em vista que as evidências de mortes de povos nômades são imprecisas porque se baseiam apenas em resquícios de esqueletos humanos com traumas cranianos (não registram mortes por hemorragia sem ruptura óssea e por envenenamento), Gat (2017, p. 69, 138, 246) aponta que essas taxas poderiam ser mais elevadas, chegando em torno de 25%. Portanto, embora os parâmetros gerais das guerras entre Estados sejam menos recorrentes e letais, essa não é uma condição dada. Da correlação das causas de guerra com o comportamento de sociedades humanas mais complexas, é possível deduzir e observar que as taxas de letalidade são mais altas em ambientes mais escassos e entre grupos com estruturas sociais mais frágeis. Em outras palavras, os conflitos são mais letais quando:

- existe escassez real e generalizada de recursos;
- um grupo entende que sua condição de escassez pode ser resolvida apenas pela conquista de outro grupo;
- um subgrupo entende que sua condição de escassez deriva da constituição interna desigual de extração e distribuição de recursos e *status* do próprio grupo.

A correspondência dessas deduções à história da guerra ajuda a explicar quando se registraram as mais altas taxas de recorrência de guerras e de mortos desde a pré-história. O primeiro tipo de condição ecológica e social é observado na Alta Idade Média (Pinker, 2017), período com mais elevadas taxas de recorrência de guerras e letalidade da história europeia. A necessidade de deslocamento e conquista de recursos e territórios é, essencialmente, a história das invasões mongóis e das guerras de conquista hegemônica, como a Guerra do Peloponeso (431 a.C.-404 a.C.), as Guerras Púnicas (264 a.C.-146 a.C.) e a Segunda Guerra Mundial, que são os casos de guerras com mais alta letalidade registrados e que mais se aproximaram das taxas da Idade da Pedra. Já o terceiro fator é comum entre todas as revoluções e guerras civis e explica a média mais alta de taxas de letalidade desses casos na Era Contemporânea em relação a guerras entre Estados.

Entretanto, esses fatores não são excludentes entre si e, principalmente, as condições ecológicas e suas alterações são gatilhos fortes para as disputas entre grupos humanos. O caso mais interessante é a revisão das causas da Guerra dos Trinta Anos (1618-1648). Inicialmente, acreditava-se que ela era decorrente apenas das disputas constitucionais entre católicos e protestantes; das disputas entre principados germânicos e o Sacro Império Romano-Germânico; e do conflito entre França, Suécia e as grandes potências do período por conta de *status* político (Parker, 1997). Contudo, descobriu-se que ela também foi motivada fortemente pelas mudanças climáticas globais do século XVII, que propagaram frio extremo e fome na maioria dos continentes (Parker, 2017). Esse conjunto de fatores sociais e ambientais ajuda a explicar por que o século XVII é o que teve o mais alto número de guerras e mortes violentas desde o surgimento do Estado moderno (Gat, 2017, p. 138-140).

Mais recentemente, existem estudos que apontam que, além dos vários fatores domésticos e internacionais para a atual Guerra da Síria(2011-), existiu uma seca devastadora, grande desolamento humano e levantes internos nos dois anos que antecederam seu início (Selby et al., 2017; Jagodzinski, 2018). Esse caso demonstra como a história da guerra e a teoria ecológica comportamental podem ser de utilidade para explicar o antropoceno[1] e como as relações políticas humanas serão alteradas com as atuais e futuras mudanças climáticas.

Grosso modo, chamamos todas as causas tratadas anteriormente de *políticas* por três motivos. Primeiramente, como forma de enunciar, sinteticamente, a variação e a interação entre essas várias causas em contextos específicos ao longo da história e na nossa realidade presente. Nesse ponto, retomamos a exposição da teoria da guerra de Clausewitz (1976, p. 606-607, tradução nossa):

> Pode-se tomar como concordante que a meta da política é unificar e reconciliar todos os aspectos da administração interna, bem como os valores espirituais e tudo o mais que o filósofo da moral possa querer adicionar. Política, é claro, é nada em si mesma; é simplesmente o fideicomissário para todos os interesses contra outros Estados. Que isso possa falhar, servir a ambições, interesses privados e à vaidade daqueles no poder, não é raro. Em nenhum sentido pode a arte da guerra ser vista como o preceptor da política, e aqui nós podemos apenas tratar da política como representante de todos os interesses da comunidade.

Em segundo lugar, devido à especialização e estruturação de instituições para tratar das demandas coletivas das sociedades, sendo a demanda mais forte para formação dos vários tipos de Estados a regulamentação interna do uso da violência e da organização e o emprego de forças combatentes. Dos impérios ao Estado nacional moderno, as guerras foram as causas de origem e vetores de transformação dos vários tipos de sociedades políticas.

---

[1] *Antropoceno*, ou *Era da Humanidade*, é uma proposta de classificação da atual era geológica, em sucessão à Era do Holoceno. Essa classificação marcaria uma nova época de mudanças ambientais causadas pela espécie humana. Certamente, essa é uma definição de conotação negativa quanto à influência humana no planeta e remete à degradação do meio ambiente e às instabilidades climáticas.

Em terceiro lugar, de um ponto de vista conceitual e metodológico, a identificação e a análise das causas e dos propósitos das guerras – e de como elas podem ser encerradas – demandam a análise do contexto político entre os beligerantes e, ainda, das instituições políticas e sociais de cada uma das partes. São as teorias de áreas como a ciência política, a sociologia, a economia e as relações internacionais que vão apontar as motivações originais de uma guerra e o quanto elas são importantes para a sociedade política como um todo.

Como vimos, as guerras são motivadas por uma combinação de recursos e *status*. Do ponto de vista da teoria da guerra de Clausewitz (1976), podemos resumir que os grupos políticos iniciam guerras tendo como propósito a alteração, ou a manutenção, do *status quo* político, que pode variar do direito de propriedade e uso de recursos à hierarquia de indivíduos e grupos dentro de uma estrutura política, ou mesmo sobre a constituição dessa estrutura. Nesse sentido, é possível afirmar que as guerras podem ter objetivos políticos positivos e negativos. Dependendo de quão grave for essa alteração, principalmente para o lado que perde com ela, existe a produção de dois tipos de relacionamentos políticos com o uso da guerra: guerras ilimitadas e guerras limitadas.

Guerras ilimitadas são aquelas em que a concessão de alteração, ou não, de *status quo* político é tão grave que **apenas será concluída quando um dos lados estiver prostrado, indefeso e sem capacidade de resistir**. De maneira mais objetiva, elas ocorrem em virtude de recursos considerados essenciais ou mudanças constitucionais de territórios, regimes e Estados. Em termos históricos, podemos incluir, nesse tipo de guerra, as guerras de conquistas, revoluções e guerras religiosas. Note que elas podem ocorrer **entre**, **dentro** e **através** de Estados. Para identificação desse tipo de guerra, devemos evidenciar objetivos políticos polares entre os lados beligerantes e o elevado nível de engajamento e motivação popular, pelo menos do lado com objetivos políticos negativos.

O caso mais exemplar de guerra ilimitada é a Guerra dos Trinta Anos. Ela foi não apenas uma guerra religiosa entre protestantes e católicos, mas, principalmente, uma guerra pela mudança constitucional entre os proto-Estados nacionais, o Sacro Império Romano-Germânico e a Igreja Católica, colocando por terra, de vez, as normas e bases institucionais das relações de poder medievais. Ainda que seja correto apontar que a Segunda Guerra Mundial (também de tipo ilimitado) tenha sido a que provocou mais mortes e destruição em termos absolutos, a Guerra dos Trinta Anos foi a que provocou mais mortes em termos percentuais e mais ampla e duradoura devastação. Não por acaso ela é considerada a guerra mais importante para formação e compreensão das relações internacionais contemporâneas.

Guerras limitadas são aquelas causadas por motivações menos graves e polares, por isso os lados são **capazes de atender seus objetivos e tirar concessões voluntárias do outro**. Nesse tipo de conflito, não existe propósito e/ou meios para prostrar o outro lado e, geralmente, negociações diplomáticas são usadas por ambos os lados. Em termos históricos, podemos incluir as guerras dinásticas, conquista de áreas pouco habitadas e isoladas, produção ou destruição de reconhecimentos e alinhamentos políticos, imposição ou ruptura de relações predatórias e subordinação entre grupos políticos, acesso e distribuição de recursos e outras formas de ganho relativo de poder. Para identificar esse tipo de guerra, devemos evidenciar que os objetivos de ambos os lados não têm implicações para as suas estruturas institucionais e, principalmente, que há pouco apelo popular e hostilidade entre as sociedades.

As guerras limitadas podem ser mais bem observadas na Idade Média, com os inúmeros casos de disputas pelo direito de propriedade sobre áreas agrícolas, castelos, cidades, portos, títulos feudais e herdeiros legítimos de reinos (Sharma, 2017, p. 187-189). Observe que, nesses casos, é indissociável o caráter político de *status* do caráter econômico de ganhos que esses objetivos propiciavam.

As guerras dos Cem Anos (1337-1453) e dos Sete Anos (1756-1763) são os casos clássicos. No século XX, a maior e mais importante guerra limitada ocorreu entre China e Estados Unidos na Coreia e envolvia os *status quo* políticos das superpotências da época (Estados Unidos e União Soviética), bem como de seus respectivos aliados (Duarte, 2019a). Um caso mais próximo foi a Guerra das Malvinas (1982), em que o objetivo da Junta Militar argentina era a conquista das Ilhas Malvinas com o propósito de auferir os reconhecimentos internacional e, principalmente, doméstico como forma de viabilizar a transição democrática sob controle (Duarte; Machado, 2018).

Quadro 2.1 – Comparação entre guerras ilimitadas e guerras limitadas

	Guerra ilimitada	Guerra limitada
Polarização política	Alta	Baixa ou inexistente
Base popular	Alta	Baixa
Disponibilidade de recursos	Ampla	Limitada
Diplomacia	Inexistente ou ineficaz	Contínua
Impacto institucional	Constitucional	*Status*/prestígio

Note que as relações que levam à guerra podem fazer com que uma guerra limitada se transforme em ilimitada e vice-versa. Além das possibilidades de alteração de objetivos políticos e seu valor, isso ocorre sempre que existe a participação de novo beligerante. Ademais, no contexto dos Estados nacionais modernos, também é possível perceber que a guerra não ocorre apenas entre Estados, podendo ser internacional ou doméstica. Para tornar nossa vida como analistas mais complicada, as guerras podem migrar de um ambiente para outro.

Tenhamos como exemplo a Guerra de Independência dos Estados Unidos (1775-1783), cuja causa original foi a revolta das 13 colônias em virtude da mudança constitucional feita no Parlamento Britânico. O levante, provocado em 1774, foi identificado como ato de traição pela Coroa, que enviou uma força de pacificação também com o objetivo de expansão do controle de recursos e áreas. Existia uma tensão religiosa entre as 13 colônias originais (predominantemente protestantes) e a Coroa e outras colônias americanas (de orientação predominantemente anglicana), algo que se manifestou na guerra civil particularmente entre as Carolinas do Sul e do Norte. Por fim, a guerra desencadeou uma revisão da distribuição global de colônias entre as potências europeias, pois os principais rivais britânicos – França, Espanha e Holanda – ou apoiaram os revolucionários ou assaltaram outras colônias britânicas, principalmente no Caribe. Portanto, nesse caso, ao prestarmos atenção nos grupos de beligerantes, em seus objetivos e na importância relativa dada a eles, conseguimos identificar três guerras: a guerra ilimitada entre Grã-Bretanha e as 13 colônias, a guerra ilimitada religiosa entre as Carolinas do Sul e do Norte e a guerra limitada entre Inglaterra e seus rivais europeus (Duarte, 2013a).

Questão para reflexão

Imagine a seguinte cena: uma mãe está passeando com seu bebê em um parque e falando ao celular, quando é surpreendida por um assaltante. Indique quais são as expectativas de reação da mãe com relação aos cenários listados a seguir.

1. O assaltante deseja roubar seu telefone celular.
2. O assaltante deseja roubar seu bebê.
3. O assaltante não está armado nos cenários 1 e 2.
4. O assaltante está armado nos cenários 1 e 2.

Como avaliação do exercício, quais cenários podem ser relacionados às definições de guerra ilimitada e guerra limitada? É possível apontar que essas sejam relações apenas existentes entre Estados?

De toda essa discussão, é importante destacar três aspectos da relação entre guerra e política:

1. **Nenhuma guerra é final**: a menos que um beligerante tenha sido obliterado pelo outro (e isso ocorreu na história), as relações políticas entre os beligerantes não são encerradas, nem os resultados. Isso deriva do fato de que raramente os grupos políticos ambicionam um único objetivo e estão em disputa com um único rival. Além disso, a guerra também não é o único recurso para auferir objetivos políticos.
2. **O aspecto camaleônico da guerra**: as teorias e histórias ajudam a estabelecer padrões e conexões entre guerras, mas, de fato, cada guerra é única, principalmente do ponto de vista daqueles que estão envolvidos e são impactados por ela. Essa é a principal razão da impossibilidade de teorias mecanicistas, leis e princípios. Todo conhecimento para sua compreensão é instrumental para aqueles que são responsáveis por tomar decisão sobre ela.
3. **A guerra não se limita ao Estado**: embora o panorama internacional ofereça uma gama bem ampla de casos de guerras com envolvimento de atores não estatais, o ponto aqui é que causas, desenvolvimento e efeitos das guerras não se limitam às maquinações e interesses dos governos. Existe uma tensão intrínseca entre política e guerra que deriva do fato de que os interesses dos líderes políticos são contingentes e, geralmente, antecipam efeitos de curto prazo. No entanto, a variação do envolvimento das populações e a gramática dos meios de força conduzem as guerras para desenvolvimentos não esperados e provocam efeitos que podem ser indesejados.

Esses três aspectos apontam que outra causa comum das guerras são os **erros de cálculos políticos**. A maioria deles tem um mesmo problema: a noção de que a guerra é um esforço unilateral e um fenômeno passível de controle, ignorando-se os efeitos recíprocos entre os demais lados beligerantes (Strachan, 2014, p. 54-56). Isso significa que sempre pode haver grande discrepância entre a guerra que se deseja e a que se inicia; a que se tem e a que se termina.

Portanto, os erros políticos mais comuns são: um falso otimismo sobre o prospecto de uma guerra (fácil); o falso pessimismo sobre as intenções do oponente, gerando ações precipitadas e exageradas; e a confusão, ou ilusão, da correspondência automática entre fins políticos e meios de força e o que eles podem prover (Altman, 2015, p. 288; Augier; Marshall, 2017, p. 276).

Contra esses erros, Clausewitz (1976, p. 107, tradução nossa) recomenda que todo líder e comandante deve saber que guerra se inicia:

> A guerra não é um mero passatempo, um mero prazer em ousar e vencer, tampouco um trabalho para empolgados irresponsáveis; ela é um meio sério para um objetivo sério. Tudo o que ela traz em si daquela coloração da sorte, aquilo que ela possui de paixão, de coragem, de fantasia e entusiasmo, são apenas características desse meio.

Dessa forma, é importante esclarecer que, embora a guerra seja um instrumento da política, seu uso não deve ser corriqueiro, banal ou imediatista. A mesma seriedade, conforme demonstraremos nos próximos capítulos deste livro, deve ser aplicada às forças armadas.

Para saber mais

A obra a seguir permite uma reflexão aprofundada sobre guerras limitadas, por meio de um estudo de caso bem detalhado e importante das relações internacionais. Além disso, ela ajuda a compreender a operacionalização de vários dos métodos apresentados neste capítulo.

DUARTE, E. E. **A guerra entre China e Estados Unidos na Coreia**. Curitiba: Appris, 2019

De maneira similar à sugestão anterior, a obra a seguir permite uma reflexão aprofundada sobre guerras ilimitadas. Ela oferece ainda um percurso do pensamento em estudos estratégicos da Antiguidade aos tempos modernos.

DUARTE, E. E. **A independência norte-americana**: guerra, revolução e logística. Porto Alegre: Leitura XXI, 2013.

> O artigo indicado a seguir apresenta uma síntese teórica sobre guerras limitadas e sua importância para entendimento das relações internacionais.
> DUARTE, E. E. Clausewitz, Corbett e o desafio das guerras limitadas. **Revista da Escola de Guerra Naval**, v. 22, n. 1, p. 115-144, 2015
>
> As obras indicadas a seguir são divulgações científicas que reúnem as principais conclusões sobre o uso da força na história. São leituras acessíveis e ricas de dados e exemplos sobre as implicações do uso da força e como e por que ela vem reduzindo nos últimos séculos.
>
> MORRIS, I.; GIL, L. R. **Guerra**: o horror da guerra e seu legado para a humanidade. São Paulo: LeYa, 2016.
>
> PINKER, S. **Os anjos bons da nossa natureza**: por que a violência diminuiu. São Paulo: Companhia das Letras, 2017.

2.3 Condições para a guerra: sociedade e economia

A **guerra é uma relação entre coletividades** (Clausewitz, 1976, p. 83-84; Quigley, 1983, p. 6-9; Augier; Marshall, 2017, p. 279). Trata-se da principal razão da proximidade entre os estudos estratégicos e as ciências sociais, apesar da sua origem nas ciências exatas. Essa dimensão da guerra – e seu estudo e prática – raramente pode ser superdimensionada devido a sua importância, particularmente no caso de regimes representativos. Na seção anterior, esclarecemos como as bases sociais configuram os propósitos da guerra; nesta seção, iremos demonstrar como elas também estabelecem as condições de possibilidade dos meios. Como bem coloca Earle (1943a, p. VII, tradução nossa):

Como a guerra e a sociedade se tornaram mais complicadas – e a guerra, deve-se lembrar, é uma parte inerente à sociedade –, a estratégia exigiu necessariamente uma crescente consideração de fatores não militares, econômicos, psicológicos, morais, políticos e tecnológicos. A estratégia, portanto, não é meramente um conceito de tempo de guerra, mas um elemento inerente ao governo em todos os momentos. Somente a terminologia mais restrita definiria a estratégia como a arte do comando militar. No mundo atual, portanto, a estratégia é a arte de controlar e utilizar os recursos de uma nação – ou de uma coalizão de nações –, incluindo as forças armadas, para que seus interesses vitais sejam efetivamente promovidos e protegidos contra inimigos, potencial ou meramente presumidos.

Isso significa que as atividades de preparação e condução da guerra – particularmente, no caso de Estados nacionais modernos – estão assentadas na **política econômica de extração de recursos da sociedade** e em **sua conversão para meios de uso da força**.

De fato, particularmente, no caso de guerras limitadas, a formulação da estratégia vai envolver avaliações constantes de custos e benefícios econômicos. Rogers (2018) ilustra muito bem essa lógica ao resumir as bases econômicas das estratégias medievais de conquista. Por um lado, a conquista de áreas, na Idade Média, era definida pelo objeto – um castelo, por exemplo – e envolvia também a conquista de seus rendimentos futuros. Entravam na conta os ganhos com a pilhagem das riquezas dos lordes derrotados, a cobrança de resgate de reféns, os tributos da população local e a venda da população sitiada para escravidão. Por outro lado, o ato de conquista envolvia o cálculo dos custos de um sítio, que tinha três determinantes: (1) duração do sítio, (2) tamanho e (3) composição do exército. Certos sítios poderiam levar anos, e seus custos de manutenção envolviam: o pagamento de especialistas para as edificações, a prestação de serviços de camponeses ao seu senhor (com contratos de isenção de tributos e trabalho) e a contratação de mercenários para dissuadir e combater forças de resgate (Rogers, 2018, p. 715-732).

Ao final das contas, Rogers (2018) conclui os parâmetros econômicos da estratégia medieval de conquista. Primeiramente, a condução de sítios era um empreendimento caro, por isso a condução de vários sítios para conquista de um país era apenas possível com fontes externas de dinheiro, o que exclarece a relação precoce entre guerra, formação do Estado e capital (Tilly, 2007). Em segundo lugar, a relação geométrica de um sítio e seus custos cobrava um piso de ganhos que tornava o sítio de pequenos castelos e cidades economicamente inviável. Além disso, o principal custo de um sítio era a manutenção de um exército contra resgates, por isso era mais barato a condução de um sítio contra um alvo de um país isolado geograficamente, ou dividido religiosamente. Por fim, áreas urbanas eram alvos melhores, pela riqueza que detinham e por, geralmente, serem menos fortificadas. Esses fatores explicam o fracasso das campanhas inglesas de conquista na Normandia durante a Guerra dos Cem Anos e, ainda, o sucesso das campanhas de conquista dos normandos na Sicília e a Reconquista Espanhola (ca. 718-1492) contra os domínios árabes.

Essa forte relação entre estratégia e economia também explica por que as bases conceituais do principal modelo econômico posterior à Idade Média – o mercantilismo – tornaram-se uma prática europeia dois séculos antes de Adam Smith publicar *Wealth of Nations* e ter influenciado o pensamento econômico clássico.

O mercantilismo foi, de fato, um modelo de política de poder. Na política doméstica, ele buscava aumentar o poder do Estado contra instituições particularistas que sobreviveram à Idade Média; nos assuntos exteriores, buscava aumentar o poder da nação contra rivais.

O mercantilismo era proveniente da unificação do Estado nacional e do desenvolvimento de seus recursos industriais, comerciais, financeiros e militares. Para tal fim, o Estado tinha que intervir nos assuntos econômicos, assim como nas atividades de seus cidadãos, ou súditos, que deviam estar canalizadas no incremento do poder militar (Earle, 1943b, p. 118).

Não é por acaso que existe o caráter marcial dos principais pensadores econômicos desse período. Para Adam Smith, a defesa era mais importante que a opulência. Para Alexander Hamilton, veterano e intendente da Guerra de Independência dos Estados Unidos, a relação entre economia e guerra era evidente e marcou sua contribuição para os documentos fundamentais dos Estados Unidos – os *Federalist Papers*.

Após a Revolução Industrial (ca. 1760-1840), essa relação ficou ainda mais intrincada, sendo difícil explicar a expansão dos países europeus por meio da conquista em todo o mundo sem entender a relação entre guerra, comércio, finanças e indústria (Earle, 1943b, p. 117). Apesar de ser uma relação constantemente negligenciada pelos liberalismos político e econômico contemporâneos, essas são as bases históricas das formulações teóricas do realismo e do marxismo das relações internacionais.

O liberalismo econômico, em especial, supõe que, na contemporaneidade, o modelo de livre mercado vai prevalecer sempre como forma de distribuição de recursos e que não existe competição por quais países determinam quem fica com os lucros dessa distribuição.

De fato, guerras de conquista por recursos são incentivadas por políticas nacionais exclusivistas que têm comportamento similar ao de bandos nômades no controle de territórios: limitar a competição econômica e assegurar seu controle sobre os recursos ou sobre o fluxo dos ganhos pela limitação aos mercados dos recursos, ou seja, quem os compra. A disputa internacional por distribuição também motiva a competição interna entre grupos políticos de um Estado. Portanto, esses dois níveis de disputa vão depender do tipo de economia nacional de cada Estado e de seu nível de interdependência externa.

Países com regimes autocráticos ou com interesses econômicos relacionados à propriedade de terras – como petróleo, produção agrícola e outros tipos de *commodities* e bens primários – são mais inclinados a controlar blocos de recursos. Já Estados cuja economia nacional é centrada em bens manufaturados e serviços têm menos interesse de controle do acesso a recursos e mais interesse em assegurar o acesso ao mercado de recursos (Markowitz, 2018, p. 274-277). Portanto, os interesses econômicos variam como causas das guerras, mas a relação entre recursos e guerra se mantém.

Também não existe evidência histórica que correlacione amplas alianças militares e integração econômica. Algo do tipo ocorreu durante a Guerra Fria (1947-1991), mas não existem casos que indiquem sua ocorrência antes e depois desse período. O argumento que resta é que a configuração internacional de poder influencia mais se for bipolar. No mundo em que vivemos hoje, o efeito estabilizador da presença militar dos Estados Unidos pode favorecer trocas comerciais e benefícios gerais para os países de uma região que têm seus custos de defesa reduzidos. Nesses casos, o país que se torna hegemônico tirará proveito dos efeitos econômicos de sua primazia militar apenas se sua base produtiva for tão competitiva quanto, ou mais do que, os demais países que o cercam (Drezner, 2013, p. 58). Isso é evidente nos acordos dos Estados Unidos com a União Europeia, o Japão e a Coreia do Sul, que, de fato, não são necessariamente vantajosos, visto que as vantagens declinaram ao passo que as economias desses países se desenvolveram tanto quanto, ou mais do que, a norte-americana.

No entanto, é importante ressaltar que existe suficiente convergência na literatura apontando que gastos (com) militares são uma forma ineficiente de desenvolvimento econômico – redução de impostos e gastos governamentais em áreas civis são mais eficientes. Mesmo o argumento de que gastos em defesa geram vantagem no mercado internacional de armamentos não se sustenta. A principal evidência disso é que os Estados Unidos são responsáveis por

60% dos gastos globais em defesa, mas têm apenas 30% do mercado de armas, com queda de 50% após a Guerra Fria, justamente quando seus gastos em defesa se tornaram mais altos com relação aos demais países (Drezner, 2013, p. 57-58, 63).

> **Para saber mais**
>
> O documentário indicado a seguir foi realizado para apresentação dos argumentos do livro de mesmo nome, apresentado na sequência, de autoria de Jared Diamond. Ele permite compreender melhor os efeitos das condições geográficas na evolução das sociedades e suas condições distintas de uso da força.
>
> ARMAS, germes e aço: saindo do Jardim do Éden. Direção: Tim Lambert. EUA: National Geographic Television & Film, 2004. 54 min.
>
> DIAMOND, J. **Armas, germes e aço**. Rio de Janeiro: Record, 2017.
>
> O episódio indicado a seguir pertence a um documentário que confronta o entendimento de que a guerra é determinada culturalmente, ao apresentar o uso da força entre povos de diferentes continentes e traços culturais. Ele aponta ainda para algumas das causas e implicações da guerra discutidas neste capítulo
>
> THE STORY of Us with Morgan Freeman. EUA: National Geographic Television & Film, 2017. Série. Temporada 1, episódio 2: A luta pela paz. 47 min.

2.4 Teoria da guerra de Clausewitz

A teoria da guerra de Clausewitz teve sua síntese expressa no primeiro capítulo do livro *Da guerra* (Clausewitz, 1976). Essa teoria envolve a correspondência entre um conjunto de axiomas que postula a definição do fenômeno do uso político da força e as categorias analíticas que conformam as considerações necessárias para análise crítica e julgamento individual da conduta da guerra. A operação de tal movimento de correspondência é a **trindade esquisita**, que permite a apreensão cognitiva dos fundamentos do ato de uso da força – paixão, razão, criatividade e sorte – e os efeitos de seus relacionamentos. Como consequência, a trindade esquisita permite ter familiaridade com as condições sociais da população e as qualidades de pensamento e de ação do comandante e de suas forças combatentes. Já os assuntos do governo e suas atribuições políticas permitem delinear as tendências dominantes de uma guerra particular e, ainda, suas possibilidades de variação, sobre as quais o juízo, agora educado cognitivamente, deve aplicar a análise crítica (esmiuçaremos essa questão na próxima seção).

Figura 2.1 – Elementos fundamentais da guerra

Sociedade A → **Paixão** ← Sociedade B

Comandante A → **Criatividade e sorte** ← Comandante B

Governo A → **Razão** ← Governo B

A definição original de guerra, seu arrimo cognitivo, é ser "um ato de força, a fim de obrigar o opositor a submeter-se à nossa vontade. Força, para opor força, vale-se das descobertas da arte e da ciência" (Clausewitz, 1976, p. 75, tradução nossa). Porém, essa atribuição não pode perder o domínio essencial em que esse fenômeno se dá: as relações humanas. Guerra, portanto, é um choque de vontades humanas, que é apenas resolvido pelo uso da força. A distinção da essência da guerra é que ela não se dá pelo exercício de vontade, pela força, sobre uma matéria inanimada ou sobre uma matéria animada, mas passiva e submissa. Guerra é a ação de vontade sobre **objetos animados que reagem**: a mente e as emoções humanas utilizam todas as suas capacidades para resistir (Clausewitz, 1976, p. 149).

Essa definição de guerra, necessária e suficiente, é condicionada por três **fundamentos**, que constituem a vontade humana de opor-se, conforme indicado a seguir.

1. *A motivação original do ato da força são as paixões humanas*
   A guerra é originada pelo choque entre dois interesses distintos, que criam a hostilidade entre os opositores, inflamando de furor mutuamente seus sentimentos (Clausewitz, 1976, p. 75-77). Entretanto, o relacionamento entre povos, na realidade, raramente é inédito: existem outros sentimentos em jogo e não apenas ódio apaixonado; e as condições e instituições sociais também são elementos de moderação da tensão original. As paixões são irregulares e voláteis, podendo tanto acender quanto murchar a guerra com relação ao seu motivo original (Clausewitz, 1976, p. 78). Portanto, **as populações são os elementos que qualificam o tipo de guerra** (Clausewitz, 1984, p. 25, 87-88).

2. *A orientação do esforço alocado no ato de força é pela razão humana*
   "O máximo uso de força não é incompatível com o uso simultâneo do intelecto" (Clausewitz, 1976, p. 75, tradução nossa). Nada impede que opositores num enfrentamento façam cálculos quanto às suas condições de força, baseadas na determinação da quantidade de meios disponíveis e da

força de vontade de cada lado. Porém, a força de vontade humana é um elemento de difícil percepção, de mensuração apenas aproximada. Consequentemente, a ação recíproca de oposição é precavida e sempre realiza nova estimativa e mais ajustes de esforço (Clausewitz, 1976, p. 77). Entretanto, o relacionamento entre governos raramente é definitivo, a não ser que um deles deixe de existir. A mesma prudência racional que leva a exceder os esforços numa situação presente de oposição calcula os esforços necessários em situações futuras, podendo decidir por limites inferiores o máximo possível, dependendo de suas estimativas (Clausewitz, 1976, p. 80). Portanto, **o governo é o elemento que qualifica as orientações e a causa original da guerra** (Clausewitz, 1976, p. 87).

3. *A aplicação do ato de força ocorre mediante a criatividade humana (ou capacidade de empatia) no ambiente de sorte, que é a guerra*
Levados apenas pelas suas motivações e consequências, os opositores se dobram somente à vontade de outrem pela impotência de resistir. Uma guerra é encerrada somente quando um dos lados cria, pelo uso da força, uma condição real ou aparente de sacrifício insuportável que produz a subordinação do oponente. Porém, o espírito criativo humano remete ao exercício de antecipar as decisões alheias, corrigindo as próprias possibilidades de ação. O medo de que um lado tenha sucesso ao estipular o momento ideal para o exercício da força leva ambos os lados a maximizarem a importância de um primeiro e decisivo encontro de forças (Clausewitz, 1976, p. 77). Entretanto, a natureza particular de cada um dos vários meios de combate – forças combatentes, fortificações e uso do território, população e aliados – contraria a unificação de todas as forças ao mesmo

tempo em um mesmo lugar, principalmente pelo lado que ataca. Isso possibilita que o lado mais fraco postergue o encontro decisivo de forças para um momento mais favorável, abrindo possibilidades de ação distintas por parte de cada opositor. Essa condição dos meios de combate ressalta ainda a importância de uma decisão sob risco e ao acaso, pois, no jogo de forças, uma circunstância de encontro inesperado pode levar o lado mais forte a uma condição ideal de decisão (Clausewitz, 1976, p. 79-80). Portanto, **o comandante e suas forças combatentes são os elementos que qualificam os meios e as possibilidades de curso de ação da guerra.**

Os fundamentos da guerra permitem estabelecer os parâmetros de desdobramento de conduta da guerra e negar uma única expressão do fenômeno bélico: a guerra como expressão simples da vontade de sobrepujar o oponente e fazê-lo impotente, possível apenas de forma ideal, não na realidade (Clausewitz, 1976, p. 78). Portanto, guerras são atos de força sob domínio de uma condição social, cujos exercícios e resultados não têm sentido em si mesmos e apenas têm significado quando associados a um cálculo governamental do efeito político dos seus atos. Por fim, é a qualidade do comandante e das forças humanas, físicas, morais e materiais à sua disposição que permitem antecipar e agir em meio à incerteza e ao perigo da guerra (Clausewitz, 1976, p. 87).

Os fundamentos da guerra permitem, inicialmente, a compreensão dos imperativos individuais de cada oponente para a guerra. Qualificações ainda são necessárias sobre a interação desses fundamentos em cada um dos oponentes e no choque de força entre eles, como é possível observar na Figura 2.2.

Figura 2.2 – As interações da guerra

```
                 Paixão/Sociedade  ──────▶  ┌─────────────────────┐
            ●                                │ Tipo de Guerra:     │
Vontade     ●──▶ Razão/Governo   ──────▶    │ Limitada/Ilimitada  │
            ●                                └──────────┬──────────┘
                                                        │
                                                        ▼
                                              ┌──────────────────┐
                                              │ Plano de         │
                                              │ Guerra           │
                                              └──────────────────┘
                                                        ▲
                 Criatividade e Sorte/ ──────▶  ┌──────────────────┐
            ●──▶ Forças armadas                 │ Defesa × Ataque  │
                                                └──────────────────┘
```

A Figura 2.2 aponta o seguinte:

- A interação entre governos e sociedades determina os tipos de guerras que existem na realidade – ilimitado e limitado.
- A interação entre comandantes e forças armadas se dá em um ambiente de condições objetivas distintas, pois o emprego de forças armadas em campanhas defensivas é qualitativamente distinto do das campanhas ofensivas. Ademais, essas condições de emprego das forças combatentes são passageiras, em virtude do ambiente de desgaste e fricção, de se ter mais ou menos forças combatentes e, ainda, por haver dinâmicas políticas domésticas para mobilização e políticas internacionais para formação ou ruptura de alianças militares.
- Como consequência, os relacionamentos mútuos entre governos, sociedades e forças armadas apenas permitem a elaboração de planos de guerra circunscritos e sob constante atualização e avaliação.

> **Para saber mais**
> Confira a seguir o maior acervo de estudos, mídias e discussões sobre a teoria da guerra de Carl von Clausewitz.
> CLAUSEWITZ. Disponível em: <https://clausewitz.com/>. Acesso em: 18 fev. 2020.

2.5 Métodos dos estudos estratégicos

No debate acadêmico, a maior contribuição dos estudos estratégicos é oferecer métodos analíticos que permitem entender e mensurar melhor o poder militar. A criação de poder militar não é, simplesmente, a geração de riqueza e tecnologia, mas um desenvolvimento influenciado pelas características do Estado, da cultura, das estruturas sociais, das instituições, da geografia e do ambiente político regional. Nas relações internacionais, geralmente superestimam-se as riquezas e as capacidades militares de países pobres superpopulosos porque indicam os recursos dos países sem deduzir seus custos para policiar, proteger e servir essas populações.

Indicadores brutos (como o produto interno Bruto – PIB) caracterizam mal o equilíbrio de poder, principalmente se tomados como ferramentas que informam um *mix* de recursos econômicos, militares e políticos intercambiáveis entre si, visto que, dessa forma, são ilusórios. Apesar de popularizados, poucos sabem que esses indicadores não medem, ou reconhecem, a dedução de custos desses recursos e conversões de civis para militares. Ao se assumir que para vencer guerras é necessário um grande exército lastreado em orçamento militar e produção industrial, contabilizam-se unidades militares independentemente de suas qualidades (desempenho e tecnologia), dos custos de apoio dessas unidades e de sua capacidade de projetar poder ou apenas impor ordem interna (Beckley, 2018).

Nos estudos estratégicos, não existe a polarização comum das relações internacionais sobre qual é o principal indicador de poder militar e de sua mudança. Aponta-se que a análise do poder militar demanda diferenciar instituições (sociais) militares, capacidades militares potenciais em termos de recursos e sua efetividade militar em termos de qualidade do emprego das forças combatentes. As correlações entre esses fatores não são procedimentos simples e há tensão entre eles, principalmente na análise de inovação militar, em que é necessário aplicar métodos de análise de dinâmicas de grupo, teoria da gestão e aprendizado organizacional, que não são a simples réplica de métodos da administração e da engenharia de produção, levando-se em consideração as particularidades do uso da força e das forças combatentes (Griffin, 2017, p. 8, 20). Nesse grupo, incluem-se ainda os estudos de instituições, relações civis-militares e cultura organizacional, os quais eu desenvolvo no Capítulo 4.

A segunda maior contribuição metodológica dos estudos estratégicos é a reconstrução histórica para aprendizado e análise da guerra. O primeiro procedimento criado foi a análise crítica de Carl von Clausewitz, que produziu sua teoria com base em quase 20 estudos históricos, principalmente sobre as campanhas napoleônicas.

A análise crítica é formada por quatro componentes:

1. A **contextualização do caso histórico** de acordo com: o contexto político e as características do líder e das instituições políticas; o caráter da população e das instituições sociais, seu engajamento com relação às ações da liderança política e suas condições econômicas e técnicas de apoio à guerra; o caráter do comandante; a natureza e as possibilidades de armamento, seu impacto nas armas combatentes, sua evolução em termos de organização e disposição da força combatente como um todo; e a tendência de variação por meio de novas mudanças.

2. A **análise dos fins**, ou sobre qual a utilidade política da guerra para as partes envolvidas: que tipo de guerra essa interação de interesses e vontades gera; as possibilidades estratégicas; e a avaliação dos objetivos traçados e dos meios disponibilizados.
3. A **análise dos meios e métodos empregados**, em que se infere os planos de guerra, campanha e enfrentamento do caso delimitado, o qual é reconstruído em níveis de análise para se identificar as correlações causais que produziram os resultados identificados.
4. Por fim, realiza-se a **avaliação da correspondência entre fins e meios**, em que são propostas situações contrafactuais e críticas às decisões e aos cursos de ação tomados.

O desafio da análise crítica é que, principalmente, sua contribuição pedagógica para educação da tomada de decisão demanda estudos de caso com ampla disponibilidade de fontes. Trata-se de um estudo longo e denso, por isso oneroso para teste de teorias e conceitos de menor alcance.

Ainda assim, estudos de casos menores e contemporâneos podem ser realizados aplicando-se a reconstrução de processos (também denominada *process-tracing*) e situações contrafactuais.

> O *process-tracing* é o estudo de evidências em um único caso para avaliar se as implicações observáveis dos processos causais hipotéticos são confirmadas nesse caso. Pode ser caracterizado como seguindo uma lógica Bayesiana: atualizamos nosso nível de confiança na explicação de um caso particular apenas se as novas evidências desse caso se ajustarem a ela melhor do que a explicações alternativas. (Bennett, 2015, p. 229, tradução nossa)

Por isso, o método de rastreamento de processo deve trabalhar com explicações alternativas ou contrafactuais. O caso contemporâneo clássico de exemplificação do método é a falha de análise estratégica que levou os Estados Unidos a justificar a invasão ao Iraque em 2003. Acusou-se o Iraque de tentativa de construir armamentos de destruição em massa pela identificação de que o país havia comprado grandes quantidades de tubos de alumínio, que poderiam ser usados para a construção de centrífugas de urânio. No entanto, não se considerou usos alternativos para esse tipo de tubo, como o que se confirmou depois: o uso para produção de foguetes convencionais (Bennett, 2015, p. 233). Portanto, esses dois procedimentos orientam uma análise comparativa de plausibilidade. Ou seja, qual alternativa é mais plausível diante dos dados disponíveis? Isso demanda algumas cautelas (Gavin, 2015, p. 427-429):

- Evitar dar ênfase apenas à análise das razões imediatas do último estágio de um evento. Por exemplo, a Revolução Americana (1765-1783) não decorreu da elevação dos impostos pela Coroa britânica (Duarte, 2013a).
- Evitar dar enfoque a sequências lineares, pois os eventos não são, necessariamente, assim – deve-se avaliar cadeias de eventos que ocorrem lado a lado, além de verticalmente. Por exemplo, a Guerra da Coreia (1950-1953) foi deflagrada e expandida pelo choque de interesses entre Coreia do Sul e Coreia do Norte, entre China e Estados Unidos e, até mesmo, entre China e União Soviética (Duarte, 2019a).
- Ter cuidado com os vieses ao se examinar fatores simples ou exógenos, como eventos acidentais, em que é fácil imaginar cenários alternativos, apesar da baixa variação causal. Por exemplo, a Primeira Guerra Mundial (1914-1918) seria deflagrada mesmo sem o assassinato do arquiduque austríaco em Sarajevo (Harrison, 2016).
- Dar enfoque a indivíduos expõe suposições de causalidade e ação que podem ser, ou não, precisas. Por exemplo, a substituição de um líder como argumento para um país entrar, ou não, em uma guerra: a vitória de Al Gore no lugar de George W. Bush em 2000 levaria os Estados Unidos para

a guerra no Iraque? Esse é um tipo de análise em que não há ganho de explicação, pois não existe possibilidade de comprovar sua plausibilidade.

Portanto, mais do que métodos acadêmicos, a análise crítica de casos são procedimentos de grande utilidade prática e escrutínio para a tomada de decisão e a elaboração de planos de ação relacionados à defesa e à guerra.

Um terceiro grande grupo de métodos e procedimentos particulares dos estudos estratégico é a economia de defesa (O'Hanlon, 2009). Existem, basicamente, três.

O primeiro é a **análise dos dados oficiais do governo sobre gastos e orçamento**, que, geralmente, é funcional (pessoal, custeio e investimento) e definida por aparato institucional (ministérios, forças singulares, departamentos e secretarias). Ainda que pouco tratados, esses dados permitem avaliar o processo público de aquisições e gastos e se há algum tipo de crivo e controle externo. O segundo método é **revisar esses dados geograficamente ou por unidade**, a fim de se refletir sobre os custos das capacidades, as alternativas e os programas de política de defesa. Por exemplo, a apreciação do custo da participação brasileira nas operações de paz no Haiti demanda uma desagregação dos gastos de várias agências e unidades das três forças, além de outros ministérios, como o das Relações Exteriores. O último método, mais sofisticado, é a **análise dos gastos para produção de uma capacidade**, que envolve os custos de pesquisa, desenvolvimento, aquisição, manutenção e atualização de sistemas de armamentos. Isso demanda estimativa do recrutamento, treinamento e manutenção de pessoal e manutenção de instalações. Esse é um dos principais procedimentos para avaliação e decisão sobre projetos de atualização de força – como o projeto de aquisições de caças de combate FX 2 da Força Aérea, ou de submarinos da Marinha, o Pró-Sub –, pois é o que permite ter uma avaliação sobre os sacrifícios e dilemas de alocação de recursos e a oportunidade de se conduzir ou suspender reformas. Um quarto tipo de contribuição metodológica, desenvolvida mais frequentemente dentro dos departamentos governamentais do que dos acadêmicos, é a **modelagem do combate**. Ela se resume à utilização de métodos quantitativos e qualitativos para avaliação do desempenho combatente de sistemas de armamentos, unidades e operações. Armamentos e pequenas unidades permitem a utilização de métodos quantitativos, sendo o **teorema de Lanchester**, que estima o efeito acumulado das trocas de fogo diretas entre oponentes de números distintos, o procedimento mais básico. Esses procedimentos estimam índices de letalidade, taxas relativas de baixas, desgaste e consumo de recursos por unidades. No entanto, à medida que se inclui mais fatores – principalmente, geográficos, temporais e políticos –, a inferência torna-se muito complexa para ser quantitativa. Em ambientes complexos, mas bem delimitados, ainda é possível elaborar jogos de guerra e simulações com computadores para inferência de problemas e, principalmente, para instrução de comandantes e estados-maiores. Todavia, na inferência e comparação de forças combatentes e planos de países, devemos recorrer a variações de análise crítica.

Quadro 2.2 – Métodos dos estudos estratégicos

Método	Técnicas e procedimentos	Resultados
Mensuração do poder militar	Correlação dinâmica, relacional e não determinista de capacidades.	Parâmetros de uso da força.
	Instituições, relações civis-militares e cultura organizacional.	
Análise crítica	Contextualização; análises dos fins, meios e métodos; avaliação.	Aprendizado e análise da guerra.
	Reconstrução de processos.	

(continua)

(Quadro 2.2 – conclusão)

Método	Técnicas e procedimentos	Resultados
Economia de defesa	Gastos e orçamento de defesa em termos funcionais, geográficos, por unidade militar e capacidade operacional.	Processo de tomada de decisão, controle e avaliação de programas e política de defesa.
Modelagem de combate	Teorema de Lanchester, índices, jogos de guerras e simulações.	Avaliação de desempenho combatente.

Conforme ilustra o Quadro 2.2, os estudos estratégicos combinam métodos quantitativos e qualitativos, sendo que, quanto mais o foco de análise se aproxima de fatores sociais e políticos, menos ele poderá contar com o primeiro tipo de métodos, aproximando-se cada vez mais do segundo. Ainda assim, é importante destacar em todos esses métodos o esforço de atender aos principais critérios de um estudo científico consistente: formulação de sistemas conceituais consistentes, desenvolvimento de métodos replicáveis e validação empírica sistemática.

> **Para saber mais**
>
> O *site* do Centro de Adestramento Sul do Exército Brasileiro permite visualizar o emprego de simuladores como recurso de formação e treinamento de oficiais e combatentes.
>
> BRASIL. Exército Brasileiro. Centro de Adestramento Sul. Disponível em: <http://www.casul.eb.mil.br/>. Acesso em: 18 fev. 2020.

Síntese

Neste capítulo, articulamos as causas, condições e interações da guerra. Apresentamos as características gerais da guerra em diversas espécies e aquelas particulares dos humanos, bem como quatro motivações para a guerra: (1) competição por recursos; (2) disputa por parceiros, melhores condições de bem-estar e perpetuação de um grupo social; (3) disputas por *status* e prestígio; e (4) disputa por território.

As condições sociais e econômicas da guerra entre grupos sociais resultam em traços culturais e institucionais que potencializam essas causas em dois tipos de guerras: as ilimitadas, em que a concessão de alteração, ou não, de *status quo* político é tão grave que apenas será concluída quando um dos lados estiver prostrado, indefeso e sem capacidade de resistir; e as limitadas, causadas por motivações menos graves e polares, por isso os lados são capazes de atender seus objetivos e tirar concessões voluntárias do outro.

Encerramos o capítulo indicando as demais proposições conceituais da teoria da guerra de Carl von Clausewitz. Somando-se a elas os fundamentos da guerra, pode-se entender os propósitos, meios e formas de emprego da guerra, bem como suas diversas variações e interações.

Questões para revisão

1. Assinale a alternativa que indica a guerra que não é do tipo ilimitada:
   a. Guerra de Independência dos Estados Unidos.
   b. Segunda Guerra Mundial.
   c. Guerras Púnicas.
   d. Guerra das Malvinas.
   e. Primeira Guerra Mundial.

2. Assinale a alternativa que indica a principal causa da agressividade humana.
   a. O ser humano evoluiu como um predador.
   b. A herança genética da maior parte da evolução humana é proveniente de quando o homem vivia em bandos de caçadores-coletores.

c. Mudanças climáticas.

d. A invenção da propriedade privada.

e. O surgimento do capitalismo.

3. Apresente três diferenças entre guerras ilimitadas e guerras limitadas.

4. Aponte as quatro principais causas para a guerra no reino animal.

5. Assinale a alternativa **incorreta** quanto à relação entre guerra e economia.

   a. Estados de governos autocráticos e economias primárias tendem a ter maior inclinação a travar guerras pelo controle de áreas ricas em recursos naturais.

   b. Guerras não geram vantagens competitivas e integração econômica entre aliados.

   c. Países democráticos e com economias avançadas também podem travar guerras por recursos.

   d. Existe consenso de que gastos em defesa são o principal vetor de desenvolvimento econômico.

   e. A correlação entre economia e guerra precede o capitalismo.

capítulo três

Everett Historical/Shutterstock

A guerra clássica e os conflitos contemporâneos

Conteúdos do capítulo:

- Elementos de continuidade e de mudança da guerra.
- Efeitos da guerra nas formas de governo e surgimento do Estado nacional.
- Relação entre guerra e tecnologia.
- Características da conduta da guerra contemporânea.

Após o estudo deste capítulo, você será capaz de:

1. compreender o papel de estudos históricos para os estudos estratégicos;
2. discutir a correlação entre guerra e Estado nacional moderno na Europa e na América Latina;
3. analisar o papel da tecnologia militar e seus limites em mudar a natureza da guerra;
4. delinear as características e dificuldades da prática da guerra no mundo contemporâneo.

3.1 Guerra e história

Os conteúdos do capítulo anterior ilustram bem que os estudos estratégicos pertencem a um campo do conhecimento interdisciplinar, visto que se beneficiam de teorias, metodologias e resultados de pesquisas de áreas como antropologia, ciências sociais, economia, administração e engenharia. Além disso, o que toda essa colaboração tem em comum é a base empírica de seu desenvolvimento. Por isso, todo esse conhecimento tem como pano de fundo a **história**.

Outra forma de ver a questão é que os diversos conhecimentos utilizados para compreendermos o uso da força são organizados historicamente, bem como são incrementados e revistos constantemente. No entanto, é importante ter em mente que essa convergência interdisciplinar para o procedimento de estudos calcados na realidade empírica é uma realização recente e fundamental, porém, ainda assim, ela é constantemente relegada por modismos e pela produção de entendimentos inconsistentes e de limitada capacidade de explicação – conforme demonstramos no Capítulo 1 ao abordar os ciclos de ascensão e declínio da importância dada aos estudos da guerra.

Portanto, o vetor para compreensão da guerra contemporânea em contraste com as guerras do passado é a qualidade da produção historiográfica e seu uso pelos estudos estratégicos.

A historiografia sobre a guerra antecede, e muito, os estudos estratégicos, visto que data da Grécia Antiga. De modo geral, essa historiografia pode ser dividida em quatro grupos: as memórias dos experientes e bem-sucedidos comandantes, a história dos grandes capitães, a produção de estudos históricos para fins de testes de conhecimentos e a história científica da guerra.

O maior volume de estudos históricos da Antiguidade até a Idade Moderna resume-se às memórias de comandantes de suas batalhas e experiências. Muito mais do que registros biográficos, o objetivo desses relatos era o acúmulo de conhecimento para a posteridade. Esse foi um procedimento presente nas principais civilizações do Oriente e do Ocidente e pode ser apontado como parte da cultura no seu sentido evolutivo, ou seja, como conhecimento e procedimento para maximizar a capacidade de adaptação e sobrevivência de uma coletividade (Quigley, 1979).

Tal consciência é explicitada por Sun Tzu na obra *A arte da guerra*, que reúne as práticas e experiências desenvolvidas pelo autor nas guerras entre os estados guerreiros chineses do século V a.C. Essa obra influenciou o pensamento estratégico chinês até a Guerra da Coreia (1950-1953).

De maneira similar, o *Anábase*, de Xenofonte, registra a trajetória dos 10 mil soldados mercenários gregos que atravessaram o Império Persa no ano 401 a.C. O conhecimento sobre o terreno, as forças combatentes persas e a vantagem tática da forma de combate grega foram lidas e utilizadas por Alexandre, o Grande, nas suas campanhas de conquista 50 anos depois. Esse processo de acúmulo de conhecimento tornou-se traço marcante da civilização clássica, principalmente entre os romanos, e passou a ser uma tarefa obrigatória e fundamental para a sobrevivência do Império Romano Bizantino. Edward Luttwak (2009) aponta que os tomos de conhecimentos colecionados sobre relatos, procedimentos e métodos de guerra de diversos povos da Eurásia foram tão importantes para os mil anos de longevidade dessa civilização quanto as muralhas de Constantinopla.

No mundo ocidental medieval, essa prática foi bastante restrita a cidades romanizadas, mas, de fato, recuperada apenas na Renascença e expandida no Iluminismo, sendo o rei prussiano Frederico, o Grande, e o marechal francês Maurice de Saxe os autores mais reverenciados. A partir dos relatos desses autores, as memórias dos grandes comandantes passaram a ter uma conotação diferente, com mais ambição teórica. Ainda assim, até hoje, os diários de campanha são uma fonte importante para o estudo da guerra.

Um segundo tipo de produção histórica sobre a guerra, também desenvolvido nas civilizações da Antiguidade, destinava-se à celebração dos grandes capitães e suas batalhas. Essa é uma trajetória muito mais profícua em termos de produção, mas menos útil em termos acadêmicos. Sua principal contribuição histórica foi nas construções de ritos, linguagens e mitos, que são fatores importantes na formação de sociedades e de suas forças combatentes. São vários os itens clássicos dessa categoria, destacadamente: *A Ilíada*, de Homero, e as biografias de Alexandre e César (entre outros), escritas por Plutarco. No caso da Marinha e do Exército brasileiros, as Batalhas dos Guararapes, de 1648, e de Humaitá, de 1865, cumprem esses papéis. Como é possível perceber, muitos desses conteúdos foram desenvolvidos e difundidos como história oral e acabaram se tornando mitologia, como a batalha de Leônidas e dos 300 de Esparta, e não podem ser tomados como descrições fiéis dos eventos. Com o desenvolvimento da imprensa e do mercado editorial, passaram a ser produzidas mais histórias para entretenimento do que qualquer outro propósito e, já durante o Iluminismo, essa prática era predominante.

Como avanço com relação aos diários dos comandantes e aos esforços malsucedidos de teorização da guerra com base neles, surgiu outra importante contribuição de Carl von Clausewitz (1780-1831): a **produção de estudos históricos para testes de conhecimentos**. Por um lado, ele produziu mais de uma dezena de estudos históricos como ambientes laboratoriais para os conceitos que compuseram sua teoria da guerra. Por outro, esses estudos permitiram o avanço de uma metodologia para a educação do juízo de comandantes. A análise crítica é uma ferramenta, principalmente pedagógica, para exercício intelectual de reconstruções das ações e avaliação das decisões de batalhas e campanhas históricas. Mais enriquecedor e desafiante do que uma assimilação passiva das experiências de Napoleão Bonaparte é confrontar suas decisões e ações, avaliar acertos e erros e elaborar alternativas a suas campanhas, como a de conquista da Rússia, em 1812, ou a que levou à sua derrocada em 1815, em Waterloo (Clausewitz, 1992, 2010). Essa contribuição de Clausewitz influenciou o sistema de formação de oficiais prussianos – que serviria de modelo para diversas forças armadas contemporâneas – e procedimentos mais rigorosos para jogos de guerra como recurso educacional.

Há, ainda, a **revolução na historiografia sobre a guerra produzida por Hans Delbrück** (1848-1929). Não é exagero apontar que ele é um dos precursores dos estudos estratégicos. Sua obra oferece um acervo de conceitos, bases empíricas, revisões bibliográficas e análises que permite alimentar o estudo da guerra, bem como a educação militar, até os dias atuais. Porém, sua contribuição vai além da acadêmica: Delbrück foi o protótipo do analista de defesa nacional contemporâneo (Paret, 1966, p. 149). Consciente da distinção de sua produção acadêmica e do seu papel público, Delbrück atuou tanto como educador quanto como formador de opinião sobre a Primeira Guerra Mundial (1914-1918), além de ter desempenhado o papel de auditor incumbido pelo Parlamento de investigar a atuação alemã na guerra (Craig, 1986, p. 326). Tal função social desempenhada por Delbrück era sem precedentes na Alemanha e seria replicada em boa parte do Ocidente apenas após a Segunda Guerra Mundial (1939-1945), com a demarcação dos estudos estratégicos.

Delbrück impôs métodos rigorosos de investigação e inferência das bases factuais da história (*Sachkritik*). A partir disso, ele promoveu a desmistificação dos grandes capitães, a confrontação com as autoridades historiográficas e a reconstrução de seus relatos em uma história objetiva da guerra, tendo como referência a teoria da guerra de Clausewitz (Delbrück, 1990, p. 13).

De um ponto de vista metodológico, a análise objetiva da história da guerra tem como característica o **uso da investigação mediante uma abordagem interdisciplinar**, utilizando-se técnicas de geografia, economia e ciências sociais para determinar o quanto uma sociedade é capaz de produzir de forças combatentes e de sustentá-las em operações. Nesse sentido, Delbrück (1990, p. 15) é explicitamente consciente da execução de uma investigação sociológica para se apreciar como as condições sociais de um período determinam as possibilidades de travar guerra por um comandante.

Uma segunda linha de inferência é sobre a qualidade combatente de uma força, dependendo dos tipos de armamentos que determinada sociedade é capaz de produzir. Dependendo dos atributos desses armamentos em combate cerrado ou da distância e dos arranjos que uma sociedade é capaz de desenvolver em termos de organização de forças, treinamento e combinação de armas, além dos próprios traços culturais da população, torna-se possível estabelecer parâmetros dentro dos quais uma força combatente é capaz de atuar, independentemente do seu comandante. Delbrück (1990) esclarece que só é possível conceber qualquer análise estratégica com base na apreciação da quantidade de forças combatentes e dos tipos de enfrentamento que ela é capaz de travar com razoável expectativa de sucesso. É certo que tal análise depende da correlação dessa força com o terreno e com os atributos quantitativos e qualitativos de seu oponente (Delbrück, 1990, p. 313).

É válido ressaltar que o legado de Delbrück foi muito além da crítica e da reescrita da história da guerra do mundo ocidental. Ele lançou o estudo da guerra na história apresentando suas várias facetas: tipos de armamentos e de combate, constituição de forças combatentes e parâmetros de emprego, estratégia e formulação de planos, bases econômicas, demográficas e sociais para a guerra e avaliação de como a arte e a conduta da guerra formaram os vários tipos de organizações políticas de governo.

De acordo com o autor, o estudo da história da guerra é parte da especialização das ciências e inegável na sua capacidade de contribuição (Delbrück, 1990, p. 11). Nessa empreitada, ele enfrentou, durante parte de sua vida, dois desafios muito comuns aos estudos estratégicos em qualquer tempo: o desdém dos militares e a aversão dos acadêmicos.

Com relação ao **desdém dos militares**, Delbrück (1990) confronta a expectativa de que tal campo de estudo é, necessariamente, uma tarefa dos militares e daqueles que possuem grande experiência militar. Apesar de ter reconhecido a formação militar para a condução da guerra, ele demonstra que o analista civil também é capaz de contribuir por meio do domínio de um conhecimento específico e da execução de uma metodologia científica.

> Para o historiador, a dificuldade de cada história especializada encontra-se no domínio de conhecimento técnico suficiente. Se alguém acredita que o historiador de literatura é capaz de se lançar completamente no processo de produção literária, também é muito mais difícil que um historiador de arte domine completamente as técnicas de pintura e escultura, o historiador econômico aquelas de agricultura, habilidades de trabalho manual e comércio. Certamente, não se espera que eles pintem madonas, construam catedrais, conduzam o arado ou fundem colônias. No entanto, apesar de não haver essa exigência, as pessoas que têm essas habilidades práticas, que têm familiaridade com essas coisas ou realmente as praticam, têm certa vantagem sobre o historiador e tendem a vê-lo com certa desconfiança. Aquiles deve sua fama a Homero – mas questiona-se se ele não deveria ter criticado este ou aquele verso: "É fácil perceber que você é um poeta e nunca arremessou uma lança, posicionando-se diante dos Mirmidões!"

> O acadêmico que escreve uma história da estratégia e tática está numa posição ainda pior. Já é uma considerável vantagem se ele tiver sorte em tornar-se familiarizado com as realidades da guerra por meio do serviço militar nas mais baixas patentes. Mas ele deve buscar se tornar mestre em tudo aquilo que se refere a um oficial de alto escalão em uma base puramente teórica, e ele não pode ornamentar

seu relato com licença poética. Precisão técnica é um pré-requisito de sucesso. Da mesma forma que um artista ou um homem militar que deseja descrever os feitos passados do seu campo particular deve se adaptar a estudos metodológicos e factuais, assim também deve agir o historiador que deseja narrar guerras, especialmente a história da arte da guerra, e estudar as condições objetivas e as possibilidades técnicas dos eventos, visto que é necessário que se torne mestre nesses assuntos. (Delbrück, 1990, p. 11-12, tradução nossa)

Com relação à **aversão dos acadêmicos**, a especialização de Delbrück nunca foi aceita como "acadêmica" na Alemanha. Sua admissão na Universidade de Berlim sofreu grande resistência e as credenciais que favoreciam sua inserção no meio político e militar eram marginalizadas no ambiente acadêmico. Por um lado, Delbrück vinha de uma família de origem liberal e se opunha ao conservadorismo acadêmico alemão existente até a Reforma de 1918. Por outro lado, a história da guerra era vista como um conhecimento técnico do profissional militar e sem mérito acadêmico (Bucholz, 1972, p. 70-72).

Ainda assim, hoje, Delbrück é a principal referência nos departamentos de história onde se pratica o que se chama de **história militar**, que, genericamente, estuda a preparação e a conduta da guerra ao longo da história. Entretanto, talvez essa seja uma denominação pouco informativa, sendo necessário reconhecer que a historiografia acadêmica contemporânea é bastante especializada e se apoia em vários outros campos do conhecimento além da história (Artéus, 2002). São elas:

- **história da vida militar**: ramo baseado nos estudos antropológicos e sociológicos sobre questões de gênero, família, bases sociais de soldados e oficiais, valores, entre outros aspectos da cultura organizacional das forças armadas;
- **história dos armamentos, tecnologias militares e táticas**: nesse ramo, existe tanto um caráter, em parte, lúdico de

narrativas ilustradas para preencher as estantes nas livrarias quanto o caráter acadêmico de historiadores militares em aprofundar o entendimento sobre o histórico de desenvolvimento e desempenho dos vários tipos de equipamentos militares;
- **militares e a sociedade**: corrente bastante desenvolvida na América Latina e no Brasil, que visa compreender as relações civis-militares e o envolvimento militar em regimes políticos;
- **guerra e Estado**: um ramo da sociologia histórica é o estudo da formação do Estado nacional europeu e a análise comparativa com casos de outros períodos e continentes;
- **meta-história ou história global do poder**: envolve estudos que buscam identificar padrões históricos de longa duração ou inferência de certos aspectos do poder militar e seu uso em vários casos históricos.

Usos limitados de todos esses tipos de abordagem são utilizados neste livro, principalmente na próxima seção e nos Capítulos 2 e 4, e reforçam o argumento da importância dessa abordagem para os estudos estratégicos. Mais do que isso, a história da guerra é fundamental para a própria prática de formulação da estratégia (Brands; Inboden, 2018). Entre as suas várias contribuições, destacamos duas.

A primeira é o maior desafio da formulação da estratégia: ser capaz de entrar na cabeça do comandante oponente e de ver o mundo e as possibilidades de decisão e ação pelos seus olhos. Isso é fundamental, pois o erro mais comum dos comandantes militares é projetar as próprias visões de mundo e supor, de maneira errada, o comportamento rival e tomar decisões precipitadas. Nesse sentido, o estudo da história é a principal forma de se conseguir desenvolver a capacidade de empatia e o principal antídoto à projeção de autoimagem. Menos pelo levantamento do perfil biográfico do oponente e sua trajetória, e mais pelo exercício intelectual constante de entrar na cabeça de comandantes ao longo da história, de maneira a evitar a inércia intelectual de replicação de modelos mentais e superficiais.

A segunda é a constatação de que a história da guerra desenvolve, de maneira prática, o aprendizado de como a guerra nunca é final e de como suas consequências políticas são de curto e longo prazo, desejáveis e indesejáveis. Com isso, existe o reconhecimento dos limites das ações e da importância do provimento constante de cautela no processo de tomada de decisão.

> **Para saber mais**
>
> A obra a seguir oferece uma história bastante detalhada e, ainda assim, acessível dos grandes impérios da Idade Moderna, enfatizando aspectos comuns e específicos entre impérios eurasiáticos e impérios transcontinentais europeus.
>
> DARWIN, J. **Ascensão e queda dos impérios globais**: 1400-2000. São Paulo: Edições 70, 2015.

3.2 A guerra e o Estado nacional moderno

Os campos do conhecimento que estudam as relações humanas são bastante diversos entre si em termos de foco e procedimentos, mas existem algumas questões comuns que interessam a todos eles, o que chamamos de *questões transversais*. Uma das mais relevantes é a relação entre a guerra e a formação do Estado nacional moderno. Essa grande questão, na verdade, se desdobra em duas: (1) Qual foi a correlação entre a guerra e o desenvolvimento de cidades-Estado, impérios, cidades-ligas e o Estado nacional moderno? e (2) Por que o Estado nacional moderno se tornou predominante e foi capaz, principalmente por meio da força, de conquistar ou eliminar todos os tipos alternativos de organização política?

Os estudos estratégicos, na interlocução com as relações internacionais e o campo da sociologia e da história, são capazes de apontar algumas respostas. O ponto de partida dessa reflexão é a funcionalidade de qualquer sociedade política hierarquizada, que, grosso modo, são quatro (Gilpin, 1983; Quigley, 1983):

1. produção econômica excedente;
2. unidade de ação política ao longo do tempo;
3. mecanismos de transferência de recursos e *status* internamente e com outras sociedades;
4. capacidades de coerção interna e externa efetivas.

Com relação ao terceiro requisito, como vimos no capítulo anterior, existem apenas três tipos gerais de mecanismos de relações sociais para transferência, ou mudança, da distribuição de recursos e poder: **cooperação, competição** e **guerra**. Portanto, as coletividades que desenvolveram, ou adaptaram, modos e estratégias de cooperação, competição e guerra mais efetivos predominaram sobre as demais.

Ao longo da história, ao rastrearmos o desempenho dos principais tipos de sociedades políticas nesses quatro requisitos – principalmente com relação ao mecanismo de transferência guerra –, podemos identificar a predominância do Estado nacional.

As **cidades-Estado** existentes na Grécia Antiga e, por um certo tempo, em torno de Roma, antes de sua ascensão a império, tinham a virtude de grande adesão, a qual permitia a transferência interna de recursos e *status*, possibilitando a elas, por determinado tempo, a capacidade de prevalecer nos campos de batalha em campanhas contra impérios, de impor transferência externa de recursos e de alcançar primazia de poder, com destaque para Atenas. No entanto, elas tinham duas deficiências: limitada economia de escala, ou seja, eram capazes de controlar e gerenciar limitadas áreas e populações; e um sério problema de unidade de ação, o que as tornava muito suscetíveis a clivagens internas, guerras civis e adesão interna a rivais externos. Dessa forma, nem sempre essas cidades-Estado eram responsivas a ameaças e rivais externos, pois tinham limitada capacidade de emulação e inovação militar e não eram capazes de produzir grandes forças terrestres permanentes. Por isso, elas foram conquistadas pelo Império Macedônico e suprimidas pelo Império Romano.

As **cidades-ligas**, que surgiram na Renascença, existiram até os séculos XVII e XVIII, como a Liga Hanseática nos Países Baixos e no norte da Europa, e eram organizações com maior capacidade de expansão econômica e mais efetivas na extração de recursos internos e externos via meios cooperativos. No entanto, tinham baixa capacidade para converter esses recursos em capacidades militares e para controlar populações e territórios devido à dificuldade de desenvolverem estruturas burocráticas e administrativas. Porém, também tinham limitada unidade interna e capacidade coercitiva permanente, dependendo mais de mercenários do que de milícias populares, o que explica terem sido alvos mais fáceis de Estados nacionais e impérios (Spruyt, 1996; Garcia, 2001).

Os Países Baixos apresentaram mais capacidade de adaptação ao emularem elementos dos impérios português e espanhol e criarem a primeira empresa multinacional. No entanto, internamente, a estrutura burocrática executiva era, principalmente, dedicada às empreitadas comerciais e gestão de colônias. Além disso, eram, basicamente, uma confederação do ponto de vista político e administrativo, insuficiente para fazer frente aos seus rivais em termos militares.

Os **impérios**, na maior parte das civilizações, foram a principal forma de organização política humana. Eles tinham grande capacidade de expansão econômica, em virtude da conquista de novos territórios e da organização de produção extensiva agrícola, do controle de rotas comerciais e da cobrança de impostos sobre populações. Além disso, apresentavam relativa estabilidade institucional e manutenção de forças combatentes permanentes, com alguma capacidade de emulação e inovação. Os problemas dos impérios residiam numa limitada adesão interna e nas formas de extração internas e externas, que demandavam considerável e recorrente coerção, ou seja, não eram as formas mais eficientes de transferência de recursos. Problema também expresso em elites políticas suscetíveis a golpes e rupturas. Consequentemente, os impérios sempre tiveram custos militares maiores do que seus retornos econômicos e tendiam ao desequilíbrio institucional, principalmente quando alcançavam os limites geográficos de sua expansão. Além desse estágio, os impérios tendiam a se tornar regimes predatórios e com cristalização de suas capacidades militares e administrativas, esfacelando-se e, consequentemente, tornando-se alvos de outros impérios ou, mais recentemente, do Estado nacional moderno. O primeiro caso foi o do Império Romano na Antiguidade; o segundo, do Império Bizantino na Idade Média; e o terceiro, dos impérios Austro-Húngaro e Turco-Otomano na Primeira Guerra Mundial.

Os Estados nacionais apresentam quatro virtudes principais sobre os modelos anteriores: capacidade mais eficiente de **mobilização interna** de recursos, **unidade de ação** ao longo do tempo, capacidade de **controle e autocontrole territorial** e grande capacidade de **competividade e adaptação** por meio de inovação e emulação de rivais.

Essas virtudes do Estado nacional não surgiram de maneira determinística, mas em função de uma correlação de fatores ambientais de difusão de formas de organização econômica e militar complexas e inclinação para realizar as reformas institucionais necessárias para assimilá-las.

É importante ressaltar que cidades-Estado, cidades-ligas, impérios e Estados nacionais coexistiram, pelo menos, entre os séculos XV e XVII, mas apenas os últimos foram capazes de desenvolver, continuamente, as características funcionais apontadas anteriormente. Primeiro, e mais importante, eles foram os únicos a produzir, ao mesmo tempo, uma **nova escala de meios militares** baseados em exércitos permanentes munidos de armamentos de fogo e fortificações abastecidas de artilharia (ou *trace italienne*); e a efetivar reformas fiscais e administrativas baseadas numa autoridade centralizada de territórios, eficiente na extração de recursos devido à grande identificação e compromisso da sociedade por via do nacionalismo. Segundo, foram eles também que favoreceram a ascensão interna e externa de uma **elite orientada para a produção e o lucro** (os burgueses) e refinanciaram as enormes fortunas do Novo Mundo em um mercado comercial mundial e interdependente. Terceiro, eles desenvolveram uma **burocracia centralizada** capaz de administrar recursos públicos para empreitadas e reformas econômicas e militares de maneira ágil e responsiva com relação aos seus rivais.

Apontamos que existiram três fatores bastante contingentes para que os Estados nacionais lograssem. Primeiro, a capacidade de extração de recursos talvez não tivesse sido possível sem a escala de comércio e disponibilidade de ouro e prata para monetização de suas economias sem as conquistas dos tesouros dos impérios Inca e Asteca e as demais jazidas exploradas nas Américas. Destacamos que, além de armamentos de fogo e de um projeto estatal, a conquista e depredação dessas civilizações e regiões dependeu de diversos outros fatores, como domesticação de animais e doenças inexistentes nas Américas (Diamond, 2017).

Segundo, a produção de forças combatentes capazes da revolução militar em tempo e capacidade de fazer frente a impérios foi possível em razão de várias circunstâncias idiossincráticas, como a reorientação para conquista do Oriente e posterior fragmentação do Império Mongol. Por um lado, foram várias as provas evidentes de que os proto-Estados europeus não eram capazes de fazer frente às hordas mongóis, providas de canhões e aparato de sítio. Por outro lado, Genghis Khan e seus descendentes provocaram tal nível de destruição, conquista e mudanças que os demais impérios euroasiáticos e povos subjugados levaram quase 300 anos para se reorganizar e formar novos impérios globais que pudessem ameaçar a Europa (Darwin, 2015).

Terceiro, os três séculos de desunião e conflitos entre o Sacro Império Romano-Germânico e a Igreja Católica (que se estenderam até a Guerra dos Trinta Anos) deram tempo suficiente para que as reformas para o surgimento do Estado nacional ocorressem em um ambiente de diversas unidades políticas concorrendo entre si e se aperfeiçoando no processo. Esse período de intervalo das hegemonias objetivas e subjetivas (respectivamente, do Sacro Império Romano-Germânico e da Igreja) entre a Baixa Idade Média e a Renascença é denominado de *intermezzo* e produziu um ambiente anárquico similar ao dos dias atuais (Ertman, 2017, p. 54; Hintze, 1975).

Entre os séculos XII e XV, existiu uma miríade de formações combatentes com ainda mais variados tipos de vínculos políticos, com grupos urbanos, rurais, nobres, mercantis, a Igreja e o Sacro Império Romano-Germânico (Covini, 2001, p. 10-16). Por meio de confusas interações de cooperação, competição e guerra, ocorreu um longo processo de tentativa, teste e emulação de instituições e estratégias, principalmente ao longo da Guerra dos Cem Anos (1337-1453), da Reconquista Ibérica (ca. 718-1492) e dos conflitos italianos, que foram aperfeiçoados na esteira das trágicas guerras do século XVII (Garcia, 2001, p. 37-39).

O primeiro exército protomoderno e permanente foi criado sob a autoridade política de Isabela I da Espanha, como produto do último estágio da Reconquista na Guerra por Granada (1482-1492). Sua força era composta por um retalho de formações combatentes novas e tradicionais: guardas reais da Coroa; bandos armados dos nobres; baixos nobres individualmente (*hidalgo* e *caballeros*); cavalarianos leves pagos; contingente de homens humildes (*acostamiento*); artilheiros e arcabuzeiros contratados localmente e de outros países.

Cada grupo tinha obrigações, vínculos e origens diferentes, mas eram todos arregimentados sob a Coroa e foram capazes de ser empregados de maneira suficientemente convergente.

A constituição dessa turba de unidades em uma formação combatente padronizada foi a primeira grande inovação militar moderna, pela criação do terço espanhol (*tercio*) por Gonzalo Fernandez de Córdoba, que estabeleceu uma composição padronizada de atiradores e piqueiros. As duas unidades evoluíam nos campos de batalha com os primeiros (atiradores) aplicando fogo protegidos pelos segundos (piqueiros) enquanto carregavam seus arcabuzes. Seu emprego ficou evidente, primeiramente, na Batalha de Cerignola, de 1503, e o terço espanhol dominou os campos de batalha até 1643.

A inovação mais importante, porém, foi a **fortaleza de artilharia**, desenvolvida por Leon Battista Alberti em 1570 (Parker, 2008, p. 106), que permitiu a construção de fortificações capazes de resistir ao poder de fogo do canhão, ao produzir edificações de baixo relevo e exposição, bases de fogo cruzado e, ainda, uma reserva de forças combatentes móveis para realocação e ruptura de forças invasoras.

Os custos da *trace italienne*, gradualmente, elevaram os custos das guerras e levaram à predominância de reinos e províncias mais ricas e dinâmicas institucionalmente sobre as demais. Os legados dos impérios Romano e Carolíngio permitem rastrear as cidades romanas e romanizadas – concentradas na França, no norte da Itália , no sul da Alemanha e nos Países Baixos – como as primeiras a desenvolver essa capacidade militar por terem tido pontos de partida diferenciados na transmissão de conhecimentos e concentração de recursos (Ertman, 2017, p. 67-68).

O exército permanente e a fortaleza de artilharia foram emulados pelos demais rivais europeus, mas expressando características sociais particulares, bases econômicas e administrativas mais arrojadas e alternativas concorrentes. Assim, tiveram sua efetividade testada no mais letal e beligerante século do Ocidente. No século XVII, principalmente após a Guerra dos 30 Anos (1618-1648), houve a predominância de alguns poucos modelos administrativos e práticas militares que foram difundidos pela devastação dessa guerra.

Por fim, houve a consolidação e expansão de algumas potências que eram simétricas entre si, mas que evoluíram com capacidades superiores sobre cidades-Estado e impérios ainda remanescentes. Portanto, é possível concluir que existe uma conexão entre exército moderno e Estado moderno que não seria possível sem a evolução da conduta privada da guerra para um caráter público.

Com base nesse apanhado histórico, é possível também apontar algumas generalizações e requisitos funcionais para o Estado moderno, linhas gerais de políticas internas e externas que favorecem e inibem essas funcionalidades (Gilpin, 1983; Hui, 2005):

- Internamente, o Estado nacional tem de ser capaz de prover proteção e bem-estar mediante o controle de territórios (ou territorialidade) e de garantir direitos de propriedade, devendo receber receita em troca disso.
- As políticas domésticas que favorecem o fortalecimento dessas funcionalidades são: forças armadas permanentes com, pelo menos, uma parcela formada por conscritos; sistemas nacionais de taxação; promoção de produtividade; e burocracia meritocrática.
- As políticas domésticas que reduzem essas funcionalidades são: privatização das forças armadas, taxação predatória, benefícios para ganhos extraordinários e venda de serviços públicos para detentores do capital.
- Externamente, o Estado nacional precisa ser capaz de aumentar a influência sobre a economia mundial e sobre os outros Estados, sem prejuízos para sua segurança e produção econômica.
- Para tal, existem três fatores externos de contraposição: os custos de superioridade militar e gestão internacional; mudanças estruturais da economia internacional que favoreçam outros países a terem desenvolvimento acelerado; e equilíbrios externos por meio de alianças.

De todas essas considerações, os pontos mais importantes são a centralidade da guerra para o surgimento do Estado nacional e o fato de que a viabilidade e estabilidade de um Estado nacional depende do equilíbrio entre seus meios militares, institucionais e econômicos.

> **Para saber mais**
>
> A indicação a seguir trata-se de um clássico sobre a formação do Estado nacional moderno e o papel da guerra nesse processo. A obra se concentra na experiência europeia e serve de referência para o estudo da formação de Estados em outros continentes.
>
> TILLY, C. **Coerção, capital e estados europeus**. São Paulo: Edusp, 1996.

3.3 *Guerra e formação dos Estados na América Latina*

Quando se estuda o papel da guerra na formação do Estado nacional na Europa, de um ponto de vista latino-americano, surgem questionamentos referentes ao motivo que levou os Estados da nossa região a serem diferentes e às trajetórias que eles seguiram.

Ainda assim, vamos procurar expor, aqui, como esses modelos de explicação da seção anterior são adequados para entendermos nossa realidade regional, incluindo a do Brasil. No entanto, uma apreciação mais detalhada e descritiva da trajetória brasileira será feita no Capítulo 5 (Seção 5.4), a fim de demonstrar características e padrões particulares.

A primeira razão para isso é mais óbvia e deriva do legado colonial. O aspecto mais importante, de um ponto de vista da história militar do período colonial do Brasil e das Américas como um todo, é que a trajetória de imperialismo europeu seguiu de maneira distinta das práticas imperiais da Antiguidade e mesmo dos impérios euroasiáticos existentes no período, que possuíam aspirações globais, como os impérios Russo e Turco-Otomano e as dinastias Safávida (Pérsia) e Ming (China). Diferente desses contextos, as políticas imperiais dos países europeus eram limitadas. Apesar da evolução avançada dos sistemas monárquicos, eles **não tinham centralização de poder e capacidade de mobilização de recursos para controlar, de maneira severa, as colônias do Novo Mundo**. Também havia grande dificuldade em exportar para os novos territórios as relações dinásticas de títulos de propriedade pela falta de um poder moderador de uma autoridade superior e pela falta de recursos e pessoas produtivas que pudessem ser governadas. Portanto, com exceção das áreas com grandes jazidas de metais preciosos, como Peru, ou regiões mais acessíveis, como Cuba, os países europeus não tinham incentivos para mobilização de grandes forças para colonizar grandes áreas.

O Quadro 3.1 ilustra as diferenças entre esses dois modelos.

Quadro 3.1 – Comparação entre os modelos coloniais euroasiático e europeu

Modelo euroasiático	Modelo europeu
Resistência e ocupação	Ocupação original em áreas pouco povoadas
Capacidade militar centralizada	Vantagem da técnica militar, concentrada em áreas mais ricas
Controle social pela religião, sistemas jurídicos rígidos e homogeneização cultural	Controles sociais brandos, heterogeneidade e hibridação cultural
Controle de rotas comerciais tradicionais	Criação de nova rede comercial entre América e Eurásia
Limitados, geograficamente, a outros impérios	Não enfraqueceram ou afetaram os impérios existentes na Eurásia

Fonte: Elaborado com base em Darwin, 2015.

Como consequência, as colônias nas Américas, principalmente na América do Sul, tornaram-se insulares e frágeis logisticamente à invasão de rivais europeus. Essa é a principal explicação para o vasto tamanho da América Portuguesa e do Brasil, desde que, com exceção da região do Prata – escoadouro das jazidas de prata de Potosí (Bolívia) –, a Coroa espanhola não tinha incentivos e meios para fazer frente a essa expansão. Mesmo as regiões de Assunção, Buenos Aires e Montevidéu eram fracamente guarnecidas e as empreitadas portuguesas foram várias, e algumas obtiveram sucesso.

Na história das Américas, existem dois casos de exceção de grande mobilização militar europeia para ocupação de colônias por fatores exógenos a elas, motivados pela competitividade internacional. O primeiro foi no contexto da Guerra dos Sete Anos (1756-1763) e da Guerra de Independência dos Estados Unidos (1775-1783). Motivada pela rivalidade e guerra global contra os franceses, a Coroa britânica foi capaz de expandir, consideravelmente, a presença militar nas 13 colônias, exigindo a prerrogativa de governá-las e taxá-las como colônias, que, após décadas de autogoverno e serviço na guerra contra os franceses, viram-se ultrajadas e traídas. Portanto, a controvérsia entre norte-americanos e britânicos era constitucional e produziu uma revolução e uma guerra ilimitada. Apenas a Coroa britânica era capaz de mobilizar e enviar 45 mil soldados ao Novo Mundo. Essa foi a maior empreitada militar transoceânica da história até a Primeira Guerra Mundial.

As condições de desenvolvimento dessa guerra e seus resultados são únicos na história militar das Américas no que diz respeito ao atendimento dos requisitos de formação do Estado nacional moderno. Existia uma estrutura estatal de governos coloniais bastante evoluída e coesa e nenhum exército permanente, apenas milícias. A constituição do Exército Continental de George Washington e o exercício de algo mais próximo de uma autocracia do que de um Poder Executivo explica a tensão das relações entre Executivo e Legislativo nos Estados Unidos até hoje. A perspectiva das elites políticas era, ao mesmo tempo, exclusivista e liberal, sendo contrária a um Poder Executivo centralizado. Contudo, na iminência da guerra e da devastação pelas forças britânicas, germânicas e das nações indígenas, foram delegados poderes quase ditatoriais a

Washington, que, sabiamente, foi capaz de restringir e executar seletivamente, mesmo quando eleito primeiro presidente dos Estados Unidos. Ainda assim, as bases do poder dos Estados Unidos são essencialmente divididas entre Executivo e Legislativo. O primeiro, constitucionalmente, tem mais poder, mas é controlado pelo segundo. Porém, na iminência de ameaça externa, o Executivo pode sofrer de espasmos de concentração de poder e burlar o controle legislativo.

O segundo caso de grande mobilização política e militar nas Américas foi a fuga da família real portuguesa do exército de Napoleão, cujas consequências discutiremos na Seção 4.3.

No restante da América Latina, as guerras napoleônicas e a conquista francesa da Espanha reduziram, ainda mais, a autoridade imperial sobre suas colônias. Portanto, **as guerras de independência** seguiram muito mais como uma **fragmentação geral** e posterior aglutinação em torno de centros e elites locais com maior identidade e influência, sendo que a geografia e as concentrações populacionais eram fatores determinantes. Portanto, as **guerras sul-americanas** seguiram muito mais uma lógica de alteração de *status quo* político do que uma alteração constitucional. Ou seja, as guerras de formação dos países latino-americanos foram guerras limitadas que produziram Estados de capacidades igualmente limitadas (Centeno, 2003).

As colônias espanholas nunca tiveram grande capacidade estatal em termos de extração e administração, e as novas elites (que, na verdade, não eram tão novas assim) ocuparam essas administrações e lutaram entre si por elas. Portanto, as guerras de independência da América Latina, incluindo as do Brasil, não produziram grande mobilização de recursos por meio de sistemas diretos de extração e controle de recursos para sustentação de exércitos permanentes. Via de regra, as milícias se misturavam com mercenários, pagos muito mais por contração de empréstimos estrangeiros do que por uma convergência entre elites e sociedade na produção de meios militares. De fato, as elites muito mais sabotaram do que contribuíram para a centralização administrativa e do monopólio do uso da força.

Esse padrão pouco se alterou no século XIX e as guerras que ocorreram, em sua maioria, também foram limitadas para definição fronteiriça e raramente de conquista. A baixíssima ocorrência de guerras ilimitadas também não produziu Estados fortes que se impusessem sobre as elites locais, mantendo-se agendas políticas de disputas internas e externas – além das fronteiras. A falta de condições e sucesso para guerras de conquista na América Latina deu-se também pelos desafios geográficos e pela atuação de equilibradores externos – primeiro, o Reino Unido e, depois, os Estados Unidos – que intervieram contra grandes iniciativas de expansão ou bloquearam a produção de meios militares que permitissem isso de maneira efetiva. As parciais exceções foram a Guerra do Pacífico (1878-1883) e a Guerra do Paraguai (1864-1870).

Alternativamente, a principal forma de produção de capacidade estatal e de avanços de agendas externas na América Latina como um todo foi a **promoção de rivalidades**, como os casos Brasil × Argentina e Argentina × Chile. No entanto, a falta de unidade política e divisão, relativamente grave, entre elites também produziu guerras civis e rivalidades internas, que são mais prejudiciais do que agentes fortalecedores da produção econômica e da capacidade administrativa estatal (Thies, 2005).

A falta de capacidade estatal, incluindo a militar, levou à menor ocorrência de guerras interestatais e e ao não uso da força nas relações exteriores entre os países latino-americanos, principalmente após a relativa consolidação dos Estados da região no século XX.

Outra característica particular da trajetória militar da América Latina referente à política externa vem sendo o uso de disputas militares internacionalizadas, ou seja, a criação de crises como recurso de barganha e pressão interestatal. Basicamente, seus custos e riscos são mais baixos e, por isso, correspondem aos limitados recursos disponíveis. A noção de que a América Latina é uma zona de paz pela ausência de grandes guerras ignora o alastramento de disputas militarizadas e é imprecisa ao definir a região como pacífica. Entre 2000 e 2010, 90% das crises militares do mundo ocorreram na América Latina, ou seja, 28 das 31 registradas (Mares, 2015, p. 254). Isso tem várias implicações para a construção de efetividade militar das forças armadas da região. As forças armadas em prontidão e efetivas contra ameaças externas raramente foram uma prioridade política, visto que foram mais **orientadas para rivalidade** do que para a guerra. Alternativamente, elas tiveram muito mais **funções domésticas**: ascensão e queda de elites políticas, ocupação de espaços fronteiriços e regiões rebeldes, substituição de outros aparatos estatais ausentes e provimento de segurança pública (Pion-Berlin, 2005, p. 29-32).

3.4 *Guerra e tecnologia*

A questão tecnológica sempre teve um papel influente na conduta e reflexão sobre a guerra. Em geral, existem duas perspectivas sobre seu papel. Por um lado, existe o entendimento de que a tecnologia tem potencial de prover vantagem combatente, no entanto, ela não se resume como único critério para isso. O que se denomina *inovação militar* depende de adequações na formação e emprego de pessoal militar e de reformas no aparato e defesa. Ainda assim, a inovação militar tem, no máximo, implicações táticas e logísticas – ou seja, o emprego de forças combatentes nos campos de batalha e nas condições e atividades para as forças estarem prontas. Tecnologia e inovações militares não são capazes de mitigar os aspectos estratégicos e políticos da guerra, por isso não são suficientes para vencê-la. Assim, as grandes transformações na guerra e seu emprego são sempre políticas e sociais, dentro, fora e nas interações das forças armadas com a sociedade.

Por outro lado, existe a perspectiva de que a tecnologia militar – em termos de sistemas de armamentos e de integração entre eles – é associada ao futuro da guerra. Por meio dela, teria ocorrido a ascensão dos países ocidentais sobres os demais, bem como teriam ocorrido revoluções tecnológicas, principalmente nos dias hoje, capazes de mudar a natureza da guerra e até mesmo as relações políticas internacionais.

Em geral, as inovações tecnológicas teriam como objetivo dois tipos de efeitos: elevar o desempenho combatente e reduzir os custos de seu emprego. Com isso, as chances de vitórias seriam maiores, bem como as ocasiões de emprego das forças. A consequência disso seria o predomínio do lado inovador sobre os demais. Em tempos recentes, essa ciência da vitória foi bastante difundida nas denominadas Revolução dos Assuntos Militares e Guerras de Quarta Geração (Duarte, 2012; Proença Júnior, 2011b).

O debate entre os dois lados foi bastante intenso nas décadas de 1990 e 2000. De lá para cá, criou-se uma regra para se identificar qual lado tem o argumento mais válido (Biddle, 2006). Teoricamente, a perspectiva tecnológica estará validada quando se criar uma tecnologia militar capaz de duas coisas. Primeiro, **tornar o efeito da geografia irrelevante**, ou seja, uma "bala de prata tecnológica" ou "raio da morte" com efeito em toda superfície da terra, capaz de tornar todo tipo de terreno, a dispersão de forças combatentes e todas as suas formas de emprego irrelevantes. Segundo, **tornar a guerra algo inumano ou impessoal**, ou seja, que a vontade de lutar, fugir e de se submeter deixem de ser relações pessoais e presenciais. Entre os dois, o segundo requisito é o mais desafiante. Já existem dados suficientes, acumulados ao longo do século XX, que apontam que a destruição a distância de alvos não gera rendição e apatia (Pape, 1996). Também demonstramos no

Capítulo 2 que as causas e a resolução de guerras se dão por *status quo* político entre grupos e isso não é possível de ser feito a distância. De fato, o maior ganho real que se observa, atualmente, pela tecnologia é o **aumento no domínio do espaço de batalha**. Desde a introdução do telégrafo e de formas de comunicação a distância, existe a capacidade de troca de informações entre unidades combatentes adjacentes e seus centros de comando. Com a inovação contínua de computadores e sistemas automatizados, é possível que os sistemas de navegação, mira e controle de fogos de sistemas de armamentos atuem não apenas ao mesmo tempo, mas também em complementação – ou seja, integrados, mas não simplesmente com concentração de ações, e sim na correção para a maximização de efeitos.

> **Importante!**
>
> O que se denomina *guerra centrada em redes* teve início com a Marinha Britânica ainda no século XIX, expandindo-se posteriormente para a guerra na terra e no ar, evolvendo até mesmo o domínio espacial, onde a maior parte das ondas eletromagnéticas com informações e ordens passam. Assim, a digitalização da guerra foi capaz de ampliar a capacidade de detecção de ameaças no campo de batalha com mínimo contato e máxima precisão e eficiência em circunstâncias táticas específicas, em que uma força é capaz de enfrentar dispersa e a distância seu oponente.
>
> Portanto, as variações topográficas, as distâncias geográficas, as circunstâncias de maior ou menor concentração de forças e as contingências políticas de lados opostos a engajar em circunstâncias de desvantagem ainda são predominantes com relação à tecnologia militar.

Ademais, ainda existem alguns desafios técnicos organizacionais de difícil superação. Do ponto de vista técnico, existe a ilusão de se criar um único supercomputador, bancos de dados e "sistemas dos sistemas" para todas as forças terrestres, marítimas e aéreas. Isso é impossível. O próprio controle dos aviões e navios de combate mais avançados demandam vários computadores e sistemas em cada unidade. Além da impossibilidade de se atualizar todas as plataformas de combate com a mesma plataforma tecnológica (Silva; Proença Júnior, 2014), o grande desafio é a organização e distribuição de dados de maneira que cada sistema de armamentos de cada força receba a informação correta até a hora em que ela seja útil. Por mais que a tecnologia permita acúmulo e transmissão de enormes volumes de dados, os critérios de seu processamento e uso desses dados ainda demandam intervenção humana. Em razão do descompasso entre uma coisa e outra, a tendência atual é a saturação de informações. Em outras palavras, existe a tendência de superconcentração de dados e adição de novos sistemas com técnicos dedicados à filtragem e catalogação. A consequência disso é que é pouco útil a aquisição de novas plataformas de combate sem a adição proporcional de plataformas de comando e controle (Friedman, 2009).

Do ponto de vista organizacional, essa tendência de atualização contínua é ruim para a coesão militar. Forças armadas evoluíram ao longo dos séculos para destruir outras organizações, por isso seu requisito prioritário é a resiliência. Constantes mudanças prejudicam a padronização, a segurança, as condições de uso e a disciplina das unidades combatentes de uma força. Toda mudança demanda alteração de pessoal, treinamento e ajustes de procedimentos.

Forças armadas são organizações com culturas específicas, por isso seguem seu próprio manual no emprego de plataformas de armamentos, o que é natural, visto que o mundo real da guerra é bastante distinto do mundo do laboratório dos engenheiros e cientistas que desenvolveram os armamentos e redigiram seus manuais de usuário.

O pior resultado observado pela digitalização da guerra é a **tendência de microgestão das unidades combatentes em operação** pelos comandantes de campo e, até mesmo, pelos líderes políticos, os quais, mesmo sem informações suficientes, são capazes de observar a posição e comandar o disparo de um cabo de infantaria em ação. Além do efeito moral na cadeia de comando desse tipo de intervenção, comandantes e lideranças políticas nunca terão as informações suficientes na forma adequada para intervir em todas as situações táticas simultâneas que possam ter repercussões para a guerra e a política.

Portanto, a melhor contribuição da tecnologia para a guerra também pode ser associada aos avanços correspondentes em gestão e educação, propiciando a formação de recursos humanos de mais alto nível. Trata-se do que se denomina hoje *cabo estratégico* (Lovell; Baker, 2017; Krulak, 1999; Finney; Mayfield, 2018). Atualmente, um suboficial possui educação, instrução e disponibilidade de informações que lhe permitem tomar decisões de consequências estratégicas e políticas. Novamente, o grande desafio é saber equilibrar quando a autonomia de decisão e ação não é disfuncional e uma bagunça. Ninguém tem uma resposta adequada para isso ainda, mas sabemos que esse tipo de recurso humano combatente é caro e difícil de produzir, além de ser fácil de se desperdiçar.

Por isso tudo, os vários atributos – positivos e negativos – da tecnologia na guerra geram desafios políticos adicionais para os Estados. Existe, recorrentemente, uma enorme pressão sobre líderes políticos para que cedam à aprovação de programas de aquisição tecnológica. Os militares pressionam como forma de adquirir orçamento extra e autonomia. Os demais políticos e outros grupos pressionam pelos "efeitos de transbordamento" civil na geração de empregos e no desenvolvimento econômico e para produzir algum efeito midiático. Nesse sentido, os dilemas que envolvem a formulação de uma política de defesa levam os líderes políticos a apostarem em promessas tecnológicas como uma "aspirina *hightech*", ou seja, em um remédio para dores de cabeça, pelo menos, no curto prazo, mas que não resolvem, de fato, o problema.

Nos dias de hoje, aponta-se que os Estados Unidos se viciaram na aspirina dos *drones*, com consequências bastante graves para suas instituições de defesa, pois estendem a prática de emprego da força sem direcionamento estratégico e consentimento público (Brooks, 2017, p. 437-453).

Entretanto, de fato, nenhuma tecnologia substitui decisões políticas e a necessidade de se enfrentar os dilemas de direcionamento do aparato de guerra de um país. Casos como a Guerra do Vietnã (1955-1975) e a Guerra do Líbano de 2006 evidenciam que enorme vantagem tecnológica não substitui a falta de orientação política e foco estratégico. Demonstraram, ainda, como forças combatentes sem qualidade e rigor em treinamento, educação e disciplina não são boas o suficiente, mesmo que contem com os equipamentos mais caros e avançados.

> **Para saber mais**
>
> Os três textos indicados a seguir oferecem, de maneira complementar, um amplo debate sobre o papel da tecnologia na guerra e, ainda, da tecnologia militar na economia, na sociedade, na política e, até mesmo, na cultura. Eles oferecem definições conceituais, casos históricos e contemporâneos e reflexões sobre a política de defesa brasileira.
>
> DUARTE, E. E. **A conduta da guerra na era digital e suas implicações para o Brasil**: uma análise de conceitos, políticas e práticas de defesa. Texto para Discussão n. 1760. Rio de Janeiro: Ipea, jun. 2012. Disponível em: <http://www.ipea.gov.br/portal/index.php?option=com_content&view=article&id=15290>. Acesso em: 18 fev. 2020.
>
> DUARTE, E. E. **Tecnologia militar e desenvolvimento econômico**: uma análise histórica. Texto para discussão n. 1748. Rio de Janeiro: Ipea, 2012. Disponível em: <http://www.ipea.gov.br/portal/index.php?option=com_content&view=article&id=15032>. Acesso em: 18 fev. 2020.
>
> PROENÇA JÚNIOR, D. **Promessa tecnológica e vantagem combatente**. Revista Brasileira de Política Internacional, Brasília, v. 54, n. 2, p. 173-188, 2011. Disponível em: <https://doi.org/10.1590/S0034-73292011000200009>. Acesso em: 18 fev. 2020.

3.5 Guerra no século XXI

Ao discutirmos a guerra no século XXI à luz do que foi apresentado até aqui, seria surpreendente se advogássemos que houve mais aspectos de mudança do que continuidade em relação aos séculos anteriores. Compreendemos que ambos os aspectos estão presentes no curso da história, no entanto, essa inferência não deve ser um fim em si mesma, mas um recurso para dimensionar melhor nossa realidade com dois tipos de inquéritos: Visto que a história e os eventos não são lineares, existe continuidade em relação a que? E se ainda existem aspectos que não conseguimos relacionar ao passado, em que medidas eles são realmente novos ou simplesmente ainda não sabemos?

Para responder à primeira pergunta, existe um quase consenso de que nossos últimos 200 anos nos deixaram mal-acostumados. Por um lado, durante a segunda metade do século XX, a Guerra Fria (1947-1991) produziu padrões de comportamento político – competição, cooperação e conflito – que são pouco recorrentes, simplesmente porque estruturas políticas internacionais bipolares foram as que menos ocorreram na história (Kaufman; Little; Wohlforth, 2007, p. 231). Por outro lado, o século XIX foi o período mais pacífico da história humana, com relativo predomínio de um único tipo de ator internacional – o Estado nacional – e de maior prosperidade relativa em decorrência da Revolução Industrial (ca. 1760-1840) e da expansão de economias de mercado (Gat, 2017, p. 134). Isso justificou que muitos identificassem rupturas permanentes em relação ao passado e ao advento de um futuro distinto.

> **Questão para reflexão**
>
> No início da década de 1990, dois livros provocaram grande alvoroço nos mundos acadêmico, militar e político. *O fim da história e o último homem*, de Francis Fukuyama (1992), delineava a expectativa de que o fim da Guerra Fria possibilitaria um horizonte de prosperidade e cooperação. *O choque das civilizações*, de Samuel P. Huntington (1997), previa que o século XXI seria pautado por competição e conflito entre povos de culturas diferentes. Passados quase 30 anos, propomos debater as seguintes questões:
>
> a. Algum dos dois venceu o debate?
> b. Os dois autores apresentaram cenários distintos para o século XXI. Essa colocação ainda é válida?
> c. Hoje, com as informações que temos à mão, existe uma expectativa geral de que o restante do século seja mais cooperativo, competitivo ou conflituoso?
>
> **Não é necessário ler os livros citados anteriormente para realizar este debate.**

A estranheza com relação ao século XXI não é pelo fato de ele ter aspectos novos, mas por ele possuir características distintas das idealizadas e ser mais parecido com um passado que se pensava superado. Na comparação dos últimos 20 anos com a história da guerra anterior ao século XIX, existem algumas características predominantes do passado que parecem ter retornado, conforme indicado a seguir (Grygiel, 2013).

Multiplicidade de atores não estatais

O baixo custo e disponibilidade de alguns meios de violência leva à multiplicidade de atores estratégicos. No período pré-moderno, a tecnologia militar era barata, o que tornava o monopólio da violência mais difícil. Adicionalmente, existia a aderência transnacional a atores não estatais, que possibilitava o controle sobre pessoas e o provimento de recursos para formação de combatentes. Vários desses povos, como os Tuaregues, (ainda) existem nos dias atuais e a mais ampla disponibilidade de armamentos a baixos custos tornaram sua existência ou ressurgência mais relevante, principalmente porque suas capacidades combatentes vêm sendo expandidas pelo benefício de serem usados e até disputados pelos Estados.

Constituição das forças combatentes e estabilidade política

Não se pode afirmar que a conduta efetiva da guerra ficou mais simples e que todos os meios de força ficaram mais baratos. A existência predominante (ou não) de forças combatentes, públicas ou privadas, especializadas ou populares, é um arrimo da história das civilizações (Quigley, 1983). No tempo presente, **existe nova tendência de extrema especialização das forças combatentes, o que, geralmente, dificulta seu controle social ao longo do tempo.** Estudos apontam que esse é um efeito já existente nas empresas militares privadas e na expansão do emprego de forças especiais (Reis, 2018; Brooks, 2017).

Existência de áreas não governadas por Estados nacionais

Até o final do século XVII, o mapa do mundo era caracterizado por vastos espaços inexplorados e fora do alcance de cidades-Estado, Estados nacionais e impérios. Essas áreas permitiram a proliferação de atores estratégicos sem vínculo com as sociedades políticas territoriais. Permitia, ainda, a formação de grupos sociais predadores e guerreiros, distintos de sociedades sedentárias mais "convencionais". Nessa perspectiva, o mais importante é o fato de que o Estado nacional contemporâneo se tornou uma empreitada cara e complexa demais; portanto, de difícil capacidade de governo pleno e homogêneo em todo um território. Consequentemente, dentro e entre Estados nacionais passaram a surgir áreas geridas por um "**mercado de governabilidade**", ou seja, com variados e fluidos tipos de configurações de entidades públicas e privadas e relações políticas e estratégicas (Cockayne, 2016). Por fim, as mudanças climáticas e o avanço tecnológico, mais uma vez, permitem a descoberta e o acesso a novos recursos e territórios a serem disputados, como o Ártico e o domínio do ciberespaço.

Uso evasivo e constante da força em decorrência da variedade de tipos de atores

Cada um dos vários tipos de atores existentes hoje apresenta objetivos específicos em escalas de recursos e hierarquias de *status quo* distintos. A consequência disso é a **complexidade das relações políticas** e a **baixa efetividade da diplomacia e da dissuasão**. Por exemplo, grupos insurgentes na Síria lutam entre si e contra Estados nacionais por razões diferentes, por isso a resolução do conflito com um lado não resolve as disputas com os demais.

Com base nessa contextualização, podemos avançar por uma apreciação do panorama do século XXI mediante a estrutura analítica que discutimos no Capítulo 1 de fins, meios e métodos (seções 1.2 e 1.4)

Em termos de fins, o maior desafio contemporâneo da guerra tem sido a definição de objetivos políticos viáveis, a confusão entre objetivos políticos e metas bélicas e o que o uso da força pode prover. A contextualização apresentada demonstra a complexidade da política internacional. Ainda assim, os tomadores de decisão da política tendem a assumir que as condições de emprego e o potencial de utilidade das forças armadas foram substancialmente alargados por conta da expansão do profissionalismo militar e da letalidade, alcance e nível de componentes tecnológicos de suas plataformas de combate.

Por sua vez, os comandantes militares contribuem para essa ilusão ao sempre assumirem que os fins políticos apontados são alcançáveis, tendo como real objetivo o provimento de mais recursos e autonomia institucional. A mentalidade "posso-fazer-tudo" inibe um componente intrínseco da estratégia, que é a reflexão e avaliação da correlação entre meios disponíveis e suas condições de emprego e os resultados esperados, que nunca são automáticos (Duyvesteyn; Michaels, 2016, p. 26-27).

São vários os exemplos recentes desse tipo de problema e de seus resultados estratégicos e políticos temerários, vide a intervenção das forças norte-americanas no Afeganistão poucas semanas após os atentados de 11 de setembro de 2001 e a operação de Garantia da Lei da Ordem seguida de uma intervenção federal no Rio de Janeiro em 2018. Em ambos os casos, a liderança política – civil – forçou o emprego das forças armadas em condições, missões e prazos de tempo inadequados. Ainda que essas operações não tenham sido desastres completos, seus custos e efeitos negativos no longo prazo, principalmente nas próprias forças, ainda são avaliados.

Outro problema tem sido os **desvios na formulação das políticas de defesa**. A realidade da guerra contemporânea cobra um tipo de indivíduo e um nível de desempenho combatente difícil de se manter. Portanto, no que se refere à alocação de recursos escassos ou em tempos longos de paz, costuma-se dar ênfase ao investimento em pessoal, principalmente em treinamento, educação e qualidade de vida de oficiais e soldados. Isso porque entre todos os tipos de recursos voltados para a defesa, os humanos são os mais difíceis de serem recuperados.

Porém, o debate acadêmico/político sobre a inutilidade da guerra após a Guerra Fria, as promessas tecnológicas e as falhas no consentimento público sobre o aparato de defesa têm tornado os processos de tomada de decisão mais suscetíveis a pressões corporativistas e de grupos de interesse. Da mesma maneira, os líderes políticos tendem a maximizar a utilidade política ou econômica dos orçamentos de defesa. Os efeitos de complexo industrial-militar são muito mais graves nos Estados Unidos, mas a sedução por sistemas de armamentos "barrocos" é um problema bem mais generalizado. Principalmente pelas promessas de transferência tecnológica, geração de empregos e compensações comerciais.

Em termos de meios, existem requisitos particulares para forças combatentes terrestres, navais e aéreas. Desde a Primeira Guerra Mundial, vem maturando um **novo sistema de combate terrestre** (Biddle, 2006; English; Gudmundsson, 1994) O grande volume e precisão dos armamentos cobram a necessidade de redução da exposição e o incremento na capacidade de emprego de fogos combinados e manobras nos campos de batalha. Isso implica no emprego de pequenas unidades combatentes em formação dispersa e capazes de executar complexas operações inter-relacionadas de cobertura, dispersão e supressão. Isso pode parecer óbvio hoje, mas vai contra paradigmas milenares dos exércitos e se deu por um meio de desenvolvimento irregular.

Quando em posição de ataque, essas forças precisam combinar, de maneira veloz, volume e precisão de fogos e proficiências específicas entre infantaria, blindados, artilharia e serviços de apoio nos vários cenários de emprego. Isso é difícil. O excesso e a complexidade das operações podem limitar a velocidade do ataque, o que dá chance à reorganização de forças defensoras; por outro lado, o excesso de velocidade pode levar à perda de foco e coesão. Quando em posição de defesa, essas forças são beneficiadas por multiplicadores de forças, como fortificações, cidades e geografia. Ainda assim, articular defesa em camadas, com recuos, uso de reservas e capacidade de contra-ataque, traz novos dilemas. Além daqueles relacionados ao volume e precisão de fogos combinados, as forças de defesa têm de ponderar entre esperar e serem flanqueadas, ou se precipitar a enfrentamentos e se descobrirem mal preparadas. De qualquer maneira, o combate terrestre contemporâneo tem requisitos cognitivos, psicológicos e físicos dos combatentes que não são triviais, com produção de unidades muito bem treinadas e lideradas. Os enormes e contínuos custos logísticos e políticos para criar e manter esse tipo de força é mais uma explicação para a inclinação a soluções mais baratas, como o emprego de empresas militares privadas e "aspirinas *hightech*".

As forças navais são uma área muito mais intensiva em tecnologia, embora também tenham passado por um desenvolvimento recente contra padrões seculares. A incorporação de mísseis com ogivas com grande poder de destruição mudou a forma como as marinhas se organizam, movimentam e lutam. Esse processo de mudança foi paradigmático e, consequentemente, não ocorreu com facilidade, já que as marinhas são corporações muito conservadoras e a mudança se confronta com duas tradições navais cunhadas e preservadas desde o século XIX.

Primeiro, as marinhas tiveram de se adaptar ao fato de que os navios de guerra têm pouca resiliência contra mísseis. Portanto, o tamanho de uma embarcação tornou-se um fator menos determinante de proteção. Os mísseis capacitam pequenas embarcações a ter grande poder de fogo. Estatisticamente, apenas dois mísseis são suficientes para danificar navios de tamanho médio e quatro mísseis são suficientes para tirar os grandes de serviço. Isso é muito impressionante e relevante, pois reduziu drasticamente a taxa entre os custos de construção de um navio de guerra e seu poder de combate. Por exemplo, um navio de guerra de 60 mil toneladas, que custa várias vezes mais que um navio de guerra de 3 mil toneladas, pode suportar apenas de três a quatro vezes mais danos do que o navio de guerra menor (Hughes, 2000).

A construção de grandes navios deriva da vontade/necessidade de projetar poder e controlar passagens marítimas longe das águas e portos nacionais. Entretanto, navios de autonomia limitada, mas muito adaptados ao ambiente de suas águas nacionais, podem desfrutar de maior capacidade de mobilidade, engano e ataques efetivos de curto alcance. Consequentemente, o tamanho e a quantidade de navios são fatores menos determinantes. As consequências estratégicas e logísticas dessa causa tática são os parâmetros do projeto de uma marinha, especialmente por países com poucos recursos, porque eles podem alcançar um grande poder de combate com custos menores. Se considerarmos os custos de produção de grandes navios para operações expedicionárias em comparação com os custos de produção de embarcações menores para defesa costeira, perceberemos que há situações em que esta última pode assegurar vantagem numérica e maior poder de fogo, além de outros benefícios para operar em defesa do próprio teatro de operações.

Em segundo lugar, até pouco tempo, as marinhas, particularmente as grandes marinhas, eram negligentes em relação às formações que promovem a defesa mútua entre os navios da mesma esquadra, que são as contramedidas básicas contra mísseis. Esse aspecto teve efeito na sinergia entre os componentes das estações, nos procedimentos e no treinamento de tripulações, nos sistemas de controle, comunicação e sensoriamento e, principalmente, no papel dos comandantes de navios e esquadras.

A incorporação de mísseis na guerra marítima mudou a antiga realidade, pois as batalhas navais passaram a ser decididas pelo lado que aplica seus estoques de mísseis de forma mais efetiva. Mísseis favorecem o combate a distância e a integração do lançamento das plataformas marítimas, submarinas, terrestres e aéreas.

Portanto, a defesa costeira não pode mais ser fornecida apenas por marinhas, e há uma grande relevância contemporânea na melhoria das capacidades de coesão, antecipação e adaptação às circunstâncias das marinhas, juntamente com exércitos e forças aéreas. Essa operação tornou-se ainda mais complexa e vulnerável à fricção por causa da combinação de várias plataformas e porque todas são dependentes de sistemas eletrônicos, muitas vezes vulneráveis a contramedidas e fricção (Vego, 2015).

Tecnicamente, a guerra na era dos mísseis é constrangida pelo alcance e precisão de radares ser, em média, de 500 km. Outros sistemas de guiamento e navegação – por satélites e aviões-radares – são ainda muito caros e sem a qualidade de radares de plataformas terrestres, além de serem, principalmente no caso dos satélites, alvos prioritários e de difícil reposição. Portanto, no embate entre grandes potências militares com capacidade de combate naval, aéreo e espacial, suas redes de navegação por GPS ou outras redes de comunicação serão provavelmente neutralizadas e não poderão ser utilizadas junto com o arsenal de mísseis. Além disso, o melhor míssil atual com autoguiamento ativado por radar tem alcance de 150 km. Tudo isso impõe desafios adicionais à capacidade de mísseis no apoio de uma força atacante contra um oponente com profundidade geográfica e equivalente capacidade missílica e de comando, controle e sensoriamento (Biddle; Oelrich, 2016).

Esses aspectos técnicos também reforçam as vantagens de quem defende, por negação de área, uma costa (ou, em inglês, *anti access/ area denial* – A2/AD) contra uma força atacante aeronaval, principalmente se contar com plataformas terrestres móveis. As forças invasoras apenas podem equiparar essas vantagens com bases próximas ao seu alvo – em países, ilhas e penínsulas próximas. Isso reforça ainda mais a importância de aliados para decepção ou aviso/ defesa antecipada. Certamente, países pequenos com limitados meios missílicos e de capacidade de comando, controle e sensoriamento não são páreos para forças aeronavais com tais atributos.

Os mísseis também alteraram a realidade do combate aéreo, de maneira a limitá-lo a capacidades relativas de sensoriamento e detecção das aeronaves e de alcance e velocidade de seus mísseis, imprimindo de maneira ainda mais forte a lógica do primeiro salvo efetivo de mísseis. No domínio aéreo, a geografia e o terreno têm menor efeito, por isso a tecnologia é o fator predominante, confirmando a formulação conceitual da seção anterior. Portanto, é onde a capacidade de combate a distância é mais efetiva.

No entanto, no que tange ao emprego de bombardeios aéreos contra alvos em terra, a realidade muda. Não pelo efeito no ambiente terrestre e urbano, que dificulta a precisão e redução de danos colaterais, mas porque bombardeios aéreos sozinhos não são capazes de compelir mudança de comportamento político (Pape, 1996). O que se chama na literatura específica de *punição*, ou seja, a rendição do oponente por pressão de sua população aterrorizada ou a paralisação de suas estruturas por bombardeios, não funciona. Mesmo a ameaça de ataques maciços parece não surtir efeito sem pressão com meios diplomáticos, econômicos e, necessariamente, combatentes terrestres. Pelo menos teoricamente, o risco de ataques nucleares tem maior efeito de credibilidade e são mais coercitivos.

Já o emprego de ataques cirúrgicos para eliminação de uma liderança oponente – ou *decapitação* – é uma capacidade amplamente aplicada desde a Guerra do Golfo (1990-1991). O problema aqui não é operacional, mas político e de inteligência. O sucesso desse tipo de ação aérea depende de os serviços de inteligência encontrarem o líder oponente. Ademais, como demonstram os grupos políticos menos estruturados no Afeganistão, Paquistão e Iraque, a eliminação de um líder não necessariamente muda o comportamento do grupo político. Não existem muitas monarquias em que isso seria mais provável de acontecer (e a maioria das remanescentes é parceira da principal força aérea atual). Além disso, a transição de autoridade pode ser delegada, compartilhada ou ter outros artifícios, como os desenvolvidos por grupos terroristas.

A realidade dos *drones* apenas reforça esse ponto. Por mais que se tenha advogado que o emprego seletivo de força seria efetivo na punição de grupos insurgentes, não existem dados que corroborem isso, visto que esses grupos têm se adaptado de maneira diferente da esperada pelos Estados Unidos. No Paquistão, por exemplo, já tem sido possível associar ataques com *drones* aos subsequentes ataques terroristas em áreas urbanas. Por sua vez, embora operações de decapitação com *drones* sejam mais efetivas pelo caráter de dominação carismática desses grupos, muitas vezes eles encontram santuários aos quais os *drones* não têm acesso ou cujo risco de operação é muito alto. Afinal, eles ainda são apenas capazes de operar em ambientes aéreos permissivos, sem força aérea e baterias antiaéreas. Além disso, os grupos insurgentes com maior apoio popular têm maior capacidade de ação fragmentada e sob anonimato (Hazelton, 2017; Walsh, 2018).

Por fim, quais são as características e desafios dos métodos da guerra no século XXI?

Primeiro, o ambiente de formulação estratégica continua a envolver incerteza, ambivalência e contextos transientes. Ainda assim, persiste no século 21 a forte tendência prescritiva de que a conduta da guerra segue leis e princípios exatos. Em outras palavras, o padrão de erro de lidar com a incerteza com planos operacionais prontos cria a tendência de ação ou resposta culturalista e burocrática. Um exemplo é o conceito de operações baseadas em efeitos (*effects based operations*), em que se acredita que ações particulares podem levar a resultados previsíveis sem levar muito em conta contra quem se luta. Esse é um problema recorrente de criação de metodologias de medida unilateral de efetividade sobre a complexidade da guerra. Em síntese, trata-se da proposta de direção da guerra por meio de indicadores previamente estipulados. Exemplo clássico disso foi o indicador de baixas dos oponentes promovido pelos Estados Unidos na Guerra do Vietnã. No Afeganistão, também houve a tendência de indicadores baseados em baixas inimigas e, ainda, indicadores de números de escolas e de fontes de água construídas (Altman, 2015, p. 286; Augier; Marshall, 2017, p. 277). No entanto, em nenhuma delas existe clara vinculação com a mudança ou não de comportamento do oponente.

Outro exemplo é a identificação de *kits* de ferramentas técnicas essenciais e suficientes, independentemente dos contextos de operação – orienta-se o planejamento das forças exclusivamente por capacidade, sem consideração de hipóteses de emprego e seus parâmetros políticos e estratégicos de sucesso. Como efeito disso, muitas vezes, a falta de meios suficientes, planos adequados ou objetivos políticos viáveis tenta ser compensada por operações militares supercomplexas, numa tentativa de consertar todos os furos ou deficiências de planejamento (Duyvesteyn; Michaels, 2016, p. 30-33).

Segundo, a tendência de se empregar terminologia que abranda, ou não representa, a essência do que está acontecendo, ou com que se está lidando. Palavras e categorias são importantes e influenciam como a pessoas produzem mudança e pensamento estratégico em organizações. A Guerra da Coreia era tratada como ação policial internacional. O genocídio de Ruanda não era reconhecido como tal. A Alemanha não denomina o emprego de suas Forças Armadas no Afeganistão como guerra. O mesmo para as intervenções europeias na Líbia e na África Ocidental. Para além do efeito negativo do consentimento e controle públicos da guerra, a consequência disso é a descaracterização da prática da guerra e o descarte das bases consolidadas de conhecimento por novas abordagens compreensíveis e integradas – como guerra assimétrica e híbrida –, que, além de não serem originais, são um tipo de escape para justificar o insucesso reconhecido, mas não previamente anunciado publicamente.

Guerra assimétrica remeteria ao uso, por forças mais fracas, da dispersão e da população para fazer frente a uma força mais forte e invasora. A **guerra híbrida** seria o uso de meios de força convencionais e não convencionais – como mercenários, agitadores políticos e sabotadores – a fim de enfraquecer a resistência oponente. Nenhuma dessas práticas é nova ou desconhecida em países ocidentais. A origem desse problema é a falta de rigor na análise histórica de conceitos estratégicos usados para endossar tomadores de decisão políticos e militares. No desejo de se legitimar conceitos operacionais, torna-se descuidada a validação de suas consistências, utilizando-se a história mais como analogia do que como ambiente de teste. Apenas isso explica a inclinação para outros tipos de modismos, como a Revolução dos Assuntos Militares e as Guerras de Quarta Geração.

Terceiro, na maioria dos países democráticos, **a prática estratégica ainda não existe como profissão**, tendo clara atribuição burocrática de civis, com qualificação para coordenação com militares e respaldo dos líderes políticos. Nos Estados Unidos, algo próximo disso seria o Assessor de Segurança Nacional, mas este tem uma função mais ampla e comunicativa em tempos de paz e mais marginal em tempos de guerra. Em geral, a elaboração de planos estratégicos gerais é formulada pela Junta de Chefes de Estado-Maior e os planos operacionais pelos comandos regionais (Pacífico, Sul, Central, Norte, Europeu e Africano) e especializados (operações especiais, armamentos estratégicos, transporte, espacial). Do ponto de vista prático, tanto o Assessor de Segurança Nacional quanto o Secretário de Defesa têm um papel auxiliar e de assessoramento na identificação de ameaças e no amplo e complexo processo de gestão do aparato de segurança nacional e defesa dos Estados Unidos. Ambos podem ter papel maior ou menor, dependendo do presidente e da situação, mas não existe prerrogativa que os obrigue à contínua formulação estratégica e de que esta seja apresentada e revista pelas contrapartes militares, pelo Congresso e pela Presidência. Em boa medida, essas atividades ocorrem de maneira *ad hoc*, e as decisões estratégicas são tomadas pelo presidente com os comandantes operacionais (Domingo, 2015, p. 530-532). No caso do Reino Unido, segundo Strachan (2014, p. 23-24, 27), desde 1982 não há continuamente uma organização governamental para tal. Nessa data, houve a reforma Nott-Lewin, que criou o cargo de Chefe do Estado-Maior da Defesa, com pessoal emancipado das forças para formulação estratégica, mas ele foi extinto em 1983 e desde então o Ministério da Defesa não teve uma definição clara de onde é o quartel-general para formulação estratégica. Em 2013, o Primeiro-Ministro David Cameron estabeleceu que a formulação para guerra estaria limitada à aquisição de armamentos, aumento ou não do orçamento de defesa, e equilíbrios das relações civis-militares.

A conclusão, portanto, é que, no século XXI, as mudanças e inovações em termos táticos e logísticos que se desenvolveram desde o século passado não foram acompanhadas de melhores parâmetros e métodos para análise e formulação da estratégia.

Síntese

Neste capítulo, demonstramos a importância da história da guerra para os estudos estratégicos e, consequentemente, a centralidade da obra de Hans Delbrück na elaboração de métodos modernos de estudo e uso da história, demarcando a interdisciplinaridade e os subgrupos da história militar.

Por meio dessa produção de estudos históricos, esclarecemos o papel da guerra na formação social e institucional do Estado nacional moderno, com suas diversas variações, por exemplo, entre as experiências europeias e latino-americanas. As experiências de sucesso e de fracasso podem ser mais bem compreendidas se for identificado que um caso específico foi capaz de mobilizar recursos domésticos de forma eficiente, de prover unidade de ação ao longo do tempo, de promover controle e autocontrole espacial e de desempenhar capacidade de competividade e adaptação por meio de inovação e emulação de rivais. Isso explica a maior capacidade do Estado nacional moderno, em comparação com outros tipos de unidades políticas do passado e do presente, em prover segurança e bem-estar ao favorecer forças armadas permanentes, sistemas nacionais de taxação, promoção de produtividade e burocracia meritocrática.

A formação do Estado na América Latina não atendeu a todos esses requisitos em função de o modelo de colonização das Américas, com poucas exceções, ter sido caracterizado pela descentralização de poder e pela falta de capacidade de mobilização de recursos e controle de territórios. Por essa razão, as guerras e Estados latino-americanos são, em geral, de alcances limitados.

Também indicamos que o efeito da tecnologia na guerra é limitado pelos constrangimentos geográficos e pelas características das relações sociais da guerra. Ainda assim, reconhecemos o papel da tecnologia no domínio do espaço de batalha e na gestão e educação militares.

Por fim, oferecemos um panorama da conduta da guerra no século XXI mediante o reconhecimento das implicações da globalização. Porém, identificamos o reaparecimento de padrões pré-modernos, como a profusão de grupos armados não estatais, a demasiada especialização e descolamento das forças armadas de suas bases sociais, a expansão de áreas sem governo estatal e submetidas a um mercado de governabilidade e, por fim, a complexidade das relações políticas e a baixa efetividade da diplomacia e da dissuasão.

Esses fatores ajudam a explicar os constantes desvios na formulação das políticas de defesa, cujas tensões são exacerbadas pela evolução da conduta da guerra desde o século XX. Por isso, ressaltamos o surgimento de um sistema de combate terrestre moderno, o profundo efeito dos mísseis em combates marítimos e aéreos e os limites dos bombardeios aéreos à distância. No entanto, conforme demonstramos, não houve uma evolução correspondente na capacidade e qualidade de formulação estratégica.

Questões para revisão

1. Aponte três elementos para o sucesso em guerras marítimas na era dos mísseis.

2. Aponte três impactos negativos das percepções de primazia do papel da tecnologia na guerra.

3. Assinale a alternativa que indica o desenvolvimento hipotético que tornaria a tecnologia militar dominante para produção de vitórias na guerra.
    a. A superação de todos os efeitos geográficos.
    b. O desenvolvimento de armamentos de energia direta concentrada.

c. O comando militar do espaço.

d. O avanço de *drones* de combate.

e. Uma revolução dos assuntos militares.

4. Assinale a alternativa que **não** apresenta um elemento militar importante para a formação do Estado nacional moderno.

   a. Fortaleza de artilharia.

   b. Exércitos permanentes.

   c. Administração pública dos exércitos.

   d. Gastos com defesa com base na cobrança de impostos.

   e. Difusão de mercenários.

5. Assinale a alternativa que aponta um aspecto da guerra no século XXI distinto do passado:

   a. Disponibilidade, a baixo custo, de armamentos de alta letalidade.

   b. Disputa por áreas não governadas.

   c. Deficiência de instituições para formulação de estratégias.

   d. Presença de atores não estatais nas guerras.

   e. Emprego contínuo da estratégia de eliminação seletiva com drones.

capítulo quatro

Relações civis--militares no Brasil contemporâneo

Conteúdos do capítulo:

- Estudos das relações civis-militares e sua intersecção com os estudos estratégicos.
- Vantagens comparativas das democracias na conduta de guerras.
- Elementos que podem neutralizar essas vantagens.
- Apresentação histórica e geral do caso brasileiro.

Após o estudo deste capítulo, você será capaz de:

1. compreender a origem e desenvolvimento de estudos das relações civis-militares e suas correlações com a efetividade do emprego militar;
2. refletir sobre as virtudes e as dificuldades na preparação e conduta da guerra por democracias;
3. perceber as contradições da história militar e dos militares no Brasil;
4. examinar as condições e o panorama atual das relações civis--militares no Brasil.

4.1 Elementos conceituais

Os estudos de relações civis-militares evoluíram, originalmente, nas ciências sociais e na ciência política e sua convergência com os estudos estratégicos é mais recente. A questão central original dos estudos de relações civis-militares é como **tornar o militar um defensor efetivo do Estado**, sem ser uma ameaça para o ordenamento político interno (Feaver, 2017, p. 2). Do ponto de vista dos estudos estratégicos, a primeira instância das relações civis-militares é produzir estratégia, e esse não pode ser um fim em si mesmo. Portanto, a convergência entre essas duas perspectivas produz a preocupação de como fazer uso do poder militar de maneira mais efetiva e responsável (Strachan, 2014, p. 76).

A distinção entre as duas perspectivas é relativamente simples. Para os estudos das relações civis-militares, a finalidade, ou propósito, das forças armadas é estar sob o controle democrático, ao passo que os estudos estratégicos mantêm sua perspectiva de equilíbrio entre fins e meios de emprego da força.

Os estudos das relações civis-militares tratam de dois tipos gerais de casos, pois existiram diferenças entre a transição democrática em regimes militares e em regimes comunistas de partido único durante a Guerra Fria (1947-1991). No primeiro, os militares abandonam o poder e a principal preocupação é tirar os militares da política, da economia e dos negócios. Nesse caso, instituições e especialistas civis são fatores mais importantes. Nos regimes comunistas, os partidos únicos geralmente detêm mecanismos de controle dos militares e o principal foco de transição é tirar a política dos militares, ou seja, banir o aparato dos partidos políticos das instituições militares. No primeiro caso, os militares têm muita autonomia. No segundo, os militares têm muito pouca (Barany, 2012, p. 341).

Enquanto a causa da transição de regimes comunistas resumiu-se a um movimento das instituições civis relacionado ao fim da Guerra Fria, as causas da transição democrática de regimes militares foram mais variadas e ocorreram, teoricamente, de maneira mais divergente. Existem quatro explicações gerais (Feaver, 2017, p. 3):

1. Os militares internacionalizaram normas e compromissos com o regime democrático.
2. Os líderes civis desenvolveram mecanismos para manter os militares subordinados.
3. As elites militares tomaram o poder e foram rechaçadas pelo fracasso no governo.
4. As elites militares tomaram o poder, ficaram satisfeitas com o que realizaram e acreditam que não precisam mais desse envolvimento.

Quais sejam as causas, as características da transição e os objetivos dos civis e dos militares, após a transição democrática, são sempre os mesmos (Barany, 2012, p. 344):

- no período de transição, os civis se preparam contra possíveis novos golpes e interferência política pelos militares;
- organizações internacionais desfrutam de influência relativa nos regimes de transição quando há ofertas substantivas, como prestígio e ajuda econômica;
- as elites militares desejam que o novo regime permita a participação na política (principalmente nas políticas externa e de defesa), imunidade contra expurgos, orçamentos de defesa grandes e autonomia para sua alocação;
- as elites políticas desejam determinar horizontes estritos e claros de envolvimento militar em questões civis.

Esses horizontes de controle civil tornam-se a linha de desenvolvimento das relações civis-militares democráticas. Idealmente, elas devem desenvolver as seguintes capacidades institucionais (Ratchev, 2011, p. 22):

1. O controle legislativo deve ter o poder de decisão sobre declaração de guerra e paz; de controle sobre o Executivo e suas ações militares; e de impor transparência aos processos para o devido controle da sociedade civil.
2. A liderança política deve delegar a um ministro da defesa civil as decisões mais importantes sobre defesa, embora deva se manter como responsável pela formulação da política de defesa.
3. O controle da alocação de recursos de todos os tipos deve ser decidido por civis; a alocação deve seguir procedimentos públicos e transparentes; e todas as partes envolvidas são responsáveis pelo uso dos recursos.
4. Deve haver o controle civil funcional das atividades militares. Em outras palavras, civis determinam as regras de engajamento, controlam a política de pessoal e decidem sobre o deslocamento de forças para o exterior.

É importante notar que a discussão original dos estudos das relações civis-militares não apenas é bastante relevante para o contexto contemporâneo, como também é muito normativa, ou seja, com mais recomendações de ação do que mecanismos de explicação. Existe uma lacuna de mecanismos que expliquem como produzir e institucionalizar tal desenvolvimento das relações civis-militares, principalmente porque a consolidação democrática depende do comprometimento das elites militares com a democracia.

As preferências políticas das elites militares determinam em que grau é possível a consolidação democrática. Ademais, a construção de forças armadas democráticas é mais difícil em alguns contextos que em outros, pois as configurações políticas e socioeconômicas diferem e impõem desafios diferentes às relações civis-militares. Por isso, **não existe uma teoria geral das relações civis-militares** (Barany, 2012, p. 40-42), mas apenas perspectivas analíticas que delineiam as condições que incentivam ou não o desenvolvimento democrático dessas relações.

No entanto, a maioria dos estudos das relações civis-militares peca por dar enfoque apenas ao estudo e às propostas de reforma das forças militares, deixando de lado o aparato civil para a defesa nacional e seu respaldo na sociedade (Pion-Berlin; Martínez, 2017, p. 6, 9). Nesse sentido, os estudos das relações civis-militares devem contribuir com subsídios para (Ratchev, 2011, p. 1-5):

- o controle civil da liderança política eleita;
- o desenvolvimento de um sistema judiciário independente e de instituições da sociedade civil;
- a efetividade militar em missões prescritas politicamente;
- a eficiência das atividades de defesa por meio da gestão de recursos.

Isso implica tensão entre a legitimidade do aparato, sua capacidade de inovação e responsividade a ameaças e o dilema de alocar recursos escassos a longo prazo. Por isso, o equilíbrio ou desequilíbrio das relações civis-militares afeta a efetividade militar e deve ser estudado como tal.

4.2 Relações civis-militares e efetividade militar

A principal crítica dos estudos estratégicos aos estudos das relações civis-militares é a falta de propósito de utilidade e critérios de avaliação e comparação. Nos últimos 15 anos, estudos começaram a apontar que os diferentes tipos de arranjos das relações civis-militares produzem diversas qualidades de avaliação estratégica e efetividade combatente (Feaver, 2017, p. 13-14).

> **Importante!**
>
> Quando existe descompasso e desconfiança entre estamento militar e liderança civil, a capacidade de avaliar ameaças externas e a formulação da política de defesa são disfuncionais. Em geral, o excesso de autonomia do Executivo ou das forças armadas em tomar decisões sobre preparo e emprego são as principais causas.

Quando o estamento militar é muito forte, o líder do Executivo tende a fundamentar sua autoridade em personalismo, a selecionar comandantes mais por critérios de lealdade pessoal do que por mérito, a restringir treinamento e a centralizar o comando militar e, ainda, o compartilhamento de informações, sabotando a capacidade de inteligência nas forças. Quando o líder do Executivo se mostra muito forte, ele tende a evadir do controle do Legislativo e do consentimento público. As forças recebem aportes necessários, mas os cenários e constância de seu emprego aumentam consideravelmente, bem como os casos de fracasso, seja por má seleção, seja por falta de condições de emprego.

Essa correlação de fatores institucionais entre líderes políticos e elites militares tem como primeiro fundamento, como vimos no capítulo anterior (seções 3.2 e 3.3), as bases históricas da formação do Estado. Nelas, os aspectos institucionais e culturais das forças armadas são definidos.

O equilíbrio das relações civis-militares contemporâneas tem como primeira causa o grau de coesão e força institucional das forças armadas nos primeiros estágios de formação do Estado. Quando os militares têm uma posição forte de barganha em relação à autoridade civil, eles podem bloquear reformas militares que limitariam seus privilégios e interesses e promoveriam sua efetividade.

O recurso de barganha militar abrange duas dimensões: primeiro, a força de sua identidade corporativa, ou o grau em que seus membros definem suas identidades e lealdades com referência aos militares como uma instituição distinta. Essa força é produzida por três mecanismos: recrutamento, socialização e avanço na carreira. Segundo, é necessário também que exista a centralidade das elites militares para o cálculo político civil, o que depende do ambiente estratégico do Estado, ou seja, do grau de ameaças internas e externas. Se as elites militares ocupam uma posição central para a consolidação dos demais aparatos estatais – notadamente, de extração e administração pública –, eles possuem mais recursos de barganha para barrar o controle pela liderança civil. Essas duas variáveis independentes geram quatro possibilidades de interações civis-militares (Kadercan, 2014, p. 118, 125, 127-129):

1. Forte identidade corporativa, mas baixa centralidade política: os militares são capazes de preservar interesses, mas não de barganhar por eles. A relações são relativamente estáveis, mas as reformas militares são sempre difíceis. Esse seria o caso das Forças Armadas norte-americanas e daquele recomendado como a força militar profissional contemporânea (Huntington, 1996).
2. Os militares não têm coesão, mas têm papel importante na sobrevivência e consolidação políticas: com isso, seus recursos de barganha não são estáveis, nem institucionalizados. Por isso, as relações civis-militares são instáveis, com risco de golpes dos coronéis. Esses foram os casos da Líbia pré-Kadaf, do Iraque pré-Saddam e da maioria das Forças Armadas latino-americanas e do Brasil no século XIX.
3. A corporação militar é forte e tem papel político central, por isso é capaz de impedir mecanismos de controle e reformas sobre sua efetividade. Esse foi o caso do exército turco-otomano até o século XIX e parece ser o caso do Brasil no século XX.
4. As forças armadas não têm coesão forte, nem papel político central, por isso suas condições de barganha são

inconsequentes e sujeitas a maior grau de intervenção civil. Esse foi o caso das Forças Armadas europeias entre os séculos XVI e XVIII, o que permitiu terem alto grau de emulação e inovação.

No caso europeu, a formação do Estado nacional ocorreu a partir do século XIV, sendo que a formação dos exércitos permanentes se deu ao longo dos dois séculos seguintes. Portanto, no século XVII, quando houve a consolidação administrativa e burocrática entre ambos e a sociedade, os limites de barganha e autonomia dos militares europeus já estavam dados por seus líderes. Estes controlavam o recrutamento, a socialização e o avanço na carreira de maneira a inibir o desenvolvimento de identidade corporativa forte. Isso limitou o quanto os militares europeus podiam negociar com autoridades civis.

No caso da América Latina, como vimos, a formação estatal foi mais irregular e incompleta. Mesmo que a formação das organizações militares também tenha sido tardia, ela ocorreu de maneira mais acelerada com as missões europeias – principalmente as francesas e prussianas/alemãs – entre o fim do século XIX e o início do século XX, e fez parte dos processos de modernização, senão de consolidação, dos Estados. Ainda existe um consenso de que os elementos mais prejudiciais para o equilíbrio entre civis e militares foram os vários e recorrentes tipos de ruptura institucional por meio de guerras civis e rivalidades internas, que deformaram as estruturas estatais e degredaram suas economias.

Do ponto de vista da efetividade militar, **essas rupturas inibiram a formação de uma memória e a evolução institucional de um planejamento nacional em defesa**. A constante instabilidade política torna esse desenvolvimento institucional de baixa prioridade. Adicionalmente, o grau maior de estabilização decorreu de uma máquina administrativa estatal enorme, centralizadora e coercitiva, com pouco reconhecimento identitário ou deferência da sociedade, o que inibiu a inovação institucional e coordenação entre civis e militares. Isso explica o lento e tardio avanço das relações civis-militares com algum efeito positivo de efetividade militar na América Latina, incluindo o Brasil.

Essas características também são visíveis em países de outras regiões com graves e recorrentes mudanças de regime político, incluindo os que fizeram a transição de regimes comunistas na Europa após o fim da Guerra Fria. Após 30 anos, ainda hoje, os países da Europa Oriental são incapazes de produzir políticas de defesa baseadas em custos objetivos e planejamento operacional. A principal razão tem sido a lentidão no desenvolvimento de arcabouços institucionais que orientem e aprovem todas as atividades das forças armadas, bem como a descentralização da tomada de decisão para os provedores de capacidade. Isso é visto como algo especialmente frustrante devido ao grau de comprometimento e investimento dos países da Europa Ocidental e dos Estados Unidos para a reforma dos setores de defesa desses países, principalmente para suas efetivas adesões à Organização do Tratado do Atlântico Norte (Young, 2018).

Os mesmos problemas são observados nas operações das Nações Unidas para construção da paz (*peace-building*), que, invariavelmente, envolvem programas de reformas do setor de segurança (*security sector reform* – SSR). Desde os anos 1990, em reconhecimento da mudança no ambiente de segurança internacional e das limitações de abordagens de reforma em estados falidos ou em falência, essas reformas tornaram-se centrais nas operações de paz. As SSR estão relacionadas à criação de mecanismos de responsabilização, eficiência e controle civil dos setores de defesa e segurança pública em países pós-conflito e pós-transição democrática. Nesses casos, os problemas das relações civis-militares parecem ter se tornado ainda mais graves e os índices de sucesso mais baixos, em virtude da falta de hierarquia de objetivos. Ainda que as SSR sejam consideradas importantes e um componente de estabilização, elas passaram a abraçar uma agenda muito ampla: direitos humanos, equidade de gênero, promoção democrática pelas instituições de defesa, com pouca atenção à própria efetividade militar (Meharg; Arnusch, 2010; Proença Júnior, 2002).

Portanto, as **relações civis-militares são estruturadas em instituições políticas que delineiam tanto o foco quanto a taxa de adaptação organizacional das forças armadas**. A força e a atualidade das instituições de defesa orientam as percepções de ameaça e a avaliação estratégica do nível de competição dentro e entre os serviços militares, bem como regula a direção e taxa de emulação e inovação com relação a potenciais forças armadas oponentes (Marcus, 2015, p. 33). Essas tendências são observadas mesmo em democracias consolidadas.

Grosso modo, sistemas parlamentaristas tendem a ter mais unidade e administrações mais longas. Nesses casos, os civis têm maiores chances de chegar a um acordo sobre a política de defesa e orientá-la aos militares. Também tendem a criar mecanismos eficazes de monitoramento e sanções para os militares atenderem as preferências civis. Por isso, eles favorecem a habilidade dos civis de dirigirem os militares no curto prazo, e são mais ágeis e consistentes em reformas militares. Já em sistemas presidencialistas, o Executivo é eleito separadamente do Congresso, e isso cria discordâncias entre as lideranças civis. Por isso, há maior competição por influência sobre a burocracia, discordância sobre a política de defesa e oportunidade de alinhamentos pelas forças singulares. Isso dá mais recursos de barganha e oportunidades de acomodação aos militares. Logo, resulta em maior tendência de desconfiança entre civis e militares.

No longo prazo, sistemas presidencialistas dão melhores condições para organizações fortes e profissionais. Também tendem a desenvolver especialistas para além da *expertise* do tempo que um mandatário eleito é capaz de prover. No longo prazo, em sistemas parlamentaristas, as forças armadas tendem a alocar pessoal atento às preferências civis e a criar estratégias para antecipá-las quando discordantes das preferências das lideranças militares, de modo a bloqueá-las. Outro aspecto negativo é que os militares têm bases mais fracas para desenvolver projetos de longo prazo, como novas habilidades operacionais, e pressionar por mais investimento em material e sistemas de armamentos. Por fim, eles possuem menor controle sobre erros da direção civil, cujas consequências, por isso, podem ser maiores (Avant, 2007, p. 82-86).

Por exemplo, as instituições de defesa dos Estados Unidos favorecem o desempenho e a qualidade de material, enquanto as britânicas favorecem a responsividade e a integração. Como consequência, os Estados Unidos tendem a gastar muitos recursos para gerar alto desempenho, o qual pode ser, junto com a doutrina, inadequado para os objetivos estratégicos prementes. Já o Reino Unido tende a gastar muito pouco e ter pessoal com menor desempenho que o necessário (Avant, 2007, p. 80).

Isso reforça que o objetivo de uma boa política de defesa é evitar o surgimento ou aprofundamento de lacunas entre Estado, sociedade e forças armadas. Essa lacuna pode surgir das diferenças funcionais entre uma sociedade dinâmica e a condição mais conservadora da corporação militar, enquanto as instituições de defesa podem não estar ajustadas de maneira efetiva e completa para realizar a devida aproximação entre fins e meios durante o processo de formulação de políticas. Portanto, a atividade de defesa em democracias demanda contínuo trabalho no desenvolvimento de instituições de defesa e envolve uma variedade de atores militares, não militares, governamentais e não governamentais para que ela funcione.

De um ponto de vista executivo, a introdução de civis na área de defesa não pode se resumir à substituição de militares por civis para a mesma função. Essa é uma solução fácil, mas de limitado efeito, visto que não substitui o longo e complicado processo de criar ou transformar instituições civis-militares integradas, de maneira a qualificar, cada vez mais, a política de defesa e a coesão social da qual ela depende. Idealmente, os ganhos de flexibilidade, efetividade e eficiência do aparato de defesa em decorrência da inclusão de civis devem permitir que as forças tenham mais foco e melhores condições para condução de suas atividades-fim. Portanto, *desmilitarização* é um sentido pobre para esse processo e confere um tom mais negativo do que uma agenda positiva. Deve-se focar na inclusão de civis no aparato de defesa em funções em que eles sejam mais produtivos (Ratchev, 2011):

1. Representação democrática para que a maioria das decisões de política de defesa seja atendida. Civis envolvidos na defesa podem ter a função de observar o cumprimento pelos militares de suas funções constitucionais. Ademais, eles podem salvaguardar os militares de politização e partidarização.
2. Existe uma série de especialidades que o mundo civil é capaz de prover com pessoal qualificado, sem necessidade de duplicação de especialistas de dentro das forças: estatísticas e modelos quantitativos, planejamento de políticas públicas, gestão de projetos e contratos, gestão de aquisição, pesquisa e desenvolvimento e assessoria legal. Nesse sentido, essas funções nas mãos de civis podem contribuir para que as forças armadas sejam instrumentos mais efetivos.
3. O aumento da proporção de civis no aparato de defesa também pode torná-lo mais enxuto, principalmente, em períodos de reformas, pois o incremento das funções de civis em ministérios da defesa tem o potencial de mais controle dos custos dessa reforma, além do fato de que custo de funcionários públicos civis é, geralmente, menor do que um militar. Por isso, sua inserção pode contribuir na disponibilização de mais recursos líquidos para gasto em investimento e custeio das forças armadas.

4. Os civis têm melhores condições de criação de redes e inserção social, de modo a conferir mais transparência e melhor comunicação social sobre as atividades de defesa, e, assim, potencialmente, aumentar sua legitimidade.

Esse arranjo geral de articulação civil-militar foi desenvolvido, de uma maneira ou de outra, ao longo dos dois últimos séculos, de modo a gerar a quarta virtude das democracias: vencer guerras.

4.3 *Guerra e democracia*

Na abertura deste livro, apresentamos evidências de que democracias têm tido mais sucesso na condução de guerras. Cabe, aqui, retornar a esse ponto aprofundando os argumentos que o explicam e quando e por que as democracias falham.

As condições que levam as democracias a vencer guerras são de duas naturezas. A primeira relaciona-se aos fins e propósitos da guerra, ao passo que a segunda está ligada aos meios militares e seu emprego.

> **Importante!**
>
> Líderes políticos de sistemas representativos tendem a fazer melhores cálculos políticos e estimativas estratégicas sobre quais guerras iniciar e quais evitar, pois suas posições são sujeitas a maior crivo e eles correm mais risco de perdê-las em caso de derrota ou de uma vitória custosa em baixas e recursos. Democracias produzem melhores estimativas de sucesso estratégico, pois se beneficiam de informação de melhor qualidade, são mais suscetíveis a críticas de grupos de oposição e opinião pública e, por terem burocracias menos politizadas, produzem informação menos enviesada e de melhor qualidade.

Em autocracias, líderes tendem a aceitar maiores riscos para iniciar uma guerra por terem maiores chances de reter suas posições em caso de derrota. Além disso, seus serviços de inteligência são ocupados mais por dirigentes políticos leais do que competentes e seus agentes e analistas se dedicam de igual maneira ou mais a ameaças domésticas ao regime do que à avaliação de forças rivais e ameaças externas. Regimes autocráticos não possuem oposição relevante ou reconhecida e a opinião pública torna-se relevante apenas em circunstâncias extremas de ameaça à soberania. Consequentemente, suas avaliações estratégicas e relatórios de inteligência tendem a ser mais enviesados e de menor qualidade. Por fim, particularmente no caso de oligarquias, a burocracia é politizada e fragmentada, o que leva à baixa coordenação entre forças armadas e demais aparatos estatais, quando ela não produz ações contraprodutivas (Reiter; Stam, 2002).

Em termos de meios militares, existem elementos objetivos e subjetivos que explicam o sucesso (Reiter; Stam, 2002). Em democracias consolidadas, as forças armadas são regularmente inspecionadas pelo Poder Legislativo, por departamentos de auditorias de contas públicas, pela imprensa, pelos centros públicos e privados de pesquisa (os *think tanks*) e, idealmente, por pesquisadores acadêmicos. Isso tudo tem dois efeitos. Por um lado, a desvinculação das forças armadas do mandato do líder do Poder Executivo torna a promoção do corpo de oficiais desvinculada de conexões políticas e mais inclinada a um desenvolvimento meritocrático, responsável e aberto ao aperfeiçoamento. Por outro lado, relações civis-militares maduras em democracias, mais do que promover o controle civil sobre as forças armadas, focam-se em adequá-las melhor ao qualificar várias esferas de participação civil em defesa, desde a avaliação política e formulações estratégicas, passando pelos processos de aquisição, pesquisa e desenvolvimento, e chegando a funções administrativas e outras atividades-meio que permitem aos serviços militares se dedicar a funções exclusivamente combatentes e atividades-fim.

Do ponto de vista subjetivo, existe o mito do cidadão-soldado. Iniciando-se na Batalha de Maratona, em 490 a.C., e sendo retomado na esteira da Revolução Francesa (1789-1799), esse mito sugere que as democracias geram soldados mais motivados, pois eles lutam por um governo legítimo. Entendemos que esse aspecto demanda estudos mais criteriosos e que levem em conta os casos de forte coesão social e nacionalismo, com consequente largo engajamento popular, em países não democráticos. Ainda assim, é um mito que tem implicações sociais importantes e sedimenta, principalmente, o conteúdo do que se denomina de *profissionalismo militar*.

A noção de *profissional em armas* tem uma origem mais antiga que as democracias de nossos dias, mas ela foi apropriada por elas após a Segunda Guerra Mundial (1939-1945) como atributo normativo (valor) de excelência dos serviços militares (cf. Finney; Mayfield, 2018). Em democracias, os militares cumprem um bem público segundo um edifício de conhecimento específico e próprio em troca de certa autonomia no desenvolvimento do código de conduta profissional, gerado a partir da natureza e identidade de cada força e de suas componentes. Adicionalmente, as forças armadas são um reflexo da sociedade: idealmente, de vários de seus melhores aspectos; e, necessariamente, na medida em que compartilham de valores democráticos e se comprometem na sua defesa.

Resumindo, **democracias vencem guerras por causa das ramificações institucionais da preparação e conduta da guerra** segundo consentimento público e responsabilização de seus líderes políticos e militares. Esse escrutínio contínuo e a responsabilização por imprudência ou incompetência constrangem líderes a iniciar guerras sem propósito ou desnecessárias e de alto risco. Por isso, tendem a moderar suas ambições a objetivos mais limitados e viáveis. Por outro lado, **as sociedades democráticas tendem a produzir** indivíduos e grupos profissionais mais capazes e dispostos a servir o Estado em tempos de crise.

Essa apresentação inicial já traz, no seu bojo, as duas principais razões pelas quais democracias falham na preparação da guerra, tratadas a seguir: líderes políticos de democracias podem – e, atualmente, tendem a – burlar o consentimento público pelas mais diversas medidas expedientes; os governos democráticos podem – e atualmente tendem a – dispersar os custos econômicos da guerra por meio de formas indiretas de extração, tendo como consequência a redução da conscientização pública sobre o uso da forças armadas, além de seus efeitos inflacionários e de endividamento público.

4.3.1 *A evasão do consentimento público para a guerra*

O principal atributo que influencia a capacidade de países democráticos de vencerem guerras é também a principal prerrogativa das relações civis-militares e a mais importante contribuição social do campo dos estudos estratégicos. As principais metas das relações civis-militares são: produzir avaliação estratégica realista e responsiva ao cenário de ameaças; fornecer às forças armadas armamento e equipamento de qualidade; formar soldados proficientes no uso desse material e no desempenho de suas missões; e formar oficiais militares comprometidos e capacitados para garantir consistência nas atividades militares, criando sinergia entre os vários níveis das unidades militares e evitando ações contraprodutivas. O mais importante papel social dos estudos estratégicos é oferecer foco e subsídios para a realização dessas atividades e atribuições em tempo de paz, e informar e incrementar o consentimento público em tempos de guerra.

Resumindo, a continuidade e qualidade do consentimento público é o elemento de distinção das democracias no que tange ao uso da força. Como consequência lógica e evidente, a **evasão do consentimento público** sobre questões de guerra é a principal razão de seus fracassos contra ações militares externas e da disfuncionalidade nas atribuições e componentes constituintes das instituições de defesa.

Um primeiro efeito negativo da evasão desse consentimento é a redução da capacidade da liderança política em selecionar as instâncias de uso da força e ponderar seus custos. Um líder que consegue autorizar e dar encaminhamento ao emprego das forças armadas sem consenso e legitimidade para tal, dificilmente conseguirá acumular os recursos necessários – militares e financeiros, principalmente – para a empreitada. Consequentemente, haverá um problema de incompatibilidade entre fins e meios: ou os meios militares disponíveis serão mais reduzidos que o necessário para o propósito da guerra; ou os propósitos políticos cobrarão mais meios militares que o líder é capaz de disponibilizar. A consequência disso será a impossibilidade de se desenhar planos consistentes e uma estratégia com uma visão viável de futuro, ou seja, de como a guerra deverá terminar.

A forma mais comum de evasão do consentimento público é o expediente legal de não se reconhecer publicamente que determinado emprego das forças armadas seja uma instância de guerra, mas uma entre as várias denominações de operação, como a de estabilização, a humanitária ou a de policiamento internacional. O mesmo pode ocorrer no uso extraordinário de emprego das forças armadas em funções domésticas, em que não se pese, informe e tenha consentimento público sobre as suas consequências políticas, logísticas e, às vezes, éticas. Exemplarmente, esse vem sendo o caso dos Estados Unidos desde a Guerra da Coreia (1950-1953) e tem como resultado contemporâneo o que a ex-funcionária do Pentágono, Rosa Brooks (2017), resumiu como título do seu livro sobre os disparates que presenciou: *Como tudo se tornou guerra e o militar se tornou tudo.*

Esse livro é também uma fonte importante na identificação de outra forma de evasão do consentimento público. Brooks é bastante contundente na descrição de suas experiências com emprego de *drones* e operações encobertas e suas consequências na redução do controle civil sobre as forças armadas e o Poder Executivo (Brooks, 2017, p. 437-457). Existem evidências que apontam outras implicações negativas: o histórico de uso de operações clandestinas por democracias contra outras democracias (sendo o caso mais emblemático o emprego de operações clandestinas pelos Estados Unidos contra o governo de Salvador Allende, no Chile) e o alto índice de fracasso (Reiter; Stam, 2002, p. 159-161).

Uma terceira e bizarra forma, mas, infelizmente, presente na história militar das democracias, é a manipulação das expectativas e preconceitos da população para alcance de consentimento público em guerras imperiais ou de conquista contra povos, nações e, até mesmo, países em formação que não são realmente ameaçadores. Como exemplo, vide o caso do amplo apoio popular das guerras norte-americanas contra os povos indígenas e a recorrência ao longo das décadas de diversas intervenções francesas na África, mesmo se considerando o período pós-colonial (Diallo, 2019). Portanto, o consenso democrático não se aplica apenas a ameaças à defesa nacional. Nesses casos, preconceitos e diferenças culturais desempenham um papel importante na formação da conscientização pública (Reiter; Stam, 2002, p. 158).

Por fim, existe uma suposição cada vez mais difundida de que existe um trilema de um país prover expansão econômica internacional, democracia e soberania nacional (Eloranta et al., 2016, p. v-viii). Certamente, isso deriva da percepção da ascensão chinesa e de que o capitalismo de Estado seria a melhor solução para prover equilíbrio entre a complexidade das relações econômicas internacionais, justificando a centralização do governo e de comando da sociedade para produção dos meios para defesa da autonomia e interesses nacionais, com prejuízo das supostas, ineficientes e dispersivas formas de formulação de políticas em sistemas representativos. Entretanto, essa suposição tem uma falácia importante, que tratamos anteriormente: riqueza e primazia tecnológica militar não explicam a maioria dos resultados das guerras na história (Biddle, 2006).

4.3.2 Financiamento da guerra em democracias e conscientização e consentimento públicos

Em termos de custos econômicos, guerras são inflacionárias, pois reduzem a oferta de bens e serviços na sociedade, que passam a ser consumidos para o esforço de guerra. Da mesma maneira, a guerra leva a bloqueios de trocas comerciais e redução da disponibilidade de insumos importados necessários para a produção interna, além de aumentar a quantidade de dinheiro na economia, ao passo que o governo compra insumos para a guerra (Zielinski, 2016).

Provavelmente você está se perguntando: Como, atualmente, as democracias pagam suas guerras? Segundo Zielinski (2016, p. 5-6), existem três formas:

1. **extração direta**: realizada via impostos, resulta em alto e explícito impacto na sociedade;
2. **extração indireta** (como empréstimos e emissão de títulos): gera, no curto prazo, efeitos pontuais na sociedade;
3. **recursos externos**: nesse tipo de financiamento, não há ônus econômico imediato dos custos da guerra.

Líderes tentam equilibrar seu apoio político interno com suas políticas de guerra. Assim, eles procuram formas de financiamento que prejudiquem menos sua posição em termos de custos políticos. Esses custos, delineados pelo grau de apoio popular, ditam as preferências do líder por formas diretas, indiretas e externas de financiamento da guerra.

Líderes tendem a utilizar formas diretas de extração de recursos quando suas guerras recebem apoio popular e existe risco inflacionário se aplicadas outras formas de financiamento. Além de envolver maior conscientização do público sobre a guerra, essa forma tira dinheiro da economia e reduz as condições de compra dos cidadãos. Por isso, apesar dos seus efeitos de austeridade, é a melhor forma de financiamento dos pontos de vista democrático e econômico. No entanto, existe variação quanto à capacidade dos Estados de extrair recursos diretamente. Isso demanda burocracia e alguma medida de controle social que nem todos detêm – e um mesmo Estado pode perdê-la ao longo do tempo, principalmente em estágios iniciais de formação ou durante guerras civis e falência do Estado. Isso explica, ainda, por que e como os Estados utilizam a guerra, ou sua expectativa, para consolidação da capacidade estatal e de extração de recursos.

A segunda forma de se pagar pelas guerras é por extração indireta. O governo dá início ao financiamento da guerra sem crivo da sociedade ou oferece alternativas para distribuir seus custos e empurrá-los para serem pagos no futuro. Como exemplos, podemos citar a taxação indireta, o débito doméstico, as medidas de austeridade, o uso de poupanças e a impressão de dinheiro, sendo que as taxações sobre importação ou exportação são as formas mais rápidas de receita. Apesar de ser o preferido, do ponto de vista econômico, pelos cidadãos, é, no entanto, uma forma de financiamento potencialmente prejudicial, do ponto de vista de controle democrático. Formas indiretas de extração têm um aspecto negativo adicional: elas aumentam a quantidade de dinheiro na economia e não fazem nada para reduzir o poder de consumo. Em outras palavras, elas favorecem ainda mais os efeitos inflacionários da guerra.

A terceira forma de financiamento é por contratação de empréstimos externos. Essa forma é especialmente necessária quando o país, para travar a guerra, depende da importação de material bélico e de insumos que ele não é capaz de produzir internamente. Nesse sentido, uma forma alternativa é a extração direta acompanhada da conscientização do público sobre a guerra.

Portanto, extração indireta e financiamento externo são mais prováveis quando o apoio popular não é alto, quando não existe medo de inflação (ou ela é escondida ou ignorada) e quando o Estado não possui capacidade de extração direta.

> **Importante!**
> As formas de financiamento indireto são mais prováveis de serem aplicadas em líderes sem lastro político, que recorrem a guerras constantemente ou que se arriscam em empreitadas sem consentimento público.

Se essa argumentação é válida, ela corrobora o diagnóstico pessimista de Rosa Brooks mencionado anteriormente sobre os Estados Unidos. Afinal, a última guerra dos Estados Unidos paga integralmente por extração direta foi a Guerra da Coreia, sendo todas as guerras posteriores à Guerra Fria pagas por extração indireta e financiamento externo (Zielinski, 2016, p. 4). Isso evoca novamente a centralidade das instituições políticas civis no controle dos poderes do Executivo e da qualidade das relações civis-militares para a viabilidade da defesa da democracia.

Por essas razões, Strachan (2014) aponta que é necessária a revitalização das relações civis-militares, mesmo em democracias consolidadas. Primeiro, deve-se ampliar o controle público sobre uso dos meios de força em outras operações além da guerra. As bases legais apoiadas na definição da Carta das Nações Unidas para declaração de guerra contra forças estatais deixam uma vasta área de emprego sem consentimento e regulação, com reflexos para as bases legais nacionais que precisam ser revistos (Diniz; Proença Júnior, 2015). No entanto, não importa que um conflito seja de baixa intensidade. Ele pode demandar longo compromisso político e de meios militares, ou seja, é necessário reforçar os controles sobre o Executivo.

Também é necessário reconectar a sociedade com as forças armadas, visto que a profissionalização e redução da ocorrência de guerras interestatais levam à redução do percentual da população que presta serviço militar. Por isso, os militares não refletem a sociedade e existe a tendência de isolamento da consciência popular sobre o uso das forças armadas (Brooks, 2017, p. 35). São necessárias novas formas de conscrição para que as democracias possam conduzir guerras longas e para que os valores entre sociedade e forças armadas se tornem convergentes. Por exemplo, tendo em vista a complexidade dos meios militares e de seus sistemas de armamentos, hoje eles demandam uma proporção muito grande de pessoal não combatente, 85% no caso dos Estados Unidos. Isso permitiria uma flexibilização no recrutamento e nos contratos de engajamento, permitindo que mais mulheres, pessoas mais velhas, universitários e imigrantes cumpram funções militares de atividades-meio (Brooks, 2017, p. 519).

Além disso, é necessário combater formas de restrição de acesso à informação sobre questões de defesa, como o *Classified Information Procedures Act* (Cipa) nos Estados Unidos (Brooks, 2017, p. 479) e, de fato, **potencializar as formas de comunicação social**, seja com melhor qualificação da imprensa, seja com maior cobrança do papel de promoção científica e debate público dos especialistas em estudos estratégicos. Por fim, existe a possibilidade de subsídio de centros de pesquisa independentes (*think tanks*) por meio de fundações e controles externos de suas atividades.

> **Para saber mais**
>
> As duas palestras indicadas a seguir resumem vários dos artigos e livros utilizados neste livro que apontam os desafios das democracias contemporâneas na conduta da guerra, bem como algumas sugestões de reforma institucional.
>
> STRACHAN, H. **Strategy and Democracy**. Palestra. Gresham College. Londres, 29 Oct. 2018. Disponível em: <https://youtu.be/AtnoOt1Lpdg>. Acesso em: 18 fev. 2020.
>
> BROOKS, R. **How Everything Became War and the Military Became Everything**. Dickey Center for International Understanding. Hanover, New Hampshire: Dartmouth College, 1st May 2018. Disponível em: <https://youtu.be/zyHIgm62Ki8>. Acesso em: 18 fev. 2020

4.4 Breve história militar do Brasil

Nesta seção, faremos uma breve análise da história militar do Brasil, com dois objetivos: (1) oferecer explicações históricas para características institucionais do Brasil relacionadas a questões de defesa e segurança; e (2) aplicar ao caso brasileiro o conjunto de conceitos e métodos discutido neste e em capítulos anteriores, principalmente aqueles sobre a relação entre guerra e formação do Estado e as bases das relações civis-militares.

4.4.1 A influência de fatores geográficos

Em boa medida, a geografia determinou as condições de possibilidade da política, da economia e da guerra. A disponibilidade de terras férteis, recursos e proximidade com áreas onde outros povos prosperaram condicionou o tamanho, o nível de especialização, os níveis de autossuficiência e a interdependência dos territórios, bem como os parâmetros de cooperação, competição e uso da força.

A América do Sul, como um todo, sofreu grande desvantagem geográfica para desenvolvimento de suas sociedades. O território conta com uma quantidade limitada de grandes áreas produtoras de comida acessível à grande população. A principal razão disso é que, como bem explica Jared Diamond (2017) em *Armas, germes e aço*, a disposição geográfica da América do Sul está, principalmente, em um eixo norte-sul (ou longitudinal). Isso é importante porque determina a porção do território que possui a mesma regularidade de luz solar e clima, oferecendo um ecossistema similar que permite a domesticação de plantas em cultivo extensivo. No caso sul-americano, as principais massas continentais estão próximas à Linha do Equador e possuem condições climáticas tropicais. Além do excesso de calor e chuva, o clima oferece condições difíceis para as principais espécies de grãos domesticados pelas civilizações humanas – arroz, trigo e milho –, além de favorecer o alastramento de pragas e doenças.

Existem duas subáreas no continente que fogem a essa regra e oferecem condições de plantio em larga escala: os vales andinos do Peru e da Bolívia e as terras férteis da Argentina e do Uruguai. Os vales andinos permitiram o surgimento de civilizações, sendo a inca a mais exemplar (mas não a única) –, apesar de isolados e com pouca disponibilidade de acesso a rios e mares. Já o Cone Sul é a região mais propícia à agricultura, por ter grande disponibilidade de terras planas e férteis em um clima subtropical e por contar com a enorme hidrografia e acesso ao Atlântico.

Essas linhas iniciais permitem apontar que o enorme território brasileiro não ofereceu inicialmente características geográficas vantajosas, nem mesmo em comparação aos nossos vizinhos. O Brasil possui áreas planas e férteis – no Sudeste e no Nordeste, por exemplo –, mas isoladas e de limitado acesso entre elas. Isso foi sempre um desafio para uma produção agrícola com economia de escala e possibilidade de trocas comerciais. Ademais, a Serra do Mar, que se estende do Paraná até a Bahia, é uma barreira geográfica mesmo para os dias atuais, pois dificulta as trocas com outros países. Apenas nos dias de hoje, em virtude de grandes investimentos em engenharia genética e agronomia, foi possível o desbravamento e a extensão do horizonte agrícola para o Centro-Oeste e pontos da região Norte.

Do ponto de vista econômico, a principal consequência disso foi que o Brasil sempre dependeu de grande investimento em infraestrutura para conectar suas regiões e possibilitar seu desenvolvimento econômico. Em termos técnicos, esse custo de investimento foi a principal causa do lento e desigual desenvolvimento brasileiro, pois cobrava concentração de investimentos devido ao desafio geográfico específico de cada região, cujo capital também era pouco disponível, tendo em vista a distância do Brasil dos principais centros financeiros e consumidores ocidentais. Essas características também explicam os eternos endividamentos externo e interno (via medidas inflacionárias) do Estado brasileiro (Stratfor, 2012).

Do ponto de vista político, a principal consequência dessas características geográficas foi a formação regional de grupos sociais e políticos com grande autonomia e características culturais e identitárias locais mais fortes do que as nacionais. Consequentemente, o Brasil, desde sua origem colonial, esteve sob o risco da fragmentação política, sendo essa a base geográfica da sombra do "inimigo interno" dos poderes coloniais, imperiais e republicanos do país, a qual assumiria novos contornos no regime militar (Barman, 1994).

A correlação dessas consequências políticas e econômicas ajuda a explicar os contornos da história brasileira desde sua independência. Em um primeiro momento, prevaleceram os esforços políticos, as guerras civis e as rebeliões locais pela unidade nacional com demérito de projetos econômicos nacionais viáveis. A herança disso para os séculos XIX e XX foi um Poder Executivo forte e centralizador e o desenvolvimento como a grande questão nacional desde então, com marginalização da questão de ameaça externa.

As deduções políticas e econômicas das características geográficas do Brasil e da América do Sul também explicam porque a conquista e, mais tarde, a hegemonia sobre a região do Prata foi um objetivo nacional constante da era colonial até o século XIX. Posteriormente, as vantagens relativas da integração produtiva do Cone Sul evoluíram para a rivalidade entre Brasil e Argentina até o fim do século XX e, depois, para uma forma branda de integração produtiva da região.

4.4.2 Colônia e império

A história militar colonial brasileira seguiu as linhas gerais da colonização latino-americana, discutidas na Seção 3.3. No entanto, existem algumas considerações adicionais a se fazer. Primeiro, o imperialismo português foi bastante incipiente, visto que Portugal sempre foi um país pequeno, com uma limitada economia de mercado e uma população pequena. Por essa razão, o país nunca foi capaz de sustentar um grande exército permanente e a *trace italienne* nunca foi plenamente desenvolvida. Sua grande inovação foi a invenção das embarcações oceânicas e a vantagem combatente que tinha sobre as populações nativas de outros continentes. Mas Portugal não tinha potencial logístico e estratégico para fazer frente a populações nativas mais desenvolvidas e contra as demais potências europeias (cf. Darwin, 2015).

Uma primeira consequência disso foi que a colonização portuguesa foi limitada a áreas costeiras da África, do Brasil e de ilhas e penínsulas localizadas no Atlântico e no Índico. A segunda consequência é que, até o século XVIII, a extração econômica portuguesa era ainda mais predatória – não se restringia a jazidas de ouro e prata de acesso mais fácil, contemplando a predação da exploração e rotas comerciais dos demais impérios europeus. Inicialmente, as feitorias de plantação extensiva eram secundárias.

Como uma colônia com limitada jazida de metais e de acesso difícil às jazidas sob a Coroa espanhola, o Brasil Colônia foi um experimento secundário porque, por um bom tempo, as colônias asiáticas eram mais lucrativas. Isso mudou quando as demais potências europeias, principalmente a Holanda, conquistaram os entrepostos e as principais "joias" da Ásia, colocando em risco as colônias portuguesas de menor valor. A transição da colonização portuguesa para um modelo de ocupação foi drástica e seguiu descompassada entre a replicação dos modelos de produção das ilhas atlânticas de açúcar, o modelo produtivo das Nações Guaranis e a manutenção da Colônia de Sacramento no Uruguai para predação do comércio e da extração de prata pela região do Rio da Prata.

Portanto, as bandeiras paulistas nunca tiveram um objetivo de ocupação, mas de encontrar um caminho por terra para o Peru e, depois, para as jazidas de prata em Potosí, na Bolívia. Enquanto a primeira foi abandonada, deixando uma vasta área semiocupada nas regiões Centro-Oeste e Norte do país, a região do Prata foi um objetivo político recorrente dos impérios português e brasileiro.

As áreas demarcadas pelas bandeiras tornaram-se apenas relevantes no século XVIII pela elevação da competição entre as grandes potências europeias com relação às guerras de sucessão dinástica no continente europeu e às duas primeiras guerras transcontinentais de nosso tempo: a Guerra dos Sete Anos (1756-1763) e a Guerra de Independência dos Estados Unidos (1775-1783). Essas guerras tiveram resultados globais que deixaram Portugal definitivamente como uma potência marginal e alijada da Ásia. Como apregoaria a teoria realista das relações internacionais, a estratégia portuguesa de alinhamento com a potência mais forte (*bandwagoning*), ou seja, a Grã-Bretanha, não lhe fortaleceu o suficiente para fazer frente à invasão espanhola que lhe impôs o Tratado de Ildefonso em 1777.

Como é sabido, a invasão francesa de 1808 levou à transferência da família real portuguesa para o Brasil. Sua primeira diretiva de política externa foi reascender a disputa pela região do Prata, aproveitando-se da paralisia da Espanha sob controle de Bonaparte. A Rainha Carlota Joaquina tentou um golpe dinástico na Cisplatina (Uruguai), sem sucesso, que foi seguido de intervenção em 1811 e anexação em 1821.

A independência do Brasil (1822-1824) foi uma guerra pela integridade da América Portuguesa sob a dinastia dos Bragança, e não pela secessão de Portugal, desde 1820 sob controle das Cortes ou do Parlamento sobre a Coroa. Apesar de denominado *liberal*, esse movimento político não tinha o mesmo caráter para as colônias ou o Reino do Brasil, que seria rebaixado. Por isso, não foi uma revolução, muito menos uma guerra com objetivos de mudança constitucional, mas uma guerra limitada sobre quem teria autoridade sobre as províncias brasileiras. Consequentemente, não provocou grandes mudanças institucionais.

Porém, o período mais conturbado da história militar do Brasil foram as duas décadas que se seguiram à independência. Geralmente, a história do Brasil contada nas escolas tenta abrandar os principais eventos desse período, denominando-os como *revoltas*, *rebeliões*, *levantes* e outros nomes mais exóticos, como *Cabanagem* e *Sabinada*.

Já a tradição marxista tenta denotar a tirania (sub)imperialista do Império do Brasil. No entanto, ressaltamos que mais preciso e neutro é compreendê-las como guerras. Nesse período, houve a derrota pela força de todas as alternativas a unidade política centrada no Rio de Janeiro. Todas as províncias, cidades e regiões que lutaram para manter ou recuperar a autonomia do período colonial foram compelidas por força bruta pelo Império do Brasil. O mesmo ocorreu com aquelas que desejavam se manter subordinadas a Portugal ou que tinham projetos republicanos. Essa foi uma realização militar impressionante e que não passou desapercebida de nossos vizinhos que, desde muito cedo, começaram a temer o país como imperialista (Scheina, 2003).

Isso não se limitou ao fato de o Brasil ter sido o único império das Américas, visto que, durante o processo de guerras civis, o Brasil se lançou no projeto dos Braganças de controle do Prata. Em 1825, declarou guerra contra as Províncias Unidas sob Buenos Aires, que revidou no ano seguinte. A Guerra pela Cisplatina (1825-1828) foi ampla e com operações terrestres, bloqueios navais e guerra de corso contra o comércio brasileiro em outras regiões do país. Essas foram as principais guerras interestatais de que o Brasil participou até meados do século XIX, mas as forças organizadas eram pequenas, com grande proporção de mercenários de ambos os lados (Scheina, 2003).

Por isso, apesar de sua capacidade marcial, as dificuldades geográficas e logísticas continuaram a ser um desafio para que o país construísse capacidades de extração e de administração homogêneas e efetivas em todo o território. O tipo de ameaça interna que o Brasil enfrentou demandava alguma capacidade de sítio, uma força pretoriana nos centros urbanos e alguma capacidade de contrainsurgência. A Marinha se desenvolveu mais nesse período para prover a realocação de forças e recursos ao longo do território. De qualquer maneira, é válido salientar que **guerras civis são predatórias e não fonte de fatores que incentivam o incremento da capacidade estatal.**

A condição similar, ou pior, de nossos vizinhos de fragmentação política também não conferiu ameaças externas que demandassem mais do que limitada alocação de forças e habilidade diplomática para serem resolvidas. O Brasil não teve a necessidade de produzir um grande exército permanente nem sofisticadas fortalezas de artilharia contra forças invasoras. Como consequência, quando alcançou relativa estabilidade interna na década de 1850 e relançou a agenda de disputa pelo Prata, o Brasil não tinha meios para conquistar objetivos ilimitados, apenas ingerência para expandir sua influência por meio do apoio de elites específicas na Argentina e no Uruguai. Nessa categoria, entram as intervenções no Uruguai de 1850-1851, 1854-1855 e 1865; e a intervenção na Argentina de 1852.

Essa limitação de meios de guerra brasileira e a instabilidade que eles produziram no Cone Sul não passaram despercebidos e foram elementos importantes na avaliação estratégica de Solano López que levaram à Guerra da Tríplice Aliança ou do Paraguai (1864-1870). Essa é uma guerra que merece uma inspeção um pouco mais detalhada porque teve consequências políticas internas e externas de curto e longo prazos importantes. Isso porque ela foi uma das poucas guerras ilimitadas da região.

Solano López tinha como objetivos políticos a expansão territorial e o acesso ao mar. Isso se daria mediante a conquista de Montevidéu (Doratioto, 2002). O Paraguai reconhecia que tinha capacidades relativas e *timing* de projeção de poder limitados e foi motivado pela unificação argentina, o que lhe conferia uma pequena janela de oportunidade até sua consolidação. Além disso, a última intervenção brasileira no Uruguai deixou o país instável internamente. As demais operações paraguaias no Brasil e na Argentina tinham caráter secundário para viabilizar tal projeto. A invasão do Mato Grosso do Sul tinha a meta de negação de acesso e efeito diversionário, enquanto a operação em Corrientes, na Argentina, foi ambígua, tendo em vista que era uma região de colonização e influência paraguaias. Ela pode ser encarada como uma operação diversionária de desestabilização interna, mas parece que López acreditava que poderia ter suas forças fortalecidas pela adesão de elites e da população dessa região. A terceira e principal coluna de avanço paraguaio foi através do Rio Grande do Sul, em direção a Montevidéu.

Ao que tudo indica, sua formulação estratégica era fortemente influenciada pelo pensamento estratégico francês e pelas realizações de Napoleão Bonaparte. De maneira correspondente, López acreditava que poderia avançar com colunas independentes com objetivos específicos, mas coordenados entre si, e apelar para o "povo em armas" para reforço contínuo de sua invasão.

Apesar do parcial sucesso no Mato Grosso do Sul, as operações na Argentina e no Rio Grande do Sul foram um fracasso. Ele se viu em uma guerra de sítio em Corrientes, e não estava forte e abastecido o suficiente para atravessar o território brasileiro em direção ao Uruguai. A segunda fase da guerra foi a contraofensiva da Tríplice Aliança, com ações de bloqueio dos rios paraguaios e a enorme empreitada de neutralização da Fortaleza de Humaitá. A terceira fase de prostração do Paraguai, a deposição de Solano López, foi uma empreitada basicamente brasileira, que tinha objetivos políticos positivos de imposição de acordos de fronteira e navegação. Nessa fase da guerra, López passou a executar uma estratégia de desgaste com recuos, ataques limitados e guerrilhas no território mais inóspito do norte do país. O sucesso brasileiro custou caro e ruiu a frágil economia nacional. Apesar de o Brasil ter sido capaz de conter a influência futura no Paraguai, a Argentina foi o país que saiu mais fortalecido.

4.4.3 O século militar (1889-1988)

A mobilização brasileira para a guerra contra o Paraguai provocou a mudança da base social do Exército e a necessidade de reformas que levassem à profissionalização dos oficiais. Isso teve duas dimensões de tensão. Por um lado, entre 1870 e 1930, o Exército foi um ator social ativo na modernização do país. Essa modernização tinha como atributos a propagação de valores e práticas relacionadas ao individualismo, à racionalidade, à organização burocrática e à meritocrática na sociedade. Isso confrontava a tradição política e social colonial brasileira, orientada pela escravidão e patriarcalismo, e levou à deposição do imperador. Por outro lado, esse movimento também levou a disputas e tensões dentro do Exército, entre jovens tenentistas e lideranças militares tradicionais. Portanto, essa mudança não ocorreu nas patentes mais altas e na Marinha. Isso explica os choques com a Marinha e dentro do próprio Exército. Por isso, após 1889, o Exército se tornou um quase partido político e teve papel importante na constituição da visão de grande potência que ascendeu no país no início do século XX. Porém, essa expressão na sociedade não era suficiente para abrandar as fissuras internas da corporação (Castro, 2001; Koonings, 2001, p. 132-133).

A história do Brasil no século XX foi marcada por rupturas institucionais, em que o envolvimento militar foi constante e crescente. A modernização do país significava ir muito além da cúpula das instituições políticas e demandava mudanças estruturais e longas na sociedade. O projeto de modernização nacional do Exército, na virada do século, foi acompanhado de alternativas à luz dos movimentos fascistas, comunistas e anarquistas, que contaminaram as Forças Armadas e o restante da sociedade.

Interessante frisar que, no século XX, houve continuidade de choques entre perspectivas mais tradicionais e transformadoras do Estado e sociedade nas instâncias de modernização das Forças Armadas brasileiras. Um primeiro caso foi a aquisição de navios de guerra modernos *dreadnought* do Reino Unido. Para sua aquisição, marinheiros foram instruídos na Europa e expostos a valores e instituições incipientes no Brasil, o que provocou levantes dentro da Marinha, desembocando na grave Revolta da Chibata de 1910 (Martins Filho, 2010). A Revolução Tenentista (1922) e a inserção desse grupo modernizante no Estado pela Revolução de 1930 não foram suficientes para superar as estruturas divididas e forças políticas contraditórias com raízes profundas na formação do país desde sua origem.

Esse movimento seria fortalecido após a Segunda Guerra Mundial, com a modernização das Forças Armadas brasileiras e o contato mais direto com os potenciais militares e econômicos de Estados Unidos e outros países mais desenvolvidos da época. Isso conformaria uma perspectiva mais consistente e urgente de modernização do Brasil. Ademais, a herança negativa da ditadura de Getúlio Vargas durante o Estado Novo (1937-1945) e a incipiência das instituições de defesa brasileiras não permitiram evitar ou controlar que a polarização ideológica contaminasse e envolvesse as Forças Armadas nos anos de 1940 e 1950.

> **Importante!**
>
> Na década de 1960, a polarização política ganhou a coloração da Guerra Fria e o tradicional inimigo interno tornou-se a influência e possibilidade de revolução comunista. O golpe de 1964 foi uma reunião, até então, irrealizável. Por um lado, reunia as forças políticas que queriam a modernização do Estado e da economia a qualquer custo. Por outro, unia aqueles que temiam a recorrência da história militar brasileira do século de guerras civis, agora, possivelmente, potencializada por superpotências estrangeiras.

No Exército, essa divisão estava expressa em dois grupos mais importantes: o **grupo de Sorbonne**, formado pelos militares que lutaram na Europa e tiveram alguma formação em instituições externas; e o **grupo dos linhas-dura**, formado por elites militares tradicionais. Em 1964, houve uma coalizão de momento entre esses dois grupos em decorrência das crises econômicas e políticas, da agenda polêmica de reformas de João Goulart e do risco de intervenção norte-americana. Apoiados, ainda, por uma parcela importante das elites políticas e econômicas, houve a conclusão de que era necessário um período de tutelagem militar para superação do risco da ameaça comunista, bem como para a execução de uma agenda de modernização institucional e a industrialização da economia.

A evolução do regime militar seguiu com a ruptura entre esses dois grupos e a conclusão das missões de segurança e econômicas. Na primeira fase, entre 1964 e 1967, sob domínio do grupo de Sorbonne, houve a execução de um pacote econômico anti-inflacionário e o expurgo de forças políticas revolucionárias pelo Departamento de Ordem Pública e Segurança (Dops). Houve a redução de liberdades e de participação política e o aumento do controle estatal da sociedade.

Entre 1967 e 1973, começaram a surgir disputas internas entre os grupos militares e as políticas de Estado eram expressão disso. O grupo dos linhas-dura passou a controlar o Conselho de Segurança Nacional e os principais postos políticos. Como expressão disso, radicalizaram a ação contra movimentos de esquerda, expandiram os serviços de inteligência e constrangeram demais liberdades e direitos civis. Enquanto isso, ocorria no país o milagre econômico da industrialização. Do ponto de vista do grupo de Sorbonne, a missão de tutelagem militar se completava e os novos rumos do regime militar tornavam-se potencialmente nocivos, para a sociedade e a corporação. Consequentemente, esse grupo passou a assumir posições de controle mediante promoções militares. Por isso que, na terceira fase do regime, entre 1974 e 1988, houve o predomínio do grupo de Sorbonne e a promoção de oficiais moderados.

Esse foi um período de modernização institucional do Estado e de inovação em termos de política externa e esforço para modernização das Forças Armadas. Em particular, os projetos nucleares e de foguetes levaram à ruptura do acordo militar com os Estados Unidos (que durava desde a Guerra da Coreia). A reação do grupo dos linhas-dura foi o início de uma campanha de sabotagem, realizada tanto de forma direta quanto escalonando a reação de grupos civis. A reação do grupo militar dominante foi iniciar o processo de abertura, também pelo aumento do descontentamento e pressão das elites econômicas.

O regime militar no Brasil foi, de fato, um regime pretoriano, que preservou o interesse e o projeto nacional de uma elite. Isso ajuda a explicar por que o orçamento de defesa não cresceu durante esse período, e, de fato, houve grandes constrangimentos nas rubricas operacionais das Forças Armadas, principalmente na Marinha e na Força Aérea. Mais que isso, a divergência entre militares e essa elite aumentou e deu abertura para a transição democrática quando os projetos tecnológicos e o investimento no regime militar se mostraram pouco efetivos. Setores econômicos que demandavam tecnologia avançada e mais investimentos públicos, a partir dos anos 1970, começaram a se ressentir do domínio militar, do baixo desenvolvimento tecnológico e da instabilidade econômica brasileira (Hunter, 1997).

As consequências institucionais para o aparato de defesa foram substantivas e ainda têm efeitos nos dias atuais: militarização da polícia e sua desestruturação como organização para provimento de ordem pública; deformação dos serviços de inteligência; predomínio da Doutrina de Segurança Nacional como "pensamento estratégico"; e degradação das Forças Armadas, principalmente para fazer frente a ameaças externas.

4.4.4 O período de redemocratização

A transição democrática no Brasil foi uma iniciativa militar e seguiu um cronograma próprio. Por isso, os militares tinham uma posição de força e preservaram prerrogativas institucionais. Em 1985, eles detinham seis ministérios, controle sobre indústrias consideradas estratégicas, domínio sobre as questões nucleares e a Amazônia, influência sobre a polícia militar, supervisão dos serviços de inteligência e manutenção do Conselho de Segurança Nacional. As reformas institucionais foram efetivamente iniciadas no governo Fernando Collor de Mello. Ele aboliu o Serviço Nacional de Informações (SNI), criou a Secretaria de Análise Estratégica (SAE) como um órgão civil de assessoramento presidencial, eliminou o Conselho de Segurança Nacional, reduziu o *status* de ministério dos comandos militares, reduziu orçamento de defesa e fez a primeira tentativa de criação do Ministério da Defesa (Pion-Berlin; Martínez, 2017, p. 57). Porém, seu *impeachment* não permitiu que essas reformas prosseguissem e que seu sucessor – Itamar Franco – fizesse concessões e acomodações.

Na administração de Fernando Henrique Cardoso, retomou-se a reforma dos serviços de inteligência, mas a criação do Ministério da Defesa foi um duro jogo de queda de braço. Primeiramente, ele foi o primeiro a apontar linhas de ação militar com a publicação do Documento de Política de Defesa Nacional (DPDN), em 1996, o qual determinou que os civis eram oficialmente os encarregados pela política de defesa, cuja orientação era para ameaças externas, e enfatizou as vias diplomáticas das relações do Brasil com seus vizinhos e as relações internacionais (Seabra, 2014, p. 48; Duarte; Proença Júnior, 2003). O documento buscava abrir caminho para a criação do Ministério da Defesa, mas ele concedeu às Forças Armadas funções expandidas na Amazônia (Pion-Berlin; Martínez, 2017, p. 58).

A **criação do Ministério da Defesa** foi um processo tenso, e sua estrutura foi produto do jogo de poder entre Marinha e Força Aérea, de um lado, e do Exército, de outro – por isso, foi criado com baixa efetividade burocrática. Para que ele fosse aprovado por todos os lados com a subordinação dos comandos militares a um civil, houve a expansão relativa do orçamento de defesa.

Os principais incrementos institucionais em defesa ocorreram no segundo mandato do governo Lula da Silva. Até então, os cinco primeiros ministros da defesa, de 1999 a 2007, foram figuras politicamente fracas, que tiveram dificuldade de impor autoridade sobre os militares. Foi na gestão de Nelson Jobim (2007-2011) que houve condições para que este impusesse uma reação contra a autonomia das forças e propusesse a formulação do orçamento de defesa. Houve uma rara convergência entre elites políticas e militares sobre um projeto de inserção internacional destacada do Brasil. Como no caso do governo anterior, o aumento das prerrogativas do ministro da defesa e a elaboração de novos documentos de defesa – da Política de Defesa Nacional, de 2005, e, principalmente, da Estratégia Nacional de Defesa, de 2008 – foram seguidos de disputas internas entre e com as forças, mas, mesmo assim, foi avançar mediante a nova expansão dos gastos militares. No entanto, mesmo essas iniciativas seguiram mais por iniciativa do ministro do que em virtude de uma agenda prioritária presidencial (Jobim, 2013, p. 4-5).

Portanto, a formulação da Estratégia Nacional de Defesa (END) e a consolidação do Ministério da Defesa não são decorrentes de um processo institucionalizado. Seu processo foi efetivado por consultas entre o Ministro da Defesa e o Secretário de Assuntos Estratégicos, sob a direção de Mangabeira Unger, com as forças. O documento foi debatido por um Grupo de Trabalho Interministerial e com forte resistência e negociação entre as forças. Como resultado, a END teve 29 versões antes de ser apresentada ao presidente em 2008, que levou mais um ano para sua aprovação e publicação em 18 de dezembro de 2009, pelo Decreto n. 6.703 (Cavalcanti, 2014, p. 188-189).

A END demandou nova estrutura para o Ministério da Defesa, que foi deliberada pela Lei Complementar n. 136, de 25 de agosto de 2010 (Brasil, 2010), que criou o Estado-Maior Conjunto das Forças Armadas (EMCFA), o qual absorveu as duas principais secretarias de execução efetiva da política de defesa: a Secretaria de Política, Estratégia e Assuntos Internacionais (SPEAI) e a Secretaria de Ensino, Logística, Mobilização e Ciência e Tecnologia (Selom). Os comandantes de força passaram a ser responsáveis pelo preparo das forças, mas o emprego conjunto, em caso de conflito armado internacional, passou a ser de responsabilidade do Ministério da Defesa. O emprego das forças singulares, sob controle de seu respectivo comandante, ficou restrito ao ambiente interno, como em situações de Garantia da Lei e da Ordem (GLO) e em desastres naturais.

As unidades empregadas nas operações de paz sob a égide da Organização das Nações Unidas (ONU) no exterior são preparadas e controladas pelos respectivos comandantes de força, apenas com apoio logístico do Ministério da Defesa. No entanto, essas atividades se mantiveram controladas por departamentos sob domínio de oficiais militares e com pouca participação de civis. Por fim, criou-se a Secretaria Geral, dirigida por um civil, cuja principal atribuição foi o controle da Secretaria de Produtos de Defesa (Seprod), responsável pela administração, pelas indústrias de defesa e por questões de pessoal, educação e saúde.

O Ministério da Defesa ganhou força burocrática e melhor envolvimento entre civis e militares, mas a maioria das posições-chave continuou a ser dominada por militares. Isso explica seus resultados dúbios: lançaram-se projetos estratégicos de modernização das forças e de desenvolvimento tecnológico; e expandiu-se a agenda externa das Forças Armadas no que diz respeito à diplomacia de defesa e de liderança na Missão das Nações Unidas para a estabilização no Haiti (Minustah). No entanto, recuperou-se parte das noções da Doutrina de Segurança Nacional referente à correlação entre segurança e desenvolvimento das atividades e gastos de defesa, expressa desde então em todas as versões dos documentos de Política de Defesa Nacional, Estratégia Nacional de Defesa e Livro Branco da Defesa Nacional. Essa associação foi reforçada na administração de Dilma Rousseff, em que as reformas institucionais em defesa e inteligência estancaram, senão retrocederam.

> **Para saber mais**
>
> O documentário indicado a seguir apresenta um resumo histórico da Guerra da Tríplice Aliança, ou do Paraguai, com contribuições de especialistas sobre o tema.
>
> GUERRAS do Brasil. Direção: Luis Bolognesi. Brasil: Netflix, 2018. Série. Episódio 3: A Guerra do Paraguai. 26 min.
>
> A obra apresentada a seguir é importante e acessível, e complementa muito bem o presente livro e suas considerações sobre a história militar do Brasil e suas instituições militares e de defesa.
>
> LIMA, M. R. S. de; MILANI, C. R. S.; DUARTE, R. de S. (Coord.). **Atlas da política brasileira de defesa.** Buenos Aires: Clacso, 2017. Disponível em: <https://www.clacso.org.ar/libreria-latinoamericana/libro_detalle.php?orden=nro_orden&id_libro=1227&pageNum_rs_libros=0&totalRows_rs_libros=1165&orden=nro_orden>. Acesso em: 18 fev. 2020.

4.5 *Relações civis-militares no Brasil contemporâneo*

O fato de um país ter passado por um regime militar não é o único fator determinante dos problemas das relações civis-militares contemporâneas. Distinto de outros casos de sucesso de transição democrática, como da Espanha, de Portugal e da Grécia, o Brasil tem três elementos – um externo e dois domésticos – que condicionam a formulação de sua política de defesa e as relações civis-militares contemporâneas.

Em primeiro lugar, existe um problema de foco pela inexistência de ameaças regionais reais. A acomodação política com a Argentina, com vários acordos entre 1970 e 1980, os quais foram expandidos após a Guerra das Malvinas (1982), eliminou a principal hipótese de guerra brasileira. Tão importante quanto, o fim da Guerra Fria não eliminou a hegemonia norte-americana nas Américas, mas reduziu o risco da presença de potências extrarregionais. Nesse sentido, o Brasil é um "carona" em termos de segurança e tem custos reais de defesa muito baixos. Isso gera uma crise existencial desde os anos 1990, a qual ainda é mal resolvida nos dias de hoje em termos de redimensionamento, reestruturação ou reorientação do papel das Forças Armadas (Proença Júnior; Diniz, 2008).

Em segundo lugar, o Brasil não tem uma indústria de defesa complexa e ela é concentrada na região Sudeste. Em outras palavras, ela emprega poucos civis, envolve um montante de orçamento pouco relevante e de limitado impacto nas várias regiões do país. Por isso, ela nunca foi capaz de constituir um grupo de pressão doméstico no governo com aderência dos políticos.

Em terceiro lugar, no Brasil existe um problema constitucional na alocação de recursos de defesa. O Congresso apenas redistribui recursos de defesa assinalados pelo Executivo, por isso existe uma barreira na promoção de gastos militares, ou de seu controle, pelos parlamentares. Além disso, o sistema político brasileiro permite que os congressistas sigam seus interesses individuais de curto prazo em vez de interesses públicos de longo prazo. Isso favorece o apoio ao emprego dos militares em funções não políticas e de impacto popular imediato, como infraestrutura, segurança pública e desenvolvimento. De uma maneira ou de outra, isso deteriora condições mais consistentes para a formulação de políticas de defesa e que orientem as questões essenciais de preparação e emprego das Forças Armadas, que são de longo prazo.

Isso implica, na prática, a redução do orçamento de defesa em investimento e sua concentração em gastos de custeio e pessoal. Particularmente no caso do Exército e de sua distribuição territorial, esses gastos, do ponto de vista político, têm alguma utilidade no atendimento de suas demandas regionais e de patronagem. No Brasil, políticos constroem suas carreiras ao manter esses interesses corporativos (Hunter, 1997, p. 105). No entanto, as Forças Armadas – pelo menos uma parte importante delas – empenham-se na direção do profissionalismo e da modernização. Isso cria tensões que são concentradas no presidente, ou seja, as decisões presidenciais têm maior impacto em defesa e são acompanhadas mais de perto pelos militares e políticos. Presidentes mais fracos precisaram fazer concessões aos militares. Presidentes mais fortes, ou com relações dominantes no Congresso, realizaram atribuições institucionais, mas não reduziram privilégios dos militares, ou redirecionaram o aumento de orçamento em defesa para programas com expectativas de desenvolvimento tecnológico ou socioeconômico. Uma última consequência disso vem sendo o caráter dos ministros de defesa, que acabam perdurando no posto e sendo selecionados segundo atributos políticos para harmonização entre as preferências civis e as das Forças Armadas. A necessidade maior tem sido que o ministro de defesa possa interagir com os militares mais no nível político e pessoal do que técnico (Pion-Berlin, 2005, p. 29).

Como resultado disso, na mais recente e ampla análise comparativa com Argentina, Chile e Uruguai, o Brasil foi o país que apresentou menor desenvolvimento nas relações civis-militares. Pion-Berlin e Martínez (2017, 9, 15) aplicaram um modelo analítico que compara seis dimensões – poder, lei, instituições, conhecimento, valores e desempenho – em três estágios de desenvolvimento: autoritário, transição/consolidação e consolidado. Chegou-se ao resultado de que o Brasil foi o país com mais dimensões em fase de consolidação ou transição, e apenas uma dimensão foi identificada como plenamente consolidada (Pion-Berlin; Martínez, 2017).

A dimensão política – ou de redução do poder político dos militares – foi aquela em que o país mais avançou e que apresenta-se mais consolidada. Na dimensão legal, houve avanço lento e reduzido, portanto, ela permanece em fase de transição. Apontou-se a necessidade de melhor definição entre funções das Forças Armadas e da polícia, visto que as leis de organização militar não foram revistas e a justiça militar opera em um sistema completamente autônomo. A dimensão institucional teve progresso moderado, sendo que o Conselho de Defesa Nacional, o Ministério da Defesa e o Estado-Maior Conjunto das Forças Armadas ainda se encontram em transição.

A dimensão de valores tentou estimar a convergência entre o mundo militar e o mundo civil. Nesse caso, o Brasil foi o país que avançou menos no sentido de que parcela importante da opinião pública ainda flerta com o autoritarismo (Pion-Berlin; Martínez, 2017). O desenvolvimento de conhecimento em defesa teve um desempenho ambíguo. Por um lado, é o país entre os analisados com maior expansão acadêmica em assuntos de defesa. Por outro lado, esse desenvolvimento não é aproveitado porque a educação militar é monopolizada pelos militares e o Ministério da Defesa ainda não possui um processo adequado de recrutamento de especialistas civis. Por fim, a dimensão da efetividade militar teve avanço nos governos Lula, mas isso não foi suficiente para resolver incongruências entre o tamanho da força e seus gastos com o tipo de ameaças externas que o país tem.

> **Questão para reflexão**
>
> Para a avaliação da convergência entre sociedade e Forças Armadas por Pion-Berlin e Martínez (2017), foram desenvolvidos alguns questionários que serviram de indicadores. Apesar de polêmicas, essas questões devem ser debatidas entre todos em uma democracia, recorrentemente. Por isso, propomos que você compare suas impressões com as de seus colegas no que se refere a quatro questões:
>
> a. Você confia nas Forças Armadas brasileiras?
> b. Os militares interferem na política nacional?
> c. Qual sua avaliação dos valores e missões das Forças Armadas que você conhece?
> d. Você avalia que existe risco de um novo regime militar no Brasil?
>
> Certamente, essas questões não possuem uma resposta certa ou errada e servem muito mais para expor percepções e a maior ou menor convergência entre valores dos civis e dos militares.

No contexto contemporâneo, existe uma sétima dimensão que contribui para o avanço das relações civis-militares no Brasil, de modo a permitir o alinhamento entre política externa e política de defesa: a qualificação e engajamento do Brasil em operações de paz da ONU.

Nos últimos 30 anos, o Brasil desenvolveu um histórico e arcabouço institucional de suas forças armadas e um reservatório substantivo de experiência e recursos humanos militares para operações de paz. Com isso, o país se tornou capaz de oferecer contribuições relevantes para o incremento dessas operações. Entre elas, ressalta-se:

1. a qualificação de oficiais brasileiros que participam de missões de paz;
2. o incentivo institucional no Brasil ao alto desempenho das missões de paz;

3. a versatilidade do pessoal militar brasileiro na condução das missões;
4. o comprometimento natural com desenvolvimento como aspecto fundamental para estabilização política das sociedades sob missão de paz.

Argumenta-se, assim, que existe a possibilidade de contribuição brasileira na revisão das operações de paz da ONU, seja com relação aos aspectos operacionais, seja com relação àqueles relacionados à construção de uma governança local. Esses atributos também podem ser valiosos em outros casos, como no reforço de instituições de segurança regionais e em outros esforços multilaterais de segurança – por exemplo, no envolvimento brasileiro no desenvolvimento de um centro de cooperação em segurança marítima no Golfo da Guiné.

É uma peculiaridade da história e do contexto contemporâneo brasileiros que suas Forças Armadas sejam providas de oficiais de alto nível em termos de seleção, educação e qualificação. A experiência recente com operações de paz tem provocado avanços no incremento dessa qualificação, principalmente no caso da Minustah, que foi um incentivo importante para reformas educacionais, organizacionais e doutrinárias.

Distinto de muitos países que contam com forças armadas reconhecidamente de alto desempenho, no Brasil, o serviço em missões de paz é extremamente valorizado. Tacitamente, os melhores oficiais e soldados são enviados e a participação nessas missões vem se tornando requisito de promoção para posições de comando operacional. Assim, o bom desempenho de operações de paz é premiado nas Forças Armadas brasileiras, o que se torna um incentivo fundamental para a busca pelo sucesso das missões.

Os oficiais e combatentes são versáteis e têm menor tendência a vieses institucionais, ou autoimpostos, como ocorre nas Forças

Armadas dos Estados Unidos e da Europa com relação ao legado da Guerra Fria, por exemplo.

O envolvimento das Forças Armadas brasileiras com o desenvolvimento do país é um fato histórico com resultados positivos e negativos. Independentemente disso, marca um reconhecimento natural da importância do desenvolvimento econômico como um aspecto fundamental para estabilização social de um país. Isso explica a facilidade com que oficiais brasileiros conduzem tarefas correlatas. Assim, as missões que não apresentam confronto convencional e são direcionadas ao provimento de segurança e desenvolvimento não são consideradas inferiores ou sem valor pelas Forças Armadas brasileiras. Assim, oficiais brasileiros apresentam reconhecida criatividade e versatilidade na busca de soluções e realizações de programas que salvaguardem o sucesso de missões. Por essa razão, existe um acúmulo de requisitos e métodos para a realização de tarefas. Isso é distinto em relação a outas forças armadas, que, em muitos casos, descartam tarefas não combatentes.

Nesse sentido, a participação do Brasil em operações de paz não é apenas relevante, mas um recurso de política externa e um elemento importante de institucionalização das relações civis-militares em direção à sua capacidade operacional efetiva.

> **Para saber mais**
>
> O artigo a seguir apresenta uma síntese teórica sobre operações de paz calcadas nas principais teorias sobre o uso da força – para a guerra e para a ordem pública. Por isso, oferece um modelo analítico consistente e útil para avaliação de missões de paz das Nações Unidas.
>
> PROENÇA JÚNIOR, D. O enquadramento das Missões de Paz (PKO) nas teorias da guerra e de polícia. **Revista Brasileira de Política Internacional**, Brasília, v. 45, n. 2, p. 147-197, 2002. Disponível em: <https://doi.org/10.1590/S0034-73292002000200008>. Acesso em: 18 fev. 2020.

Síntese

Neste capítulo, demonstramos como tornar o militar um defensor efetivo do Estado, sem ser uma ameaça para o ordenamento político interno, principalmente, no caso de regimes democráticos. Além disso, indicamos a importância dos mecanismos de controle sobre os militares e as instâncias de uso da força pelo Executivo. Também esclarecemos a importância das relações civis-militares para a efetividade das forças armadas, pois elas delineiam tanto o foco quanto a taxa de adaptação organizacional das forças. Assim, quando existe descompasso e desconfiança entre estamento militar e liderança civil, a capacidade de avaliar ameaças externas e a formulação da política de defesa são disfuncionais.

Esses aspectos foram desenvolvidos em um modelo analítico que explica por que regimes democráticos têm melhor desempenho na conduta de guerras, e ainda o que leva à suspensão dessas vantagens. Por um lado, democracias vencem guerras por causa das ramificações institucionais da preparação e conduta da guerra segundo consentimento público e responsabilização de seus líderes políticos e militares, e porque produzem indivíduos e grupos profissionais mais capazes e dispostos a servir o Estado em tempos de crise. Por outro lado, quando há a criação de mecanismos de evasão da conscientização e consentimentos públicos sobre o uso das forças armadas, existe o aumento de fracassos das operações militares, perda de legitimidade das instituições públicas e efeitos econômicos negativos.

Por fim, desenvolvemos uma narrativa crítica da história militar do Brasil, destacando guerras e a evolução das instituições militares e suas relações com o Estado e a sociedade. Enfatizamos a preocupação constante com a fragmentação política do país e como a coesão das instituições militares antecede o atual Estado brasileiro, o que explica as dificuldades de avanço das relações e instituições civis-militares.

Questões para revisão

1. Aponte três elementos que caracterizem a importância da participação brasileira em missões de paz das Nações Unidas.

2. Explique por que os objetivos políticos de Solano López, que deflagraram a Guerra da Tríplice Aliança, ou do Paraguai, não podem ser apontados como exemplo de guerra limitada. Consulte as seções 2.3 e 2.4, no Capítulo 2, para recuperação do conceito.

3. Assinale a alternativa correta com relação ao financiamento da guerra em democracias.
   a. O financiamento externo é a melhor forma, pois não gera ônus à população doméstica.
   b. O financiamento direto é a melhor forma porque permite controle social e reduz os efeitos inflacionários da guerra.
   c. A extração indireta não tem efeitos inflacionários porque financia a guerra a longo prazo.
   d. A extração direta é melhor porque não tem nenhum ônus e a população sempre irá apoiar as decisões da liderança política de ir à guerra.
   e. Todos os países têm condições de financiar a guerra por meio do aumento de impostos.

4. Assinale a alternativa **incorreta** sobre o consentimento público para a deflagração de guerras em democracias.
   a. As democracias consolidadas nunca autorizam o uso da força contra outras democracias ou guerras de conquistas e imperiais.
   b. O consentimento público constrange a má seleção/avaliação estratégica de guerras.

c. As instituições políticas em democracias consolidadas são menos politizadas e centralizadas, por isso são mais eficientes e eficazes.

d. Em democracias, a existência de oposição política e de formas de controle externo do Executivo permite a correção de erros na política de defesa.

e. Em democracias com relações civis-militares maduras, existe melhor sinergia e divisão de tarefas, o que incrementa a efetividade militar.

5. Assinale a alternativa correta sobre a história militar do Brasil.

a. As características geográficas do Brasil sempre determinaram que ele fosse uma grande potência.

b. Historicamente, o aparato de defesa brasileiro foi voltado contra "o inimigo interno".

c. O Brasil nunca interveio em países vizinhos.

d. O Brasil foi o país que saiu mais fortalecido da Guerra da Tríplice Aliança.

e. A criação do Ministério da Defesa ocorreu com consenso entre civis e militares.

capítulo cinco

Estudos estratégicos no Brasil

Conteúdos do capítulo:

- Contexto do campo de estudos estratégicos no Brasil.
- Causas do estágio atrasado e ainda incipiente do campo de estudos estratégicos nas universidades brasileiras.
- Desenvolvimento dos estudos estratégicos no Brasil.

Após o estudo deste capítulo, você será capaz de:

1. examinar o legado perverso da Doutrina de Segurança Nacional para o pensamento estratégico e as instituições de defesa brasileiras;
2. compreender a origem e o desenvolvimento tardios dos estudos estratégicos no Brasil;
3. refletir o panorama dos estudos estratégicos na academia, no governo e nas Forças Armadas;
4. discutir a importância de se ter como objeto de estudo e parceria a América do Sul e os Estados Unidos para os estudos estratégicos no Brasil.

5.1 Origem e desenvolvimento

Os estudos estratégicos tiveram origem no Brasil na esteira da redemocratização entre o fim da década de 1980 e início da de 1990. Além da promulgação da Constituição Federal de 1988 (Brasil, 1988), que determinou novas instituições democráticas para a defesa e as funções e critérios para emprego das Forças Armadas, passou a existir, timidamente, alguma articulação universitária. Porém, esta surgiu muito mais focada nas questões das relações civis-militares do que nas áreas específicas dos estudos estratégicos.

Antes de darmos seguimento a esta apresentação, é importante salientar que a reflexão e pensamento sobre questões de guerra e paz e constituição e emprego das Forças Armadas por civis data do início da República Velha, quando houve importante modernização e institucionalização de alguns departamentos do Estado, com destaque para o Itamaraty. Por isso, figuras como Pandiá Calógeras, Osvaldo Aranha e Rui Barbosa, que atuaram em várias capacidades de Estado, participaram de debates e deixaram escritos relacionados à defesa nacional – com destaque para Pandiá Calógeras, Ministro da Guerra durante a Primeira Guerra Mundial (1914-1918). Mais recentemente, houve a reafirmação do pensamento estratégico do Barão do Rio Branco e da questão do uso da força como instrumento de política externa (Alsina Júnior, 2015).

Portanto, o **primeiro e maior entrave** para o avanço dos estudos estratégicos foi o **demorado desenvolvimento das universidades no Brasil**. De maneira geral, as áreas das ciências sociais e humanas desenvolveram-se apenas a partir das décadas de 1950 e 1960, quando a instabilidade política e, posteriormente, o regime militar se tornaram barreiras. Em termos de pensamento e instituição, a **segunda e mais contundente barreira foi a Doutrina de Segurança Nacional (DSN)**, cuja origem e legado precede e vai além do regime militar – abordaremos essa questão de maneira mais dedicada na próxima seção.

Os estudos estratégicos no Brasil tiveram um desenvolvimento parcialmente distinto das democracias consolidadas. Eles não evoluíram em ciclos, mas replicaram o movimento de terem, como primeiro espaço, nichos em outros departamentos universitários além do das Relações Internacionais, onde ainda é visto com reservas. O desenvolvimento desse campo tem quatro momentos.

Primeiramente, ele surgiu em um nicho de encontro de poucos especialistas na esteira da redemocratização, que retornavam ao país ou que passavam a se sentir confortáveis para tratar de temas relacionados às Forças Armadas (Marques; Fuccille, 2015, p. 59-63). O epicentro desse encontro foi o Núcleo de Estudos Estratégicos (NEE), criado em 1985, com sede na Universidade de Campinas (Unicamp), por professores e alunos de pós-graduação de Ciências Políticas, Sociologia, História, Economia e Engenharias. O NEE realizou, ao longo da década de 1990, o Encontro Nacional de Estudos Estratégicos e, como desdobramento, houve a criação de outros três núcleos de estudos. Em 1986, foi criado o Núcleo de Estudos Estratégicos (Nest) da Universidade Federal Fluminense (UFF); em 1991, o Núcleo de Análise Interdisciplinar de Políticas Públicas e Estratégia da Universidade de São Paulo (USP); e em 1991, o Grupo de Estudos Estratégicos (GEE) da Universidade Federal do Rio de Janeiro (UFRJ).

Em um segundo momento de desenvolvimento, houve a consolidação de estudos sobre forças armadas e estratégia como linhas de pesquisa em programas de pós-graduação. Por um lado, houve a predominância dos estudos de relações civis-militares com foco nas preocupações sobre como expandir o controle civil sobre as forças armadas e direcionar estas para lidar com ameaças externas. Essa linha se consolidou tomando como raiz o Centro de Pesquisa de Documentação da História Contemporânea do Brasil (Cpdoc) da Fundação Getúlio Vargas (FGV), em torno do Arquivo de Política

Militar Ana Lagôa da Universidade Federal de São Carlos e dos programas de pós-graduação em Ciência Política da USP e da Unicamp. Por outro lado, os estudos estratégicos – no seu sentido estrito – tiveram espaço para desenvolvimento no Programa de Pós-Graduação em Engenharia de Produção da UFRJ, formando os primeiros doutores no campo, tendo como base a teoria da guerra, de Carl von Clausewitz.

Os pesquisadores dessas instituições estabeleceram as primeiras pontes com as Forças Armadas, produziram as primeiras publicações e serviram de referência para que o campo se expandisse para outras universidades. Isso marcou um terceiro estágio de desenvolvimento do campo, o qual passou a se inserir em outras associações e encontros acadêmicos, como a Associação Nacional de Ciências Sociais (Anpocs), a Associação Brasileira de Ciência Política (ABCP) e a Associação Brasileira de Relações Internacionais (Abri), entre os anos 1990 e 2000. No entanto, nesse período, os estudos estratégicos ainda eram um tabu acadêmico nas relações internacionais.

Isso foi parcialmente superado com a expansão do sistema de pós-graduação brasileiro nos anos 2000. Em 2003, o Programa de Relações Internacionais San Tiago Dantas foi criado mediante uma associação da Unicamp com a Universidade do Estado de São Paulo (Unesp) e a Pontifícia Universidade Católica de São Paulo (PUC-SP), com uma área de concentração em Paz, Defesa e Segurança Internacional e cursos de mestrado e doutorado. Em 2005, o mesmo ocorreu no Programa de Pós-Graduação em Ciência Política da UFF. Essa consolidação permitiu que houvesse produção e pesquisadores para formação de uma comunidade própria com a criação da Associação Brasileira de Estudos de Defesa (Abed) em 2005.

Porém, a real expansão do campo ocorreu a partir de 2010, em correspondência com os avanços institucionais, a elaboração de documentos de defesa nacional e a consolidação do próprio Ministério da Defesa. Em 2010, houve a criação do Bacharelado em Defesa e Gestão Estratégica Internacional na UFRJ; em 2011, foi criado o Programa de Pós-Graduação em Estudos Estratégicos Internacionais na Universidade Federal do Rio Grande do Sul (UFRGS); e em 2012, na UFF, houve a evolução para um Instituto de Estudos Estratégicos. Nesse mesmo período, houve os primeiros esforços para que as escolas de altos estudos das Forças Armadas se credenciassem ao sistema de Coordenação de Aperfeiçoamento de Pessoal de Nível Superior (Capes) de pós-graduação e abrissem cursos de mestrado profissional e mestrado e doutorado acadêmicos. Com isso, houve maior abertura nas forças armadas para pesquisadores civis como professores, instrutores e consultores nas instituições militares, com destaque para a Escola de Comando e Estado-Maior do Exército (Eceme) e a Escola de Guerra Naval (EGN), bem como o aumento gradual no número de oficiais militares com formação em universidades do país e do exterior. Isso permitiu a troca entre os dois universos.

Papel relevante vem sendo prestado pelos ministérios da Defesa e de Ciência e Tecnologia (efetivado por meio do Conselho Nacional de Desenvolvimento Científico e Tecnológico – CNPq) e pelo Ministério da Educação (efetivado por meio da Capes), que têm promovido recursos para pesquisas e eventos em segurança e defesa. Portanto, quando os estudos estratégicos se tornaram eixo formativo das relações internacionais pela publicação das Diretrizes Curriculares Nacionais, em 2017, houve, na verdade, a chancela da relevância do campo já existente e relativamente difundido.

5.2 A doutrina de segurança nacional no Brasil: origem e legado

Na esteira da Primeira Guerra Mundial (1914-1918), as elites brasileiras nutriram a aspiração de grande potência, a qual, a partir dos anos 1930, foi associada à industrialização. A novidade de pensamento que surgiu no Brasil após a Segunda Guerra Mundial e no contexto da Guerra Fria (1947-1991) foi que a própria segurança do país dependeria disso.

O caso emulado para o desenvolvimento brasileiro, obviamente, era o norte-americano. Além da primazia dos Estados Unidos nas relações internacionais, o Brasil nutria uma parceria estratégica – acordada na Segunda Guerra Mundial – que lançou as bases da industrialização da nossa economia e da modernização das Forças Armadas. Dando continuidade a isso, o Brasil enviou um grupo de militares ao National War College, localizado em Washington, em 1948. Essa ação foi encabeçada pelo General Salvador César Obino, chefe do Estado-Maior Geral. Tendo essa instituição como modelo, criou-se, em 20 de agosto de 1949, a Escola Superior de Guerra (ESG), com o objetivo de promover altos estudos destinados ao exercício das funções de segurança nacional. No entanto, entendia-se como seu pré-requisito o desenvolvimento de indicadores socioeconômicos. Por um lado, os meios de guerra modernos prescindiam de capacidade de produção industrial avançada, inovadora e de massa que sustentasse a mobilização nacional para a guerra. Por outro lado, a elevação das condições de consumo da população era importante na contenção de movimentos subversivos comunistas com adesão popular. Portanto, o estudo da guerra convencional não era o principal foco da ESG (Ugarte, 2018, p. 291).

Nesse sentido, a ESG produziu um tipo de pensamento estratégico híbrido. Ela foi influenciada pela definição da época, dada pelos Estados Unidos, de um sistema interamericano de defesa, em que os Estados Unidos tinham a principal atribuição de defesa contra ações externas da União Soviética, enquanto os países latino-americanos tinham a função de evitar o inimigo interno: movimentos revolucionários de esquerda (Silva, 2001, p. 20). No entanto, os Estados Unidos, nessa época, não tinham um arcabouço desenvolvido de contrainsurgência, e a segunda influência foi a doutrina de contrainsurgência francesa, que era organizada em ações de caráter político, econômico, psicossocial e militar. Esse último ponto já tinha sua influência difundida na América Latina em razão das missões francesas de modernização dos exércitos da região, incluindo o Brasil. Essa visão de mundo tinha como base a experiência colonial francesa, em que as forças armadas se autoimpunham uma missão civilizadora (Silva, 2001, p. 26).

Entre os militares brasileiros e latino-americanos em geral, houve grande influência do pensamento geopolítico. A leitura regional da geopolítica clássica reforçou a orientação política quanto à centralidade do Estado em exercer controle sobre o território e prover margem para o crescimento populacional e a expansão econômica. Os desafios das políticas externas e internas para consecução dessas missões eram determinados pelas características geográficas e pela posição do país no mapa. No caso brasileiro, a concentração populacional na porção Sul e a pouca habitação no Norte determinaram as prioridades de desenvolvimento e ocupação territorial. Além disso, a desproporção geográfica e demográfica do Brasil em relação aos demais países da região indicava sua inclinação como potência regional da América do Sul (Ugarte, 2018, p. 295; Mares; Kacowicz, 2015, p. 34-35).

Além disso, houve a incorporação de elementos da teoria da dependência, que tiveram o argentino Raul Prebisch e Fernando Henrique Cardoso como principais formuladores. De acordo com essa teoria, o desafio geográfico de desenvolvimento nacional era reforçado pela divisão internacional do trabalho e produção, em que os países do Norte eram responsáveis pelo cerceamento da transferência de tecnologia para os países do Sul. Com isso, o acesso à tecnologia de ponta passou a ser uma tarefa mais importante para os militares do que os sistemas de armamentos de ponta.

O pensamento produzido pela ESG foi a Doutrina de Segurança Nacional. Sua finalidade era a conformação de um governo com direção ou ampla participação militar, de maneira a prover segurança como luta total e permanente, em todos os âmbitos da sociedade, contra o inimigo marxista em prol da causa ocidental. Isso tinha como pré-condição a superação do subdesenvolvimento e a subordinação da segurança e da ordem públicas à segurança nacional (Ugarte, 2018, p. 293-300).

A Doutrina de Segurança Nacional (DSN) tornou-se a política nacional brasileira a partir da Emenda Constitucional n. 1, de 17 de outubro 1969 (Brasil, 1969), que atribuiu ao Conselho de Segurança Nacional "a competência para estabelecer os objetivos nacionais permanentes e as bases para a política nacional". Tendo em vista a história militar que delineamos no capítulo anterior, não é surpreendente compreender a força que esse pensamento teve não apenas no Brasil, mas em toda a América Latina. A DSN foi uma criação brasileira que se expandiu para outros países da região e foi um elemento importante de algum grau de cooperação entre eles. Contudo, era limitada ao combate dos inimigos internos comuns, ou seja, reforçava as rivalidades regionais.

Portanto, resumindo, os conceitos básicos da DSN e do pensamento da ESG são:

- desenvolvimento como capacidade de aumento do poder nacional;
- segurança como capacidade de uso do poder nacional;
- as expressões do poder nacional apresentam caráter político, econômico, militar, psicossocial e científico-tecnológico;
- objetivos nacionais permanentes à luz da geopolítica brasileira.

Ademais, a DSN foi tão forte e difundida que, mesmo após os três principais eventos que a justificavam terem deixado de existir, não houve sua substituição no Brasil (Proença Júnior; Diniz, 2008).

Primeiramente, da Guerra das Malvinas, de 1982, erodiu duas crenças. Por um lado, a existência de uma causa ocidental, pois essa foi uma guerra interestatal, deflagrada não contra um país comunista, mas contra o Reino Unido com apoio dos Estados Unidos. Por outro, apesar de a Argentina ter tido vantagem material e logística para essa guerra e equipamento de nível tecnológico equivalente ao britânico, constatou-se que ela era defasada em sua capacidade de travar guerras convencionais. Sua avaliação estratégica não foi capaz de antecipar ou planejar adequadamente a resposta do Reino Unido à invasão argentina ao arquipélago. Tornou-se notória a incapacidade da junta militar argentina de tomar decisões e de indicar comandantes de campo que tivessem como principal atribuição anterior e *expertise* a guerra contra outras forças armadas, e não a contrainsurgência.

Essa guerra teria outro efeito importante, pois marcaria o início do processo de aproximação e o fim da rivalidade entre Brasil e Argentina. O esforço para isso teve início antes, mas o fracasso da guerra e a transição democrática dos dois países eliminaram a principal causa regional de ameaça externa do Brasil.

Entre os anos 1980 e 1990, os grupos políticos de esquerda do Brasil abandonaram a via revolucionária e se converteram em partidos políticos ou movimentos sociais, o que foi consolidado com o fim do bloco socialista e da União Soviética. Em outras palavras, não existia mais o inimigo interno (Pion-Berlin, 2016, p. 46-49).

Essas mudanças foram relativamente rápidas e o legado institucional da DSN tinha deixado marcas profundas:

- a tendência totalizante do pensamento da ESG, assumindo o monopólio do pensamento estratégico;
- a ênfase da ameaça à segurança nacional pelo inimigo interno;
- a baixa capacidade de avaliação estratégica de consideração da questão do uso da força nas altas esferas para ameaças externas;
- a concepção de um tipo de governo que deve enfrentar pressões e antagonismos tanto internos (de segurança) quanto externos (de desenvolvimento), aos quais deve vencer pela

aplicação do poder nacional (Proença Júnior; Diniz, 2008; Ugarte, 2018, p. 303).

Ainda que se possa considerar esse arcabouço conceitual como histórico, ele ainda é, explicitamente, presente e difundido no pensamento das Forças Armadas brasileiras, nos conteúdos de nossos atuais documentos de defesa – nas últimas versões da Política Nacional de Defesa e da Estratégia Nacional de Defesa – e suas implicações institucionais ainda reverberam na atual estrutura do Ministério da Defesa.

> **Para saber mais**
>
> O *site* a seguir é bastante importante, pois seus documentos conceituais permitem notar a perpetuação nos tempos atuais de entendimentos e de uma visão de mundo anacrônicos, como formulados originalmente durante a Guerra Fria.
>
> BRASIL. Ministério da Defesa. Escola Superior de Guerra. Disponível em: <https://www.esg.br/>. Acesso em: 18 fev. 2020.

5.3 *Panorama dos estudos estratégicos no Brasil*

Apresentamos a seguir as áreas mais expressivas dos estudos estratégicos no Brasil.

- **História militar**: trata-se de uma componente dos departamentos de História que conta com o incentivo das Forças Armadas. Atua no registro da construção da identidade e das estruturas sociais das Forças Armadas ao longo tempo.
- **Sociologia militar**: trata-se do estudo dos militares, de seus valores e grupos sociais, incluindo família e questões de gênero. Essa área é desenvolvida tanto na academia civil quanto nas instituições de altos estudos militares. Também é

nessa área que existem estudos sobre a educação e formação do militar, mais de uma perspectiva antropológica do que de diagnóstico e recomendações.

- **Estudos prospectivos**: essa área se desenvolveu por iniciativa de órgãos governamentais e das Forças Armadas na formulação e debate de cenários futuros, principalmente daqueles que podem vir a afetar o Brasil. Ela avançou na Secretaria de Assuntos Estratégicos e no Instituto Pandiá Calógeras, mas é, consistentemente, desenvolvida na Escola de Guerra Naval e na Escola de Comando e Estado-Maior do Exército, além de ser foco do Centro e dos Núcleos de Estudos Estratégicos do Exército.
- **Relações civis-militares**: seguem, mais estritamente, a formulação original desse campo de estudos e ainda se estendem pouco à questão de produção de efetividade militar, como discutido na Seção 4.2. Recentemente, passou a considerar mais a atuação das Forças Armadas em operações de segurança na faixa de fronteira e de Garantia de Lei e da Ordem (GLO).
- **Operações de paz**: possivelmente é a área que se desenvolveu mais rapidamente nas instituições de ensino e pesquisa militares e civis.

Questão para reflexão

A esta altura do livro, é interessante debater entre colegas quais são os conteúdos de aprendizado e de desenvolvimento dos estudos estratégicos que suscitaram em cada um maior interesse em termos gerais e quais foram reconhecidos como mais importantes para o Brasil.

Sugerimos que compare com seus colegas suas preferências e verifique se existem muitas divergências. Da mesma maneira, verifique se existe conflito entre interesses e necessidades de conhecimento. Certamente, não existe uma solução para essa questão e, de fato, trata-se de um dos grandes dilemas acadêmicos da área.

Se comparado com o panorama dos estudos estratégicos de outros países, o campo brasileiro enfrenta desafios similares. Primeiramente, esse campo ainda é, relativamente, suscetível à incorporação de novos modelos que prometem controlar, ou mesmo eliminar, as variações e incertezas da guerra, sem levar em consideração a consistência conceitual, o rigor metodológico e as utilidades e consequências sociais.

Em segundo lugar, o campo ainda não foi capaz de criar um pensamento estratégico consistente e capaz de substituir o legado da DSN como arcabouço conceitual na conformação das instituições e processos de formulação de políticas de defesa no Brasil. Quando se correlacionam os atributos e agendas originais dos estudos estratégicos (Seção 1.5) com o histórico militar e de relações civis-militares do Brasil, parece ficar claro qual deveria ser o panorama dos estudos estratégicos no Brasil. Claramente, existe a necessidade de avanço em estudos de análise e gestão de defesa, bem como na economia de defesa. Esses são conhecimentos práticos necessários para as instituições de defesa e as Forças Armadas, com maior potencial de avançar nas relações civis-militares em prol de mais elevada efetividade militar com responsabilidade democrática.

Ademais, ao se recuperar o conteúdo sobre as relações civis-militares e efetividade militar da Seção 4.3, é necessário avançar nos estudos sobre recrutamento, educação e carreiras militares, que são requisitos básicos para qualquer orientação de reforma do aparato de defesa no Brasil. Essas são áreas ainda pouco desenvolvidas no Brasil e que existem apenas de maneira pontual em poucas publicações, dissertações de mestrado e teses de doutorado (cf. Pessoa, 2017; Santos; Duarte, 2014), pois ainda existe resistência no Brasil à compreensão sobre teorias da guerra, estudos de operações militares e desenhos de forças combatentes, bem como à tradução desses conhecimentos em conteúdos pedagógicos para educação de militares.

Por fim, é importante salientar a dificuldade desse campo, que ainda não conta com credibilidade e inserção entre os formadores de política de defesa, seguindo de forma bastante insulada. Sua assimilação por parte de decisores políticos depende da sensibilidade e unidade das agendas políticas das instituições governamentais. De maneira mais ampla, ainda existe na universidade brasileira hesitação sobre estudos que aumentem o envolvimento com as Forças Armadas, com consequências negativas para a consistência metodológica e utilidade social dos estudos estratégicos. Particularmente no âmbito das relações internacionais, replica-se no Brasil a polarização entre estudos estratégicos e estudos de segurança.

Ainda assim, entendemos que existem duas áreas adicionais que precisam ser expandidas tanto em quantidade e qualidade de estudos quanto em termos de aumento no número de pesquisadores. Tanto os países da América do Sul quanto os Estados Unidos têm maior impacto no panorama estratégico brasileiro, visto que apresentam maiores transformações em suas comunidades de pesquisadores, cada vez mais abertas a possibilidades de cooperação com brasileiros.

> **Para saber mais**
>
> A obra indicada a seguir é útil na comunicação de termos dos estudos estratégicos e na apresentação concisa de questões regionais e brasileiras sobre segurança e defesa.
>
> SAINT-PIERRE, H.; VITELLI, M. G. (Org.). **Dicionário de segurança e defesa**. São Paulo: Ed. da Unesp, 2018.
>
> Confira a seguir a edição especial da revista acadêmica da Associação Brasileira de Estudos de Defesa, dedicada à evolução e ao desenvolvimento dos estudos estratégicos no Brasil.
>
> REVISTA BRASILEIRA DE ESTUDOS DE DEFESA. Porto Alegre, v. 2, n. 2, jul./dez. 2015. Disponível em: <https://rbed.abedef.org/rbed/issue/view/2824/showToc>. Acesso em: 18 fev. 2020.

5.4 *A dimensão regional: América do Sul*

Além do estudo estratégico aplicado ao Brasil, os países sul-americanos devem ser prioritários como objeto e parceiros de estudos. Portanto, nesta seção apresentaremos três áreas que deveriam ser enfatizadas por pesquisadores brasileiros.

Primeiro, existe a necessidade de se incrementar o entendimento dos padrões de relacionamento político e uso da força na região. A academia tende a assimilar gratuitamente os discursos oficiais de que a América do Sul é a região mais pacífica do mundo, ou proposições expedientes (e, muitas vezes, políticas) de que os problemas da região se limitam às "novas ameaças", relacionadas ao subdesenvolvimento e ao crime organizado. Enquanto o primeiro tipo de argumento é motivado pelo processo de regionalização em curso desde os anos 2000, o segundo deriva da impossibilidade de negar que as taxas de homicídios na região são duas vezes maiores do que a média mundial. Portanto, existe uma inclinação a se assumir – pelo menos, implicitamente – que a agenda de segurança na região deve se focar em regionalismo e segurança interna.

Existem vários argumentos para contrapor esse entendimento. O primeiro e mais importante deles é que são necessários estudos mais rigorosos, que reconheçam que a região não é tão pacífica assim. Como demonstramos nas seções 3.4 e 4.3, o século XIX foi repleto de guerras civis, intervenções e algumas guerras interestatais, sendo uma boa porção delas com envolvimento brasileiro. No século XX, os países da região se envolveram em nove guerras interestatais na América do Sul e em outros continentes, como o Brasil na Segunda Guerra Mundial e a Colômbia na Guerra da Coreia (1950-1953). As guerras interestatais que ocorreram na região entre 1969 e 1995 (três ao todo) equivalem estatisticamente às guerras regionais que ocorreram na Ásia e na Europa – quatro em cada uma (Mares, 2017, p. 254). Mais importante, no mesmo período, houve 20 guerras civis, além de 25 casos de crises militarizadas que não chegaram às vias de fato (Thies, 2005, p. 456-457). Entre 2000 e 2010, 28 das 31 crises militarizadas que ocorreram no mundo foram na América Sul, 47 se ampliarmos o escopo para a América Latina (Mares, 2017, p. 228-230).

Crises internacionais militarizadas são parte do repertório de política externa dos países da região e têm ocorrência endêmica (Mares, 2015). Portanto, deve-se entender melhor como o uso da força é instrumentalizado na região e, principalmente, como as transições tecnológicas, econômicas, demográficas, climáticas e sistêmicas alterarão esses padrões.

Por exemplo, a sofisticação tecnológica cria a percepção de que o sucesso militar rápido é mais provável e não requer longos conflitos. Essa ilusão pode gerar consenso público mais fácil e maior disposição dos líderes em arriscar no uso de crises militarizadas. A incursão colombiana no Equador, em 2008, para neutralizar células das Forças Armadas Revolucionárias da Colômbia (Farc), por exemplo, teve 83% de aprovação popular (Mares, 2017, p. 236-237), mas ela não foi cirúrgica o suficiente para evitar uma crise na região. Ademais, a expectativa ou, de fato, a realidade de um mundo multipolar tem aberto as margens de ação externa dos países. Por exemplo, a Argentina, recentemente, assinou acordos de cooperação em defesa com Estados Unidos e China que abriu o país para bases estrangeiras no Cone Sul; e o Brasil assinou um acordo de cooperação com os Estados Unidos em 2010, mas também vem comprando material militar russo de grande poder de fogo (helicópteros de combate Mi-35). Todos esses eventos, que seriam impensáveis 30 ou 20 anos atrás, podem gerar novos padrões de relacionamento político. A questão é se o eventual ganho de capacidade militar de países da região e a maior presença de potências extrarregionais podem propagar mais crises ou escaloná-las para conflitos.

A segunda área que demanda mais estudos refere-se aos aspectos institucionais das relações civis-militares e de defesa. Deve-se chamar atenção para o passado de guerras civis e rivalidades e crises militarizadas internas, que são apontadas como algumas das causas dos subdesenvolvimentos econômico e institucional da região (Thies, 2005, p. 459-460). Ainda que não existam casos latentes de guerras civis, rivalidades e crises militarizadas internas reemergem pontualmente.

Além disso, as expectativas de que os processos de regionalização pudessem suplementar ou promover os avanços institucionais na área de defesa foram superestimadas. Mesmo os processos de integração econômica foram estancados. Mais importante para nosso objeto de discussão é o fato de que os prognósticos sobre o Conselho de Defesa da União das Nações Sul-Americanas (Unasul) parecem ter sido muito otimistas e os avanços de cooperação em defesa voltaram a ser mais bilaterais e com relativa preferência por parceiros extrarregionais.

Assim, as deficiências das instituições voltadas para defesa do século XX se somam aos desafios no panorama de segurança internacional do século XXI. A maioria dos países sul-americanos não avançou, funcionalmente, em seus ministérios de defesa e o controle civil sobre os militares se limitou a uma autonomia civil de governo dos militares, ao passo que o preço de controle civil dos militares ainda não foi entendido como envolvimento na gestão da defesa nacional (Norden, 2015, p. 245; Pion-Berlin, 2005, p. 21). Os ministérios da defesa não evoluíram para corpos burocráticos profissionais, em comparação, por exemplo, com os corpos diplomáticos. Assessores não são treinados na área. Geralmente, são indivíduos próximos do ministro, e se mantêm no posto pelo tempo de sua duração na posição e seguem um critério de lealdade. Raros são os tecnocratas que possuem conhecimento e informações e mantêm sua posição independentemente de quem ocupa a função de ministro (Diamint, 2017, p. 252).

Os dados sobre os atributos dos ministros são tão ruins quanto. Em 1994, 44% dos ministros de defesa eram civis, sendo que em 2004 esse número aumentou para 46%. Em 2005, sete ministros eram militares e, dos oito ministros da defesa civis, apenas dois tinham alguma educação em assuntos de defesa e apenas um tinha carreira na área (Pion-Berlin, 2005, p. 20). Consequentemente, na prática, a maioria dos ministérios de defesa é controlada por militares e não possui identidade e funcionalidade burocráticas efetivas.

Mais recentemente, a tendência tem sido na direção contrária: de **militarização da ação governamental**. Os problemas de déficit público demonstram que os governos não possuem recursos para investir em suas agências de segurança e infraestrutura, entre outras, e , por isso, acaba-se empregando as forças armadas nessas funções, desde que exista maior limite para corte de orçamento de defesa. Diferentemente do caso das Forças Armadas de Estados Unidos e Europa, que são mais resistentes a esse tipo de mudança de função, as Forças Armadas sul-americanas compartilham um histórico que as tornam inclinadas a prover soluções a problemas nacionais com base no *ethos* militar. Isso, claramente, deriva do papel constituidor das forças armadas no século XIX e modernizador no XX, principalmente sob os auspícios das doutrinas de segurança nacional (Silva, 2001; Pion-Berlin, 2016). Entre as várias áreas em que isso poderia ter efeito mais negativo, é na má divisão e efetividade institucionais do aparato de defesa externa e do de segurança pública da maioria dos países que isso ocorre. A autonomia dos militares e a falta de atribuição civil a questões de uso da força têm repercussões nas questões de segurança interna. Afinal, como demonstramos na primeira seção deste capítulo, a Doutrina de Segurança Nacional foi predominante em prejudicar as distinções funcionais dessas duas áreas. O principal efeito contemporâneo é que as Forças Armadas, e muito da própria burocracia civil que evoluiu dos regimes militares, tendem a não apoiar a modernização e a reforma das forças policiais com medo de perda de recursos e influência (Silva, 2001, p. 26). Mesmo o crescente envolvimento das Forças Armadas em segurança pública nos últimos anos não vem sendo acompanhado de controle civil na mesma proporção (Pion-Berlin, 2016, p. 23).

A terceira área que merece atenção dos estudos estratégicos no Brasil é a crescente comunidade de estudiosos sul-americanos. Isso se deve a dois fatores. Primeiro, pela primeira vez, na maioria dos países da América do Sul, as políticas externas e de defesa têm sido debatidas publicamente na impressa e nas universidades, sendo consideradas, inclusive pelos militares, como parte da atividade de controle do poder do Estado (Weiffen; Villa, 2017, p. 30). Da mesma maneira, a cooperação bilateral em defesa entre forças singulares de países vizinhos, que reduz os riscos de engajamento armado, tem levado diplomatas, parlamentares e, até mesmo, estudiosos a terem mais contato com essas instâncias de cooperação militar (Pion-Berlin, 2016, p. 66-67).

Essas possibilidades têm de ser mais bem exploradas e direcionadas pela academia. Como se discutiu no primeiro capítulo do livro (Seção 1.5), uma das principais autocríticas dos estudos estratégicos é a necessidade de revitalização do campo, com a inclusão de mais civis e militares como pesquisadores e maior divulgação científica para não especialistas. Assim, a comunidade brasileira precisa se articular melhor com seus pares sul-americanos, seja para produção de conhecimento puro para alargar o horizonte dos estudos estratégicos como comunidade epidêmica, seja para troca de ideias e experiências para atendimento dos desafios de defesa apontados anteriormente (Duyvesteyn; Michaels, 2016, p. 25; Duyvesteyn; Worrall, 2017, p. 354).

> **Para saber mais**
> A obra apresentada a seguir foi citada várias vezes ao longo deste livro e apresenta a melhor análise das reações civis-miliares na América do Sul.
>
> PION-BERLIN, D.; MARTÍNEZ, R. **Soldiers, Politicians, and Civilians**: Reforming Civil-Military Relations in Democratic Latin America. New York: Cambridge University Press, 2017.

5.5 A dimensão internacional: Estados Unidos e África

Os Estados Unidos ainda são a nação mais importante das relações internacionais e cujo comportamento tem mais repercussões para a segurança internacional. Em correspondência a isso, foi o país que mais influenciou o Brasil nos últimos 100 anos. Uma parcela importante da história política brasileira, nesse período, pode ser resumida pela polarização entre (norte-)americanistas e globalistas, como orientação das agendas de políticas externas e de defesa.

As relações entre Brasil e Estados Unidos são difíceis, tendo em vista a desproporção de poder que gera, no Brasil, inclinações contraditórias de uma relação de aproximação para ganhos de poder (*bandwagoning*) ou algum tipo de balanceamento leve para preservação de autonomia (*soft balancing*). Em segundo lugar, há irregularidades nas motivações domésticas sobre políticas externas e de segurança. Enquanto os Estados Unidos regularmente alternam entre padrões mais beligerantes/unilaterais e mais cooperativos/multilaterais, o Brasil segue por avanços e retrocessos institucionais e econômicos. Por isso, raramente existe a sincronia entre melhores condições institucionais e econômicas nacionais que permitam ter foco e agenda para tratar com os Estados Unidos durante um de seus períodos mais suscetíveis. Talvez as únicas duas vezes em que essas condições foram atendidas foram durante a Segunda Guerra Mundial e brevemente durante o segundo mandato do Presidente Lula (2007-2010). Não coincidentemente, foi no ano de 2010 que foram aprovadas as principais leis complementares de consolidação do Ministério da Defesa e um acordo de cooperação militar entre Brasil e Estados Unidos.

Uma terceira dificuldade são as diferentes visões quanto à segurança da América do Sul. Ainda que não exista oposição, nunca houve convergência entre os dois países, com exceção das duas primeiras fases do regime militar brasileiro. Após a redemocratização, é consensual que o Brasil buscou ter a América do Sul como uma região segura e como sua plataforma político-econômica internacional. Em geral, não houve contradição com os Estados Unidos enquanto isso não prejudicou seus interesses particulares na região. A controvérsia mais crítica nas relações entre Brasil e Estados Unidos foi a guerra às drogas, cujo desdobramento prioritário foi na Colômbia. Esse evento criou muito do distanciamento que ainda existe entre os dois países (Spektor, 2014).

Uma quarta dificuldade, que parece ressurgir depois de décadas, é que as políticas externas norte-americanas tendem a se tornar mais reativas e duras quando existe a ameaça de projeção de poder por potências extrarregionais. Ademais, seu último documento de estratégia de segurança nacional indicou o retorno da competição interestatal com Rússia e China como sua principal tônica (IISS, 2019,

p. 32). Portanto, o maior nível de competição interestatal aumenta o risco de mudanças bruscas nas relações com os Estados Unidos. Dessa maneira, acompanhar e compreender as políticas domésticas, externas, de defesa e de segurança dos Estados Unidos é uma agenda prioritária para os estudos estratégicos no Brasil. Nesse sentido, existem três aspectos que merecem ser observados.

Primeiro, os Estados Unidos tendem a diminuir – pelo menos, no curto prazo – seu envolvimento militar direto e substituí-lo por formas de assistência militar ou apoio formal ou informal de grupos locais que avancem seus interesses – *sponsorship strategy* (Reich; Dombrowski, 2018). Com isso, eles buscam poupar recursos para expansão de suas capacidades e efetividade militar. No entanto, já existem estudos que comprovam que esse tipo de envolvimento tende a ter mais efeitos deletérios que positivos (Biddle; Macdonald; Baker, 2018; Duarte, 2019b).

Segundo, os Estados Unidos voltaram a expandir seu orçamento de defesa, que alcançou o pico de 716 bilhões de dólares em 2018 (IISS, 2019). No entanto, as relações civis-militares norte-americanas foram bastante prejudicadas na era George W. Bush e pouco recuperadas na era Obama. Com isso, existe a pressão para se produzir maior capacidade de projeção de poder no curto prazo, mas não existem programas efetivos de atualização do desenho das forças armadas, embora se encaminhem revisões institucionais para que isso seja possível no futuro (IISS, 2019, p. 34; Cancian, 2018, 2017). Ademais, o histórico da estratégia de eliminação seletiva de alvos com *drones*, a expansão desenfreada no tamanho e emprego de forças especiais e a desarticulação dos departamentos de planejamento de política externa e de segurança nacional afetam a capacidade norte-americana para formulação de estratégia (Strachan, 2014).

Isso se torna especialmente difícil desde que a gramática dos meios militares e a crescente contestação por rivais à primazia internacional dos Estados Unidos ressaltam a importância de alinhamentos políticos e do acesso a bases militares avançadas. Apesar de deterem um *know-how* sem equivalente em projeção de poder, seu arcabouço de relações externas em sistemas internacionais multipolares é limitado e anacrônico ao contexto do Entreguerras.

Para o Brasil, é necessário desenvolver uma estratégia de política externa equilibrada para reduzir os incentivos para maior presença norte-americana na região. Além de atuação de moderação e gestão regional de crises interestatais regionais, o Brasil deve barganhar uma condição de relativa autonomia da América do Sul por dois tipos de bens públicos que também atendem aos interesses norte-americanos.

O primeiro deles é a produção de capacidades e medidas regionais de combate ao crime organizado transnacional. Desde antes do 11 de setembro de 2001, esse era um tema de preocupação crescente dos Estados Unidos na guerra às drogas, e, depois, em razão dos laços dessas organizações com grupos radicais islâmicos. O segundo tipo de bem público é relacionado ao primeiro e tem a ver com uma maior presença brasileira na África. Além dos laços que ambos os continentes têm por meio do crime organizado (Duarte; Marcondes; Carneiro, 2019), a África vem se tornando uma região de importância controversa para os Estados Unidos. O desbaratamento dos santuários de grupos islâmicos radicais no Oriente Médio tende a levar que eles se movam cada vez mais para novos espaços na África. A crescente presença chinesa na África também incomoda os Estados Unidos, que já tentaram apontar que esse seria um problema comum entre eles e o Brasil.

Por fim, os Estados Unidos, por algum tempo, resistiram em limitar a atuação na África por procuração pelos países europeus – principalmente França e Reino Unido – , desde que isso não levasse a confronto de interesses com eles no médio prazo. Afinal, mais recentemente, os Estados Unidos passaram a ter a noção de que alguma capacidade estatal é uma solução mais duradoura contra grupos islâmicos radicais e oferece ainda melhores garantias de alinhamento político contra seus rivais. Levando em conta sua experiência recente na Ásia, seus aliados mais confiáveis (Austrália, Japão e Singapura) são os de maior capacidade estatal interna e alguma capacidade de projeção externa, e não os países sujeitos a crises internas que drenam atenção norte-americana e apresentam maior suscetibilidade à ajuda econômica chinesa ou assistência militar russa, como o Paquistão.

Síntese

Neste capítulo, apresentamos a origem dos estudos estratégicos no Brasil na esteira da redemocratização entre o fim da década de 1980 e o início da de 1990, bem como sua evolução até os dias atuais. Indicamos a Doutrina de Segurança Nacional da Escola Superior de Guerra e suas implicações negativas em termos de ideias, práticas e instituições relacionadas à segurança e defesa. Portanto, substituir o legado dessa doutrina em termos de pensamento e aumentar a participação na formulação da política de defesa são metas dos estudos estratégicos no Brasil.

Na sequência, oferecemos recomendações para o avanço dos estudos estratégicos com base na compreensão do nosso entorno regional, visto que ele vem sendo afetado pela ascensão de um mundo multipolar e pela frustração do processos sul-americanos de integração regional.

Por fim, demonstramos que os países podem se beneficiar em muitos aspectos na troca de estudos e práticas em segurança e defesa. Ressaltando a importância dos Estados Unidos para o Brasil, apontamos a necessidade de se avançar nos estudos sobre suas políticas domésticas, de defesa, externas e de segurança.

Questões para revisão

1. Sobre a Doutrina de Segurança Nacional, é correto afirmar que:
   a. ela foi um pensamento que predominou apenas durante o regime militar.
   b. ela superou a influência da geopolítica clássica no pensamento militar brasileiro.
   c. ela foi desenvolvida pela Escola Superior de Guerra, tendo como objetivo principal o desenvolvimento econômico do país.
   d. ela capacitou o Brasil e os países da região para a defesa nacional.
   e. ela foi apenas um pensamento estratégico importante, mas nunca foi implementada.

2. Do ponto de vista da Doutrina de Segurança Nacional, aponte três razões que marcaram a relação entre desenvolvimento econômico e defesa nacional.

3. Aponte três razões que explicam a dificuldade das relações entre Brasil e Estados Unidos em matéria de defesa.

4. Sobre a importância da África para o Brasil e os Estados Unidos, é **incorreto** afirmar que:
   a. o aumento da presença dos Estados Unidos na África evoluiu em razão de grupos radicais islâmicos no continente.
   b. os Estados Unidos expressaram que a presença chinesa na África também seria um problema para o Brasil.
   c. a África sempre foi uma região estratégica para os Estados Unidos.

d. apenas recentemente os Estados Unidos passaram a reconhecer a importância de fortalecer os Estados africanos.

e. a evolução do envolvimento dos Estados Unidos na África está relacionada com seus interesses estratégicos no Oriente Médio.

5. Sobre as características comuns entre os países sul-americanos, é correto afirmar que:

   a. todos conseguiram consolidar seus respectivos ministérios da defesa.

   b. a região encontra-se às margens das principais disputas das grandes potências atuais.

   c. as questões de defesa ainda são pouco debatidas nas universidades da região.

   d. a maioria dos países da região vem empregando as forças armadas em outras políticas governamentais além da defesa.

   e. diferentemente do Brasil, a maioria dos países sul-americanos definiu claramente que as forças armadas não devem se envolver em segurança pública.

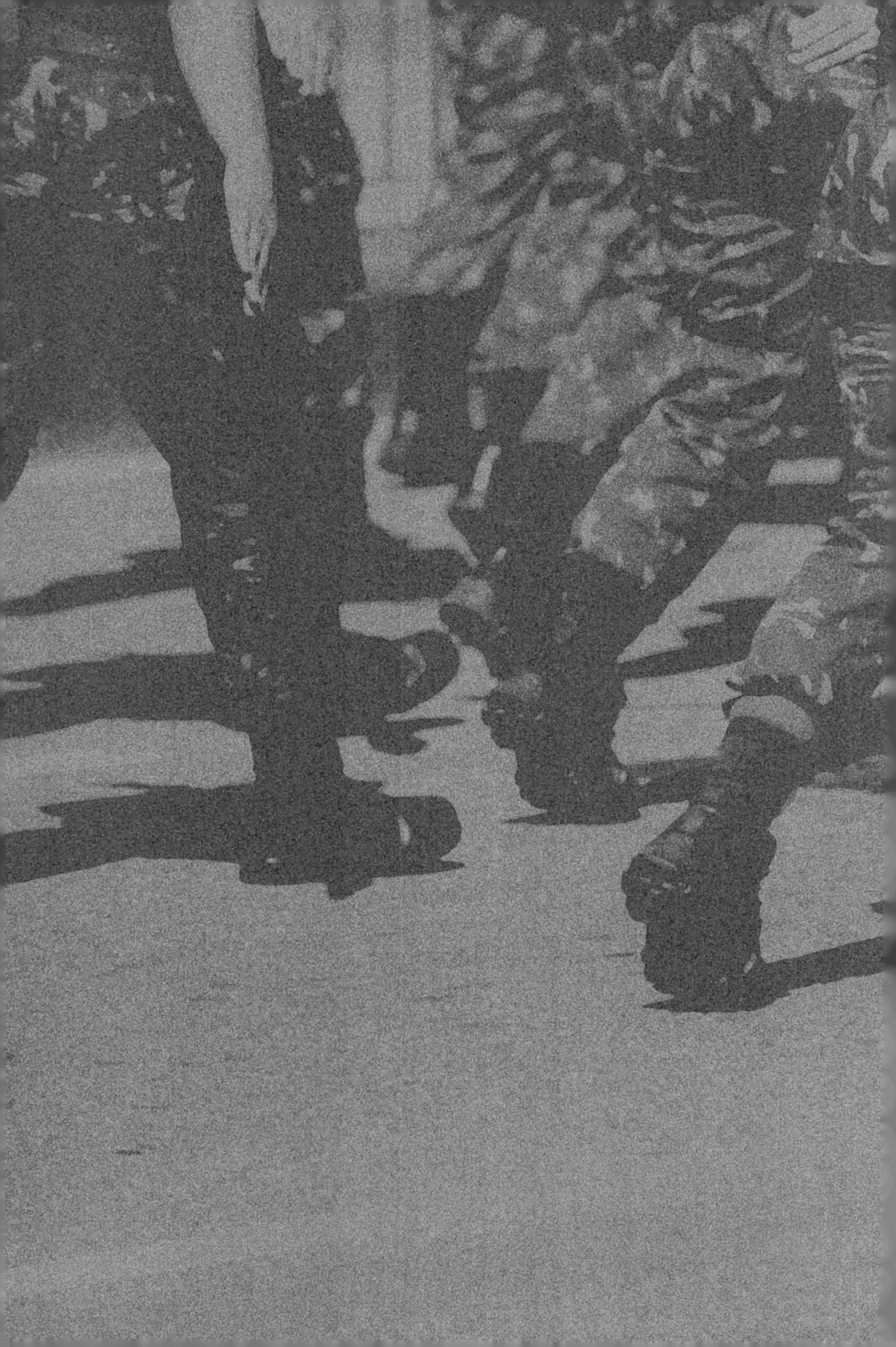

capítulo seis

Política de defesa no Brasil

Conteúdos do capítulo:

- Sistema de defesa nacional brasileiro.
- Principais instituições de defesa do Brasil.
- Documentos relacionados à defesa nacional.
- Forças armadas brasileiras.

Após o estudo deste capítulo, você será capaz de:

1. identificar as bases conceituais e um modelo para análise e avaliação de políticas de defesa;
2. reconhecer os componentes e as atividades de defesa no Brasil;
3. discutir sobre os documentos de defesa brasileiros;
4. refletir sobre as capacidades efetivas e desafios para as forças armadas brasileiras.

6.1 *Política de defesa: atributos, componentes e atividades*

Um último arcabouço conceitual-analítico que sistematize a inspeção de políticas de defesa é necessário. Ainda hoje, o modelo analítico de Domício Proença Júnior e Eugenio Diniz (1998), que consta na obra *Política de defesa no Brasil: uma análise crítica*, é o mais sintético e completo para se inferir o caso brasileiro. Por isso, ele será apresentado neste capítulo.

Proença Júnior e Diniz (1998) esclarecem que todo aparato ou processo relacionado à defesa nacional é mais bem compreendido como um sistema. Confira a seguir a descrição dos atributos, componentes e atividades de um **sistema de defesa nacional**.

> A primeira característica de uma política nacional, seja qual for a sua natureza, é a própria essência política de "entrechoque de interesses e perspectivas das diversas forças políticas relevantes no panorama político da sociedade" (Domício Proença Júnior e Diniz 1998, 37). Portanto, uma política de defesa também é resultado ou reflexo de um equilíbrio temporário de grupos de interesse ou da predominância de um sobre os demais, sendo que esses grupos domésticos também são suscetíveis a grupos e forças políticas estrangeiras. Dessa maneira, uma política de defesa é influenciada pela constituição partidária, pela base de apoio e pelas alianças e influências internacionais sobre o governo. Portanto, a política de defesa possui as mesmas características que qualificam qualquer política nacional: uma condição ambivalente de resultado do choque de grupos de interesse (politics) e de um programa de ação governamental (policy). Por isso, seu exercício é em função da perpetuação das outras atividades de uma sociedade que não a guerra, por isso deve ser permeável a discussão nacional e estar sujeita às regras gerais e institucionais que essa sociedade possa delimitar. Entretanto, a política de defesa possui dois atributos que lhe distinguem de qualquer outra política pública.

> [...]
> Primeiro, uma dinâmica específica em função das metas dessa política, cuja natureza requer o uso da força. Segundo, uma política de defesa tem a dinâmica essencial de equilíbrio das relações civis-militares. Por essas características, uma política de defesa é o que perpetua um equilíbrio muito sensível gerado por três vértices: primeiro, a componente que dita as diretrizes de uma política de defesa, que é a liderança política do Estado; em segundo lugar, a componente que executa as atividades de uma política defesa, que são o ministério da defesa e as forças armadas; e a terceira componente a quem a liderança política e as forças armadas servem em última instância, que é a sociedade.

Fonte: Duarte; Proença Júnior, 2003, 165-166.

    A perpetuação desse equilíbrio, portanto, é a atividade do formulador da política de defesa que, no caso brasileiro, é o Ministério da Defesa. O mau gerenciamento de uma política de defesa repercute no desequilíbrio dessa trindade. De um lado, pode ocorrer a excessiva intromissão da liderança política no planejamento das ações militares que, como já dissemos, possui uma lógica própria e distinta das outras atividades estatais. Por outro lado, pode haver falta de capacidade e de vontade por parte da liderança política em exercer um controle crítico com relação à política de defesa, deixando à mão das Forças Armadas a estipulação das metas dessa política de defesa. Em ambos os casos, os desvios produzidos poderão causar danos à defesa nacional, cuja responsabilidade última é do líder político.

    A estruturação de um ministério de defesa é a materialização mais moderna do mecanismo de controle civil objetivo, podendo ser estabelecida por meio de três funções. Primeiro, por meio da supervisão da materialização da gramática dos meios de força do aparato bélico do país. Em outras palavras, um ministério da defesa é responsável por assessorar o governo sobre as implicações e as necessidades militares tendo em vista as metas políticas impostas. Segundo, por meio da supervisão da questões orçamentárias e administrativas e da interação de civis em atividades não militares das forças armadas. Terceiro, sintetizando e ponderando as atividades militares e seus custos, a fim de elaborar uma proposta ministerial para defesa perante grupos de fora do ministério (Huntington, 1996, p. 453).

Assim, uma política de defesa, como atividade principal de um ministério da defesa, não se restringe à regulação das relações civis-militares por meio do insulamento das forças armadas e das dinâmicas políticas, visto que também oferece assessoramento técnico e equilibrado na constituição da capacidade de defesa. O desenvolvimento da política de defesa pode ser enquadrado dentro de um sistema que compreende os seus principais componentes e atividades.

Os componentes do sistema de defesa nacional dizem respeito aos arranjos organizacionais de diversos tipos, que materializam espaços de trabalho, reúnem competência e estruturam os relacionamentos de que uma política de defesa depende. A constituição das componentes dialoga com as atividades, permitindo que se tenham insumos de informação e competências necessárias para que se possa realizar as atividades da política de defesa. Cada um desses componentes, portanto, cobra decisões e admite alternativas e escolhas que condicionam o que se pode ou não fazer, afetando a maneira como as atividades de uma política de defesa são desenvolvidas.

Quadro 6.1 – Componentes e atividades de um sistema de defesa nacional

Componentes	Atividades	Dimensão analítica
Institucionalidade governamental para defesa	Avaliação estratégica governamental	Análise dos contextos políticos domésticos e internacionais
Estrutura integrada de comando e planejamento militar	Planejamento das ações militares	Análises estratégica, tática e logística da utilidade política do uso da força
Forças armadas	Projeto de força	Análises tática e logística dos meios de força
Política declaratória de defesa	Orçamento consolidado de defesa Avaliação material da defesa	Análises política e logística para gestão e controle de fins e meios

Fonte: Elaborado com base em Proença Júnior; Diniz, 1998.

A composição e operacionalização de um sistema de defesa fica mais compreensível à luz da teoria da guerra de Clausewitz e de sua análise crítica (reveja as seções 2.4 e 2.5).

Um sistema de defesa nacional envolve a interação entre componentes e atividades que atualizam a apreciação dos contextos políticos internacionais que podem evoluir para uma questão de defesa nacional; da propriedade e utilidade do uso da força, nos casos em que a defesa nacional está em risco; da preparação adequada das forças armadas a esses cenários de emprego (criando, reformando ou adequando as capacidades militares já existentes); e, por fim, dos compromissos e custos dessas atividades.

Embora esses componentes e atividades sejam contínuas, elas devem respeitar a uma hierarquia e um ciclo, principalmente para que exista controle dos compromissos políticos e usos dos meios militares, bem como a conscientização e responsabilização dos custos envolvidos.

Nesse sentido, uma primeira e muito importante componente de um sistema de defesa nacional é a **institucionalidade governamental para a defesa**, pois compreende os departamentos civis e militares e procedimentos formais e informais que, de uma forma mais direta ou indireta, estão relacionados aos assuntos de defesa. Essa componente, portanto, envolve mais que o ministério da defesa e as forças armadas e deve estabelecer sinergia com demais ministérios e departamentos – por exemplo, ministérios de relações exteriores, planejamento, ciência e tecnologia e serviços de inteligência. Essa componente é fundamental para a realização das atividades relacionadas à **avaliação estratégica governamental**, que tem como atribuições: identificar e avaliar ameaças externas que podem evoluir para a necessidade de emprego dos meios de defesa; e acompanhar as condições domésticas de provimento dos recursos sociais para a defesa, seja aqueles já assinalados para serem convertidos ao longo de um tempo de paz, sejam aqueles que tenham que ser mobilizados em situações de crise e guerra.

A **estrutura integrada de comando e planejamento militar** envolve as instâncias políticas mais elevadas, que delimitam o emprego das forças armadas; as **instâncias de defesa e militares de planejamento e Estado-Maior**, que delineiam os cenários possíveis de emprego das forças armadas; e, caso seja necessário, os planos que estabelecem como elas podem vir a ser empregadas. Portanto, essa componente e suas atividades envolvem o presidente, os conselhos de segurança nacional e de defesa, os comitês e comissões parlamentares, o ministério da defesa e os altos comandos das forças armadas.

As **forças armadas** devem ser entendidas como o cerne desse sistema para gestão dos meios de força. No entanto, é válido destacar que sua materialidade não está limitada somente a suas diretrizes internas. As forças armadas são as instituições contemporâneas responsáveis pelas capacidades coercitivas mais agressivas de um Estado. Diante dessa enorme responsabilidade, elas devem ser produto de um processo de tomada decisão governamental sobre **projeto de força**.

> O projeto de força compreende o processo de tomada de decisão sobre quais são as capacidades combatentes que se deseja ter, isto é, as alternativas organizacionais das forças armadas ao longo do tempo. Depende tanto de um entendimento do estado da arte bélico, isto é, das possibilidades táticas possíveis, quanto das metas políticas a serem atendidas pela força em um determinado horizonte de tempo, isto é, da paz que se deseja e que é necessário respaldar. (Proença Júnior, 2011a, p. 345)

Portanto, as forças armadas são resultado de uma longa e complexa série de considerações e esforços que buscam concatenar cenários políticos e estratégicos com a realidade administrativa, orçamentária e logística. Esse resultado sempre será menos que o ideal e sujeito a constrangimentos e inadequações com o passar do tempo. Por isso, o projeto de força se dá mediante um fluxo de atividades com foco na oferta de capacidade militar efetiva num determinado momento, para determinada tarefa, para determinado país. Não existe, portanto, a possibilidade de se alcançar uma condição permanente de forças armadas perfeitas.

Essa exposição sobre componentes e atividades de um sistema de defesa expõe que os documentos oficiais que se denominam *políticas de defesa* são um resultado de várias atividades, sendo algumas ostensivas e públicas, e outras sigilosas e de acesso mais restrito. Nesse sentido, uma política de defesa sempre terá duas facetas. A primeira delas, pública, expõe a perspectiva e os compromissos de um Estado quanto ao uso da força para outros Estados e para a própria sociedade. Nesse sentido, uma **política declaratória de defesa** é tanto um instrumento de política externa quanto uma prestação pública de contas. No entanto, deve-se sempre ter em mente que essa política não comunica tudo, possuindo, portanto, uma segunda faceta, sigilosa, que deve expressar cálculos e decisões estratégicas sensíveis, o que não significa que elas possam evoluir sem nenhum controle e gestão centralizada.

De uma maneira ou de outra, uma política de defesa deve ser sujeita a ferramentas de controle e gestão. Entre elas, as mais relevantes são o **orçamento consolidado de defesa** e a **avaliação material da defesa**.

> O orçamento consolidado de defesa corresponde ao conjunto de todos os gastos relacionados à defesa, capaz de monitorar o processo de dispêndio dos recursos no provimento da defesa. Como toda política pública, uma política de defesa arrisca-se a ser tomada por suas atividades-meio e não pelo seu propósito. A construção dos dispositivos e procedimentos organizacionais capazes de aferir os resultados concretos, combatentes e políticos, isto é, uma avaliação material, é uma tarefa importante, complexa, desafiante e dispendiosa, que admite diversas alternativas, mesmo de composição de alternativas concorrentes. (Proença Júnior, 2011a, p. 345)

Essa atividade deve ser gerencial e capaz de monitorar e avaliar o processo de dispêndio dos recursos em defesa. Seu papel é permitir um controle claro dos gastos em investimentos, pessoal e custeio, apontando qual dessas despesas são concretamente realizadas em termos de administração pública e como eles atendem às prioridades de defesa definidas pelas componentes e atividades anteriores.

A avaliação material da política de defesa responde a uma demanda comum a qualquer política pública: o estabelecimento dos critérios capazes de mensurar a eficácia da política de defesa. Isso é particularmente relevante porque uma política de defesa arrisca-se a ser tomada por suas atividades-meio ou subsidiárias e não pelo seu propósito de defesa nacional. Ainda que o propósito seja produzir e sustentar capacidades combatentes, a dinâmica de um sistema de defesa nacional pode se tornar tão absorvente em si mesmo que se perde de vista esse propósito. Isso faz com que seja necessário instaurar processos capazes de reafirmar o caráter central que a capacidade de combater detém no âmbito da política de defesa, ou que não se deixe passar o que a paz demanda em termos de respaldo pela força. Na paz, existe sempre a possibilidade de que as rotinas que produzem e sustentam capacidades combatentes se transformem num ritual, tornando o planejamento das ações militares e o projeto de força em algo reificado. A construção dos dispositivos e procedimentos organizacionais capazes de inspecionar os resultados concretos de uma política de defesa em termos de capacidades combatentes serve para que se evitem essas distorções.

> **Para saber mais**
> Como citado nesta seção, este livro é a principal referência sobre política de defesa no Brasil. É um livro curto e de fácil leitura.
> PROENÇA JÚNIOR, D.; DINIZ, E. **Política de defesa no Brasil**: uma análise crítica. Brasília: Ed. da UnB, 1998.

6.2 Checklist para análise e avaliação de políticas de defesa

Neste ponto, você já deve estar se questionando: Mas como se avalia uma política de defesa?

A primeira parte da resposta é a mais desafiante, pois demanda a observação da política de defesa como sistema. Trata-se de um todo que é maior do que as partes: os vários componentes são variáveis que não podem ser tratadas de maneira isolada, visto que as interações entre elas têm efeito mútuo.

Podemos avaliar esse sistema por meio das atribuições e resultados que se espera que ele desenvolva. Nesse sentido, propomos quatro blocos em clara correspondência com a teoria da guerra de Clausewitz: resultados políticos, logísticos, táticos e estratégicos.

Resultados políticos

- O Executivo deve observar a continuidade do funcionamento de todo sistema de defesa nacional, otimizando-o sempre que necessário, utilizando-se de instrumentos e pessoal especializado qualificado, interno e externo. Deve evitar perda de foco, demasiada delegação e burocratização e vieses institucionais. Deve, em especial, resistir a desvios de funções do sistema de maneira que o deforme. O Legislativo deve supervisionar e intervir quando o Executivo não cumprir esse papel ou realizá-lo de maneira enviesada. Portanto, o Executivo não deve produzir esses resultados de maneira insulada.
- O Executivo deve produzir avaliação estratégica contínua por meio de consultas e orientações regulares dos serviços de inteligência, corpo diplomático, forças armadas e sociedade civil, produzindo cenários prospectivos. Ele deve ser capaz de impor racionalidade, complementaridade e efetividade sobre essas organizações. A alteração regular do Executivo, nesse sentido, é positiva para contraste e revisão da qualidade dessa avaliação.
- O Ministério da Defesa atende a funções nacionais e internacionais em tempos de paz e de guerra, por isso deve respeitar as bases legais para o emprego das forças armadas. Por isso, deve observar constantemente se as instituições de defesa estão de acordo com os princípios legais.
- O Ministério da Defesa, o Congresso, a imprensa e a universidade devem conscientizar a sociedade e prover uma política de defesa que tenha legitimidade e consentimento público.

Resultados logísticos

- O Executivo deve ser atento ao dimensionamento de recursos – principalmente orçamentários e de pessoal – para o sistema de defesa nacional. Ele deve evitar inchaços, desperdícios e subdimensionamento. Como recurso é poder, a expansão, contração ou realocação de recursos é sempre um desafio. Por isso, ao longo do tempo, as democracias desenvolveram várias instituições acessórias dentro e fora do governo: promotorias, tribunais de contas, centros de pesquisas financiados por recursos públicos (*think tanks*) para controle do orçamento de defesa. Ademais, esse deve ser um ponto principal de um debate público sobre defesa.
- O Ministério da Defesa deve gerir esses recursos de maneira eficiente. Como o departamento executivo da ação governamental em defesa, deve instruir as forças armadas das demandas nacionais. Por meio dele, as forças armadas devem expressar seus requerimentos de recursos. Além disso, esse ministério deve otimizar o uso dos recursos, de maneira transparente e sujeita a revisão de sua eficiência. Isso inclui supervisão e auditoria externas.
- Executivo, Legislativo, Ministério da Defesa e forças armadas são responsáveis pelo provimento da qualidade de material bélico. Isso implica nas decisões com relação ao sistema de aquisição de armamentos. Para isso, é necessária a habilidade de mitigar dilemas de características de equipamento e fazer as aquisições, desenvolvimentos e substituições em tempos e quantidades correspondentes ao planejamento estratégico.

Resultados táticos

- As capacidades das forças armadas devem ser responsivas, ou seja, capazes de acomodar oportunidades e constrangimentos internos e externos na preparação de suas forças. Isso implica realizar modificações na estrutura das forças de

maneira proativa em resposta a novas ameaças e desafios. As doutrinas de armas e forças singulares devem ser orientadas por missões contra oponentes e ameaças – e não missões autoimpostas – para, assim, serem capazes de responder ao ambiente objetivo de emprego.
- As forças armadas devem desenvolver proficiência combatente para executar essas missões. Isso implica em pessoal de qualidade, motivado e capaz de assimilar, de forma fluida, sistemas de armamentos e material bélico e de executar doutrinas sofisticadas.

Resultados estratégicos
- A atribuição dos motivos e de quando e onde empregar as forças armadas pelo Executivo deve ser revista e inspecionada permanentemente. Os parâmetros e casos de uso da força devem ser avaliados pelo Legislativo e pelo público – imprensa, academia e sociedade civil organizada – todas as vezes. Essas avaliações passadas devem ser revistas de tempos em tempos.
- As forças armadas devem estar integradas segundo os requisitos de emprego de enfrentamentos. Isso significa a implementação de doutrinas gerais para as forças convergentes com objetivos políticos e estratégicos; de sistema de treinamento com conceitos táticos e em prol da qualidade de pessoal; e de sistemas logísticos de apoio ao deslocamento da força segundo os planos operacionais e objetivos estratégicos. Elas devem ser capazes de garantir consistência nas atividades militares, criando sinergia entre os vários níveis das unidades militares e, consequentemente, evitando ações contraproducentes.

Portanto, de maneira geral, um sistema de defesa pode ser avaliado positivamente se for capaz de produzir quatro coisas:

1. Os parâmetros constitucionais e institucionais de uso da força, de regulação do Executivo e de aparato para a defesa pelo consentimento público.
2. Arranjos de extração, conversão e manutenção de recursos sociais em militares sem efeitos colaterais nocivos nas demais instituições políticas, na economia e na sociedade.
3. Produção de efetividade militar por meio das forças armadas integradas, responsivas, proficientes e com material de qualidade.
4. Capacidade de avaliação, seleção e direção estratégica do emprego das forças armadas.

O funcionamento de todo esse sistema é um desafio e não é difícil que ele se torne desequilibrado e disfuncional, mas a literatura já tem uma reflexão madura sobre as principais variáveis que prejudicam o atendimento dos resultados listados (Brooks, 2007, p. 16-17).

A primeira e mais comum é a **cultura organizacional das forças armadas** em relação ao Estado e à sociedade. Não é incomum que o caráter resiliente e insulado das forças armadas produzam descompassos com o mundo civil, afetando padrões de avaliação e cognição dos tomadores de decisão e representantes dessas três partes.

A segunda é a **estrutura social** ou como sociedade se divide e distribui recursos. Essa á uma variável estrutural e de difícil alteração, e afeta a alocação de poder, as formas de extração de recursos e produção de bens e os instrumentos coletivos. Uma componente dessa variável são as características das instituições políticas e econômicas. O alcance, a eficiência e a eficácia dessas instituições afetam tudo.

A terceira e última é o **nível de competividade internacional**. A existência e a intensidade de ameaças que afetam um país e a região que o cerca criam o foco e as condições políticas para alocação de recursos, como os parâmetros objetivos de produção dos resultados logísticos, táticos e estratégicos do sistema de defesa. Como indicamos na Seção 3.2, é a competividade interestatal que cria os principais incentivos para emulação e inovação de capacidades combatentes.

> **Para saber mais**
>
> O Centro para Controle Democrático das Forças Armadas de Geneva (Geneva Centre for the Democratic Control of Armed Forces – DCAF) produz estudos e documentos de referência para o avanço do controle e da participação civil em defesa em sistemas democráticos. Ele oferece material em português e permite o estudo de debates relacionados às relações civis-militares, à formulação de políticas de defesa e à reforma do setor de defesa.
>
> DCAF – Geneva Centre for Security Sector Governance. Disponível em: <https://www.dcaf.ch/resources?type=publications&lang=2661&year=all>. Acesso em: 18 fev. 2020

6.3 Instituições e formulação de política de defesa no Brasil

O aparato estatal para defesa no Brasil conta com cinco órgãos principais: o Conselho de Defesa Nacional, o Ministério da Defesa, o Gabinete de Segurança Institucional e o Congresso, por meio de suas comissões de relações exteriores e defesa nacional, além das próprias Forças Armadas. Nesta seção, vamos tratar de todas, com exceção das últimas, que merecem uma atenção especial e serão abordadas na última seção do capítulo.

A Constituição Federal estabelece que o Conselho de Defesa Nacional tem a responsabilidade de "estudar, propor e acompanhar o desenvolvimento de iniciativas necessárias a garantir a independência nacional e a defesa do Estado democrático" (Brasil, 1988, art. 91, § 1º, inciso IV). O Ministério da Defesa tem a tarefa de gerir cotidianamente a defesa nacional, orientando as Forças Armadas e seus sistemas de apoio. Essa tarefa se inicia pela avaliação da viabilidade das alternativas de ação que resultam das metas e prioridades estabelecidas pelo Conselho de Defesa Nacional e desdobra-se na administração do orçamento de defesa e na conformação das diretrizes gerais que subordinam, articulam e avaliam as Forças Armadas. Isso se dá tanto em termos de capacidades combatentes quanto administrativas. Só a gestão integrada das Forças Armadas pode permitir que se estabeleçam, avaliem e sustentem parâmetros sistêmicos – por exemplo, a estrutura integrada de comando, controle, comunicação, inteligência e computação que permite transmitir ordens e receber informações.

Contudo, há outras questões que só admitem soluções sistêmicas – como o grau de prontidão e os requisitos e mecanismos de mobilização das Forças Armadas – e demandam decisões e ações de departamentos civis de outros ministérios. Isto reflete a proposta geral de organização do Poder Executivo brasileiro para a defesa: existe um órgão colegiado, um conselho, que determina as metas e as formas de política; e um órgão do executivo, uma pasta ministerial, que responde pela implementação dessa política.

O mandato do Conselho de Defesa Nacional ainda não teve oportunidade de amadurecer e ser capaz de responder pela definição das metas, contornos e prioridades da política de defesa, além de ser mais um departamento de sua avaliação. Ele que deveria instituir os mecanismos capazes de ordenar o processo de acompanhamento da situação estratégica, elegendo prioridades e estabelecendo metas para a defesa. De fato, vem sendo o Ministério da Defesa que formula e executa sua política. Essa autonomia é reflexo das autonomias das forças e da falta do Congresso em cumprir seu papel fiscalizador, o que tem como um de seus sintomas documentos de defesa incompletos, sem prioridades e sem avaliação de resultados, como demonstraremos na próxima seção.

Parte da falta de efetividade do Conselho de Defesa deve-se ao fato de o Gabinete de Segurança Institucional (GSI) ser responsável pela sua secretaria executiva. O GSI tem cada vez mais funções acumuladas: segurança presidencial; coordenação do gabinete de gestão de crises e dos serviços de inteligência; e coordenação de várias agendas transversais, como segurança cibernética, segurança nuclear, segurança de infraestruturas críticas e segurança de fronteiras. Desde sua criação na gestão Fernando Henrique Cardoso, ele é comandado sempre por um general quatro estrelas da reserva do Exército, assim como seus departamentos subordinados são chefiados por oficiais militares seniores. Assim, o Conselho de Defesa Nacional é dependente de um secretariado militar com função mais executiva do que de assessoramento e não conta com uma equipe civil para equilibrar as visões militares, sendo que o GSI é um órgão de enorme poder, visto que é vinculado diretamente à presidência (pois fica sediado no Palácio do Planalto) e tem pouco controle externo.

Como resultado, impõe-se um Conselho de Defesa Nacional e um Ministério da Defesa pouco consolidados em seus papéis. Tem-se, portanto, uma questão imediata: o processo de institucionalização desses dois órgãos por meio do provimento de recursos humanos e do estabelecimento dos processos de suas atividades correspondentes. Isto depende da criação das carreiras dos servidores civis que atendam a ambos: analistas e gestores com nível superior e curso específico em defesa nacional.

A institucionalização do papel do Poder Legislativo em defesa nacional talvez seja o aspecto mais insuficiente. Afinal, o Congresso não aprova a política de defesa e seus documentos declaratórios, apenas aprecia os textos dos últimos com sugestões de revisão. Os congressistas brasileiros não têm função vinculada e assessoramento adequado para fiscalizar as orientações do Executivo no que se refere à defesa nacional e para avaliar as Forças Armadas (Amorim, 2017, p. 63-64). Portanto, fora os ônus orçamentários de defesa, os congressistas possuem posições bastante pontuais. Isso se deve ao fato de que Senado e Câmara têm comissões de relações exteriores e defesa nacional combinados, o que tira o foco e o peso que a defesa nacional deveria ter para o Congresso, prejudicando a efetivação de assessores técnicos qualificados. Em 2017, das 11 posições de assessores disponíveis, apenas uma estava ocupada. As comissões se orientam, principalmente, por meio de oficiais de ligação das Forças Armadas. Portanto, o Congresso não tem capacidade de produção de relatórios independentes e consistentes sobre defesa. Por isso, tende muito mais a chancelar tópicos do que realmente supervisionar o Executivo e as Forças Armadas sobre questões de defesa (Pion-Berlin; Martínez, 2017, p. 189-190).

Desde a redemocratização, o Brasil teve sucesso em avançar na despolitização das Forças Armadas e na redução de seu poder político. No entanto, nas demais áreas importantes, com exceção da produção de conhecimento sobre defesa, foi o país que menos incrementou as relações civis-militares, principalmente em termos de seus arcabouços legais e institucionais. Portanto, os desafios remanescentes são:

1. **Qualificação da autoridade civil sobre as Forças Armadas**: a participação do Congresso em questões de defesa é marginal; não existe quase debate público e é necessária a criação de uma carreira civil de analista e gestor de defesa.
2. **Incremento do planejamento e orçamentação de defesa**: as Forças Armadas ainda são reativas na preservação de autonomia e na manutenção de privilégios. Isso implica em processos de planejamento e administração pública da defesa inconsistentes, ineficientes e fragmentados e em um Estado-Maior Conjunto das Forças Armadas com limitada capacidade operacional.

3. **Restrição do papel militar em funções não militares**: o legado histórico do período colonial brasileiro ao regime militar criou a inclinação de civis e militares em empregar as Forças Armadas em funções de policiamento, atendimento social e desenvolvimento tecnológico.

Possivelmente, o principal papel social dos estudos estratégicos no Brasil é fomentar a conscientização pública com foco nesses três desafios. De maneira correspondente, boa parte deste livro buscou esclarecer suas implicações e se posicionar com relação a elas.

6.4 Os documentos brasileiros para a defesa nacional

Os documentos de defesa devem comunicar como um Estado vê a si mesmo em matéria de defesa e como ele percebe a segurança internacional. Dessa forma, eles compõem a política declaratória de defesa. O Brasil fundamenta sua política de defesa em três documentos: a Política Nacional de Defesa (PND), a Estratégia Nacional de Defesa (END) e o Livro Branco de Defesa Nacional.

A partir da Lei Complementar n. 136, de 25 de agosto de 2010 (Brasil, 2010), instituiu-se que esses documentos devem ser atualizados e submetidos à aprovação do Congresso a cada quatro anos. Em 14 de dezembro de 2018, o Congresso aprovou as últimas versões, enviadas para apreciação dois anos antes. Eles sofreram poucas alterações com relação às suas versões originais, respectivamente, de 2005, 2008 e 2012. Por isso, podem ser tratados de maneira única, destacando-se os pontos de distinção das últimas versões.

Quadro 6.2 – Os documentos de defesa nacional do Brasil

Documento	Versão

Documento de Política de Defesa Nacional	1996
Política de Defesa Nacional	2005
Estratégia Nacional de Defesa	2008
Política Nacional de Defesa	2012
Estratégia Nacional de Defesa	
Livro Branco de Defesa Nacional	
Política Nacional de Defesa	2016/2018
Estratégia Nacional de Defesa	
Livro Branco de Defesa Nacional	2017

É importante ressaltar que os comentários feitos a seguir não são uma síntese e não substituem a leitura dos documentos, o que é possível por meio do *site* do Ministério da Defesa[1].

Como abordamos na Seção 4.4, a formulação da política de defesa e de seus documentos no Brasil é ainda um processo em institucionalização, portanto, os conteúdos desses últimos ainda sofrem de grande incoerência interna e limitada interlocução entre si. Em termos funcionais, a Política Nacional de Defesa estabelece o conceito de defesa e sua correlação com as demais políticas de Estado. A END é um documento mais amplo que busca orientar as Forças Armadas, a indústria de defesa e demais agências que compõem o aparato nacional. Já o Livro Branco busca prestar contas aos públicos nacional e internacional.

Como aspectos positivos desses documentos, podemos apontar:

- Eles criaram uma comunicação entre Executivo e Congresso sobre defesa nacional, de maneira que na apreciação de cada documento existe uma maior interface entre os dois. Com isso, tem existido aumento do número de debates sobre questões de defesa dentro do Congresso.

---

[1] BRASIL. Ministério da Defesa. Disponível em: <https://www.defesa.gov.br>. Acesso em: 25 fev. 2020.

- Os documentos são referências para as próprias Forças Armadas, que possibilitaram um foco mínimo de convergência e responsabilização.
- Eles permitiram uma melhor intersecção com a sociedade. A imprensa passou a ter mais familiaridade com os termos e as questões de defesa e os documentos são bastante discutidos no âmbito acadêmico.

No entanto, a análise da história militar e dos desafios das relações civis-militares no Brasil evidencia as deficiências desses documentos.

Vamos tratar, primeiro, da PND. Sua primeira versão deu ênfase à orientação quanto aos cenários gerais de confronto. No entanto, ela não desempenha o papel de formular hipóteses de emprego claras, que era cumprido pelo Conceito Estratégico Nacional (cujo conteúdo era restrito), elaborado pelo Conselho de Segurança Nacional do regime militar, o qual vigorou até o governo Collor (Flores, 2011). Isso também teve a implicação de deixar vago os parâmetros de emprego das Forças Armadas em segurança pública e em regiões de fronteira (Soares, 2016, p. 17). Os esforços de sua atualização não foram felizes em prover melhores conceitos e definições, ao se adicionar o arcabouço conceitual da Doutrina de Segurança Nacional (DSN) da Escola Superior de Guerra e, ainda, os termos dos compromissos internacionais do Brasil, principalmente com as Nações Unidas (Seabra, 2014, p. 49-51). Isso gerou incongruências importantes. A maior delas refere-se ao fato de o terceiro objetivo dessa política – "Salvaguardar pessoas, bens, recursos e interesses nacionais localizados no estrangeiro" (Novas..., 2018) – ser perigosamente incompatível com os incisos IV e VII do art. 4º da Constituição Federal, amparados na Carta das Nações Unidas de não intervenção e solução pacífica de conflitos.

Na atual versão do documento, houve a alteração de *política de defesa nacional* para *política nacional de defesa*, com o objetivo de marcar que a defesa nacional não se limita às Forças Armadas. No entanto, ao se utilizar o conteúdo da DSN, "ampliou-se o conceito de segurança, abrangendo os campos político, militar, econômico, psicossocial, científico-tecnológico, ambiental e outros" (Brasil, 2018b, p. 12). Com isso, o resultado foi inverso, pois, na avaliação do ambiente internacional, em vez de realizar uma avaliação estratégica que ressaltasse as implicações para a defesa nacional, expandiu-se o escopo do documento e quase tudo se tornou um problema de segurança e, de certa forma, de defesa. Há ainda um aspecto mais grave: o documento negligencia as questões de uso da força e de reconhecimento de viabilidade de meios e métodos que, a princípio, deveriam decorrer de uma interlocução com a END e o Livro Branco. Por isso, acaba sendo uma carta de intenções dos vários grupos que compõem a burocracia do Ministério da Defesa (Novas..., 2018).

Um conceito importante que evoluiu ao longo das versões foi o de *entorno estratégico*, que definiu os contornos estratégicos regionais nos quais o Brasil se insere e tem prioridades de cooperação e preocupações de segurança internacional. Na primeira versão, de 2005, tinha-se como delimitação a América do Sul e os países lindeiros da África (Brasil, 2005, Seção 3.1). Nas versões a partir de 2012, houve a extensão do entorno estratégico para Caribe e Antártica e foi dada maior ênfase ao Atlântico Sul (Seabra, 2014, p. 52; Brasil, 2018b, p. 21-22).

> **Questão para reflexão**
>
> A PND e os demais documentos de defesa brasileiros sequer mencionam os Estados Unidos, ao passo que China e Rússia são mencionadas apenas uma vez para descrição da sigla Brics. Esses documentos também não oferecem uma avaliação desses países e suas relações. Essa é uma questão importante, portanto, debata com seus colegas a seguinte pergunta: Qual a relevância dessas ausências para delineamento do cenário de segurança internacional?
>
> Consulte as seções 3.5, 4.2 e 5.5 do livro para fundamentar o debate.

A END é um documento muito mais amplo, que não se limita à PND, tem objetivos próprios e reflete a aspiração da política externa do governo Lula de inserção internacional mais assertiva. Como parte ainda de um esforço de justificar os gastos em defesa e a atenção dos políticos, fez-se uma associação cada vez mais forte entre defesa e desenvolvimento, de maneira que as últimas versões geram a seguinte dúvida (Almeida, 2016): Trata-se de um documento de defesa ou de uma estratégia de desenvolvimento condicionada ao aparato de defesa? No entanto, isso não levou o documento a se tornar mais objetivo e consistente no estabelecimento de prioridades, na avaliação de viabilidade ou mesmo na correspondência de sua execução em fases, períodos ou alguma especificação de resultados esperados e mensurados, como qualquer política pública.

Como resultado, a END é uma "lista de desejos", ou seja, aponta-se o que se gostaria de ter e assume-se uma posição de "esperar e ver" quando certas condições forem produzidas por outras agendas e agências, sem uma orientação clara de como alcançar tudo isso. Por essa razão, é um documento incompleto, que demanda outros documentos e dispositivos acessórios para se tornar uma política de defesa concreta. Como está, cada linha de ação ou meta segue de maneira mais ou menos autônoma, sem ser disfuncional ou contraprodutiva (Proença Júnior; Lessa, 2017). Como efeito, nos seus 11 anos de existência, tem tido pouco resultado prático. Por exemplo, uma de suas áreas estratégicas é a segurança cibernética, que ainda é, consideravelmente, subdesenvolvida no país por falta de pessoal, programas, orçamento, metas claras e, principalmente, cooperação interagências. Já as outras duas áreas estratégicas – nuclear e espacial – encontram-se praticamente estancadas.

Por não ir além de algumas medidas de efeito burocrático (Bruneau; Tollefson, 2014, p. 129), ele é um documento propositivo e não executivo. Por isso, a END não atende à função de ser a base de direcionamento estratégico do Brasil, com orientação dos requisitos operacionais e reequipamento das forças.

Já o Livro Branco segue o padrão da maioria dos documentos congêneres sul-americanos.

> São em geral exercícios de obscurecimento transparente. Seu propósito real é fazer visível os objetivos, capacidades e estratégias para as outras nações da região. Mas, na verdade, são generalizações que dizem pouco da realidade de defesa do estado. Produzidos através de ampla consulta entre grupos civis e militares, são superficiais e revelam a falta de *expertise* em defesa. (Pion-Berlin, 2005, p. 30, tradução nossa)

Seu propósito real é fazer visível os objetivos, capacidades e estratégias para as outras nações da região, e não ser instrumento de responsabilização e prestação de contas para suas respectivas sociedades. Por isso, são generalizações que dizem pouco das condições reais de defesa do Estado. Em geral, os livros de defesa também são produzidos por meio de ampla consulta aos grupos civis e militares, ou seja, não são o registro das etapas regulares de uma política de defesa entre fins, meios e métodos.

Os livros brancos de defesa da região são superficiais e revelam falta de *expertise* em defesa em seus conteúdos, em como são elaborados e na expectativa de que tipo de avaliação pública esperam receber. Eles dizem pouco sobre ameaça de guerra e prontidão, estratégia, cenários e, particularmente, quais são as prioridades na alocação e produção de meios militares. Essas são ausências importantes, pois impactam a gestão de defesa em termos de aquisição e desenvolvimento de material, atualização de doutrinas e treinamento e educação de pessoal militar.

Por fim, apesar de ser útil em termos de dados, o Livro Branco de Defesa Nacional brasileiro não faz uma avaliação da viabilidade e cumprimento da PND e da END. Também não é possível fazer uma avaliação da efetividade militar brasileira, que contempla a qualidade da educação de oficiais e do treinamento de soldados, a responsividade das doutrinas e planos operacionais, as condições de material e o grau de integração operacional entre as forças singulares.

> **Para saber mais**
>
> Estes quatro *sites* são as principais referências oficiais para documentação, notícias e questões sobre defesa nacional no Brasil. O acompanhamento de suas atualizações o ajudarão a ficar mais bem informado sobre as principais questões referentes à segurança e defesa.
>
> BRASIL. Câmara dos Deputados. Comissões permanentes. Disponível em: <https://www2.camara.leg.br/atividade-legislativa/comissoes/comissoes-permanentes/credn>. Acesso em: 18 fev. 2020.
>
> BRASIL. Ministério da Defesa. Disponível em: <https://www.defesa.gov.br/>. Acesso em: 18 fev. 2020.
>
> BRASIL. Instituto Pandiá. Disponível em: <https://pandia.defesa.gov.br/pt/>. Acesso em: 18 fev. 2020.
>
> BRASIL. Presidência da República. Gabinete de Segurança Institucional. Disponível em: <http://www.gsi.gov.br/>. Acesso em: 18 fev. 2020.

6.5 A efetividade das Forças Armadas brasileiras

Esta seção complementa a seção anterior e, ainda, os Capítulos 4 e 5, tendo como base para análise a Seção 3.5, "Guerra no século XXI". Portanto, buscamos dar uma visão das Forças Armadas como a observamos hoje. Ademais, as Forças Armadas são tratadas individualmente e, depois, em conjunto com suas capacidades de operação conjunta.

Em geral, as Forças Armadas vêm sofrendo mudanças e modernizações importantes desde 2010 pela convergência entre militares e políticos na administração do governo Lula como componente da inserção internacional. Pelos problemas que apontamos anteriormente, desenvolveram-se projetos de alta visibilidade, mas de alto risco e longuíssimo prazo, cujos efeitos são distintos e contidos devido a particularidades e desafios institucionais (Duarte, 2016d; Pion-Berlin, 2016, p. 62).

O **Exército Brasileiro**, atualmente, busca atender duas estratégias de orientações distintas entre si. A **estratégia de dissuasão** busca compor uma capacidade convencional superior o suficiente aos nossos vizinhos para que se desestimule o uso da força contra o país. Essa estratégia cobra a organização de forças de emprego rápido e profissionais concentradas em núcleos de modernidade, principalmente na região Sul, no Rio de Janeiro e em torno da capital nacional. Esses núcleos têm prioridade de armamentos e equipamentos avançados e provimento prioritário de logística. Grosso modo, essa estratégia vem sendo aperfeiçoada ao longo do tempo e os meios terrestres disponíveis são mais que suficientes.

Já a **estratégia de presença** teria dois papéis: por um lado, atender às atribuições subsidiárias que o Exército possui desde sua fundação; por outro, evoluir para uma estratégia assimétrica de atrito no caso de invasão de potências militares extrarregionais. Essa estratégia cobra organização e disposição distintas de uma força terrestre para a estratégia de dissuasão, como um contingente conscrito e disperso, além de um plano de mobilização nacional. Essa estratégia reflete muito o caráter segmentado do Alto Comando do Exército e as demandas difusas atribuídas pelos vários governos civis.

Evidentemente, essas duas estratégias geram contradições e desafios institucionais. Se contrastado com o conteúdo exposto na Seção 5.5 deste livro, o Exército tem o desafio de construir uma força terrestre com perfis de combatentes distintos entre si, mas com uma estrutura de comando e um corpo de oficiais comuns. Isso gera problemas em elencar prioridades de gastos e de se estabelecer foco em projetos de força (Silva, 2013, p. 171, 173-180). Essas tensões vêm sendo ainda mais agravadas com a extensão e multiplicação de operações em faixas de fronteira e para Garantia da Lei e da Ordem. Principalmente porque essas últimas e a estratégia de presença impõem desafios tecnológicos e políticos de investimento em sistemas de monitoramento de áreas fronteiriças de vegetação fechada (nas regiões Norte e Oeste) e urbanas. Enquanto o primeiro tipo de sistema cria problemas adicionais nas relações externas e nas demais instituições que gerenciam a segurança das fronteiras – como o Sistema de Monitoramento de Fronteiras (Sisfron) –, o segundo demanda outro tipo de capacidade, que torna o Exército ainda mais envolvido com instituições políticas domésticas. De uma maneira ou de outra, essas orientações da estratégia de presença apenas escalam os problemas estruturais que o Brasil tem em termos de segurança interna: notadamente, a falta de um Ministério do Interior e uma reforma ampla das forças policiais.

Por todas essas razões, o processo de transformação que vem ocorrendo no Exército nos últimos anos é um processo endógeno e cada vez mais segmentado, que deveria ser público com maior envolvimento e conscientização política dos requisitos e dilemas de investimento em pessoal, principalmente de recrutamento, treinamento e educação.

Entretanto, a **Marinha do Brasil**, talvez, seja a força que sofre maiores dilemas institucionais. Tradicionalmente, tentou-se emular a capacidade norte-americana ao se constituir quatro capacidades – pelo menos potenciais – de força naval: negação de uso do mar, projeção de poder, guarda costeira e força anfíbia. No entanto, essas capacidades não são intercambiáveis entre si e demandam uma escala de recursos que o país parece ser pouco capaz de atender.

Ademais, a descoberta e a exploração das regiões com depósitos de hidrocarbonetos do Pré-Sal elevaram a tensão institucional entre um projeto de esquadra de grupos de combate combinados e de alta autonomia, por um lado, e um projeto de defesa de costa de multiplataformas lançadoras de mísseis, por outro. De fato, um conflito por essas áreas seria uma guerra limitada, que cobraria algo dos dois perfis de força: a capacidade de defesa dessas áreas e, ainda, a defesa de outros objetos de valor da costa brasileira que pudessem servir de recurso de barganha e pressão externas. Entretanto, a distância desses depósitos e suas disposições em zonas econômicas exclusivas (ZEE), além do tamanho da costa brasileira, tornam sua defesa um desafio – possivelmente intransponível – dos pontos de vista operacional e político. Isso explica a terceira alternativa brasileira de longo prazo: o desenvolvimento de submarinos de ataque propulsionados por reator nuclear, cujas características usuais de emprego são bloqueios distantes e intercepção de esquadras em alto mar. Diante dos enormes custos para seu desenvolvimento, ela resta apenas como uma possibilidade futura para o Brasil.

Se o caso chinês serve de exemplo e emulação do caso mais recente de constituição de uma grande marinha e de uma política marítima efetiva, no curto prazo, por um critério de viabilidade e importância, o Brasil deveria hierarquizar um projeto de defesa de costa com relação a um projeto de esquadra, e este deveria ser desenvolvido após a consolidação do primeiro. Seguindo essa linha, o país deveria investir em embarcações pequenas, baratas e de grande adaptação ambiental, bem como em capacidade autônoma e avançada multiplataforma de mísseis. Além disso, um sistema de gerenciamento das Águas Jurisdicionais Brasileiras e das áreas internacionais de responsabilidade brasileira – como o Sistema de Gerenciamento da Amazônia Azul (SisGAAz) – deveria ser priorizado tanto quanto (ou até mais do que) um novo sistema de armamentos (Duarte, 2016a). Em termos políticos, a realidade contemporânea de guerra no mar cobra ainda maior ênfase na configuração de alianças e cooperação naval com outros países. O Brasil possui enorme potencial na construção de um arranjo multilateral no Atlântico Sul, mas isso vai muito além das Forças Armadas e cobra um tipo de política externa que o país foi pouco capaz de esboçar (Duarte, 2016b; Espach, 2019).

Portanto, embora possua uma efetividade militar relativa e que ainda desponta, o Brasil, com a principal marinha de guerra na região, é a força que demandaria maiores ajustes institucionais e elaboração de uma nova estratégia marítima (Cortinhas, 2019; Duarte, 2015).

A **Força Aérea Brasileira** é aquela que mais sofre pelas deficiências das instituições brasileiras para defesa. Por um lado, suas plataformas têm mais possibilidade de transbordamento civil ou efeito dual, o que explica o fato de seus maiores departamentos, até recentemente, terem sido os de aviação civil e de ciência e tecnologia. Por outro lado, as condições geopolíticas e estratégicas do Brasil tornam muito pouco provável a ameaça de uma força aérea estrangeira. Nossos vizinhos não detêm essa capacidade, e a concentração desses meios por potências extrarregionais é também muito pouco provável. Por isso, existe maior interesse e envolvimento político nos projetos da Força Aérea, mas sem hierarquia de objetivos e reconhecimento de que os meios aéreos são os que demandam mais elevada taxa proporcional de manutenção; logo, são os com maior risco de rápida deterioração. Apenas isso explica a quase interminável demora para decisão quanto a um novo projeto de caças de combate – os projetos FX e FX-2 – e os critérios de sua decisão (Vucetic; Duarte, 2015). Consequentemente, a Força Aérea é a força em situação mais desatualizada em termos de meios e sob maior risco de sucateamento de cara e difícil reversão. Ademais, é a força que mais prescinde de uma capacidade institucionalizada de operações conjuntas, desde que seu cenário de emprego, em boa medida, seja no apoio de operações terrestres e costeiras.

Além disso, o Brasil avançou pouco na consolidação de uma capacidade efetiva de operações conjuntas, o que foi esboçado na primeira versão da END, mas nunca materializado por repulsa e clivagens entre os altos comandos das três forças. Destacadamente, acredita-se que o Estado-Maior Conjunto das Forças Armadas deveria desenvolver autoridade e capacidade operacional por meio do estabelecimento de Comandos Conjuntos Regionais e Estados-Maiores Conjuntos Regionais. Com isso, talvez fosse possível convergir e produzir hipóteses de emprego conjuntas ligadas a cada uma dessas regiões e prioridades de capacidades e meios combatentes necessários (Cavalcanti, 2014, p. 22, 106, 189).

Ainda assim, a literatura já apresentou suficiente evidência dos casos norte-americano e britânico, que, sem a orientação de uma autoridade civil, apresentariam pouca possibilidade de as forças desenvolverem capacidade de operação conjunta por conta própria (Pessoa, 2017). Portanto, sem a consolidação do Conselho de Defesa Nacional como órgão de formulação dos objetivos de política de defesa, e do Ministério da Defesa com um aparato resiliente aos corporativismos militares e arcabouços de conhecimento em análise e gestão de defesa, existe pouca chance dessa capacidade ser desenvolvida no Brasil.

> **Para saber mais**
>
> A obra a seguir oferece, em cada um de seus capítulos, debates sobre questões a respeito da segurança e defesa do Brasil. Pode ser considerado um estágio mais avançado de vários pontos desenvolvidos no presente livro.
>
> ARTURI, C. S. (Org.). **Políticas de defesa, inteligência e segurança.** Porto Alegre: Ed. UFRGS, 2014. Coleção Cegov Capacidade Estatal e Democracia. Disponível em: <https://www.ufrgs.br/cegov/files/pub_38.pdf>. Acesso em: 18 fev. 2020.
>
> O capítulo a seguir avalia as políticas de segurança e defesa brasileiras durante as administrações presidenciais de Luiz Inácio Lula da Silva e Dilma Rousseff, com críticas e recomendações. Portanto, é um texto mais normativo e propositivo do que analítico
>
> DUARTE, E. E. Segurança e defesa. In: CEBRI – Centro Brasileiro de Relações Internacionais. **Dez desafios da política externa brasileira.** Rio de Janeiro, 2016. p. 73-83. Disponível em: <http://midias.cebri.org/arquivo/10desafiosdaPEB.pdf>. Acesso em: 18 fev. 2020.

Síntese

Neste último capítulo, apresentamos um modelo analítico geral de políticas de defesa e ainda um *checklist* de pontos para avaliação de um caso específico. Com isso, você conheceu os critérios propostos para avaliar a política de defesa brasileira. Ela indica as duas finalidades principais de uma política de defesa: o controle objetivo das Forças Armadas e o assessoramento técnico e equilibrado na constituição da capacidade de defesa.

Também apontamos três fatores principais que dificultam a correta elaboração dessa política: a cultura organizacional das Forças Armadas com relação ao Estado e à sociedade; a estrutura social ou como a sociedade se divide e distribui recursos; e o nível de competividade internacional.

O capítulo executa esse modelo para consideração das instituições e documentos de defesa nacional e, ainda, das Forças Armadas do Brasil.

Questões para revisão

1. Assinale a alternativa **incorreta** quanto às atividades de uma política de defesa.
   a. O projeto de força compreende o processo de tomada de decisão apenas quanto à aquisição ou desenvolvimento de sistemas de armamentos.
   b. A avaliação estratégica governamental é a leitura de um país do cenário internacional e das expectativas de impacto.
   c. O orçamento consolidado de defesa é um dos principais instrumentos de controle e avaliação de uma política de defesa.
   d. A avaliação material da política de defesa é a inspeção pública e contínua dos meios e capacidades militares.
   e. O planejamento das ações militares envolve a formulação de cenários adversos e hipóteses de emprego das forças armadas.

2. Apontes três atributos do Poder Legislativo com relação a uma política de defesa.

3. Aponte quais são os atributos do Conselho de Defesa Nacional do Brasil.

4. Assinale a alternativa **incorreta** quanto aos desafios apontados para incremento da efetividade militar das Forças Armadas.

a. A crescente importância dada ao pré-sal aumenta os desafios estratégicos e institucionais da Marinha do Brasil.

b. O Exército Brasileiro consegue equilibrar suas prioridades entre a estratégia de dissuasão e a estratégia de presença.

c. A guerra contemporânea no mar ressalta a importância de sistemas de comando, controle e monitoramento, como o SisGAAZ, em formulação pela Marinha do Brasil.

d. A Força Aérea é muito prejudicada pela limitada capacidade de tomada de decisão em política de defesa pelo governo brasileiro.

e. O Brasil enfrenta desafios institucionais em termos de produção de conhecimento aplicado dos estudos estratégicos para desenvolver capacidade de operação conjunta entre as Forças Armadas.

5. Assinale a alternativa **incorreta** quanto aos desafios institucionais brasileiros em matéria de defesa.

   a. O Congresso precisa ter uma capacidade independente e de qualidade para avaliação de documentos e temas da defesa nacional.

   b. As Forças Armadas ainda contam com grande autonomia na definição e gestão de seus orçamentos.

   c. O Brasil ainda precisa institucionalizar e amadurecer os processos de formulação de seus documentos de defesa.

   d. O aparato e os documentos de defesa nacional foram capazes de avançar em relação aos conceitos do Documento de Segurança Nacional.

   e. Os documentos e planejamento brasileiros de defesa precisam ter melhores dispositivos de hierarquização e avaliação de viabilidade de prioridades.

Considerações finais

Na apresentação deste livro, apontamos que as democracias teriam somadas às suas virtudes mais reconhecidas – liberdade, prosperidade e estabilidade social – uma quarta: maior capacidade de vencer guerras. Ela também lançou o debate sobre a crise de credibilidade das democracias contemporâneas. Existe a preocupação de que os países democráticos têm falhado nessa quarta virtude no século XXI, com consequências negativas paras as outras três virtudes e, ainda, para as relações internacionais. Sejam os Estados Unidos e países europeus por terem decidido mal ao deflagrarem guerras na Síria, no Iraque e no Afeganistão; sejam essas e outras democracias, por meio das Nações Unidas, terem conduzido missões de paz ao redor do mundo com resultados abaixo das expectativas.

Segundo o maior promotor dos estudos estratégicos do século XX, Edward Earle, isso decorre do fato de que a conduta de guerras e a produção de vitórias não ocorrem sem consequências. Earle foi professor do Instituto de Estudos Avançados da Universidade de Princeton e promoveu os estudos da estratégia como um campo acadêmico e governamental. Ele participou da criação do Departamento de Pesquisa e Análise do Escritório de

Serviços Estratégicos, principal agência de inteligência dos Estados Unidos durante a Segunda Guerra Mundial, em 1942, e organizou a primeira edição do seminal *Makers of Modern Strategy*, em 1943. Com essa experiência, ele apontou, na introdução do livro, que toda guerra conduzida por democracias desafia suas instituições representativas, sistema jurídico, programas econômicos e sociais e, ainda, sua política externa e os compromissos internacionais (Earle, 1943a, p. vi). Em outras palavras, o fato de democracias tenderem a vencer guerras não significa que os requisitos que lhe dão tal vantagem não sejam abalados durante seus desenvolvimentos e mesmo durante longos períodos de paz.

Portanto, o preço que se paga para que democracias exerçam sua virtude de vencer guerras sem perda de liberdade, prosperidade e estabilidade social é a eterna vigilância da efetividade de seu aparato militar. O equilíbrio entre essas quatro virtudes deve ser o lastro do que se denomina *interesse nacional*. E, no que tange à preparação e à conduta da guerra, a distinção das democracias está na condição de seu aparato bélico não ser delegado a grupos plenipotenciários – suas lideranças políticas, forças armadas e formuladores da estratégia devem seguir sob controles democráticos.

Este livro buscou sintetizar esse arrimo fundamental das democracias para civis não especialistas, servindo como material de difusão científica atualizado sobre a questão do uso da força. No Capítulo 1, abordamos os contextos históricos de origem e desenvolvimento dos estudos estratégicos e como se definem o papel social do campo, bem como seu arcabouço conceitual e agendas de pesquisa entre conhecimentos para a análise de defesa e para a gestão de defesa. Também iniciamos, nesse capítulo, a demarcação epistemológica dos estudos estratégicos e sua relação com os demais campos do conhecimento, tendo como ponto de partida sua interface com os estudos de segurança internacional.

A interdisciplinaridade dos estudos estratégicos com campos das ciências biológicas e sociais foi aprofundada no Capítulo 2.

Apenas com essa ampla gama de estudos é possível tecer causas e parâmetros de manifestação das guerras. Nesse capítulo, também apreciamos como a complexidade do fenômeno da guerra foi organizada de forma suficientemente consistente pela teoria da guerra de Carl von Clausewitz. Isso por ser uma teoria aberta a emendas e focada em prover ganhos de aprendizado de resultados práticos. Essa argumentação foi embasada em casos históricos e contemporâneos. Com base na contribuição de arcabouços e metodologias de outros campos do conhecimento e daqueles originais dos estudos estratégicos, propusemos uma organização dos principais métodos em: mensuração de poder militar, análise crítica, economia e defesa e modelagem do combate.

No Capítulo 3, apresentamos um contraponto: por um lado, há uma exposição sobre a importância da história para os estudos estratégicos e da história militar para compreensão da própria história política dos Estados; por outro, avançamos sobre o papel da tecnologia da guerra. Por meio desse contraste, pudemos refletir sobre elementos de continuidade e mudança na conduta da guerra no século XXI.

A atualíssima questão das relações civis-militares foi desenvolvida no Capítulo 4. Ao focarmos na relação entre guerra e democracia, pudemos apreender questões gerais sobre relações civis-militares em regimes não democráticos e democráticos, com ênfase em países que evoluíram de um para o outro, como é o caso brasileiro. Esse capítulo também oferece conceitos e modelos analíticos para avaliar, preliminarmente, a qualidade das relações civis-militares e da formulação e execução de políticas defesa por meio do consentimento público sobre guerra e as formas e implicações de sua evasão.

Nos capítulos finais, dedicamo-nos ao caso brasileiro. No Capítulo 4, passamos por um panorama da história militar do Brasil, ressaltando suas implicações sociais e institucionais, principalmente para a evolução e atual condição de suas relações civis-militares. No Capítulo 5, apresentamos uma perspectiva brasileira dos estudos estratégicos, indicando sua trajetória acadêmica e os tópicos e horizontes com relação aos quais ela precisa se direcionar. Por fim, no Capítulo 6, tratamos da organização de um modelo analítico de políticas de defesa e examinamos as instituições brasileiras para defesa, seus principais documentos oficiais e as Forças Armadas.

Com essas linhas gerais, você pôde apreciar, leitor, os principais aspectos dessa contribuição. Primeiro, o livro foi elaborado levando em conta seus propósitos pedagógicos e um público de não especialistas. Por isso, os conceitos são repetidos, apresentados em camadas, em seções sucessivas, e exemplificados. Segundo, ele foi elaborado de maneira a ser atualizado com a revisão e inclusão, na medida do possível, de conceitos, modelos analíticos e dados recentemente publicados na literatura especializada. Nesse sentido, esforçamo-nos para apresentar um conteúdo que reflete a realidade atual, abarcando questões e preocupações correntes no entorno estratégico brasileiro, ou seja, América do Sul, Estados Unidos, Europa e África. Terceiro, o livro não é autossuficiente. Ele reconhece seu caráter introdutório e aponta leituras e fontes complementares que possibilitem expansão dos estudos dos tópicos. Uma consequência disso é que seu conteúdo é autocontido. Nesse sentido, ele não foi desenvolvido a fim de dar conta de todos os temas, e muitos não foram apreciados, como terrorismo, dissuasão nuclear e segurança cibernética. Ainda assim, a educação ambicionada com o uso deste livro oferece melhores possibilidades para o avanço sobre esses temas especializados, que, apesar de importantes, não são formativos. Quarto, o livro é provocativo, de maneira a instigar, leitor, seu aprendizado ativo e pensamento crítico. Particularmente, porque mais do que um requisito para qualquer bacharelado, os estudos estratégicos remetem a uma questão que é contemporânea e afeta a vida de todos.

Assim, para contribuir diante da atual realidade do Brasil, os estudos estratégicos devem ajudar os cidadãos a pensar de maneira autônoma sobre guerra e forças armadas e a ponderar e cobrar, dentro dos limites constitucionais, os critérios de seu preparo e emprego.

Consultando a legislação

A principal base legal que ampara os conteúdos deste livro são os artigos 4, 21, 49, 84, 89, 90, 91, 136, 137, 142 e 144 da Constituição Federal (Brasil, 1988). São eles que regulam as várias instâncias e atribuições relacionadas à defesa nacional.

A base legal que ampara os estudos estratégicos como parte da formação dos cursos de Relações Internacionais no Brasil são as Diretrizes Curriculares Nacionais para os cursos de Relações Internacionais – Resolução n. 4, de 4 de outubro de 2017, do Conselho Nacional de Educação (Brasil, 2017).

Por fim, os atuais documentos que orientam a política externa declaratória do Brasil são: Livro Branco da Defesa Nacional (Brasil, 2018a), a Estratégia Nacional de Defesa (Brasil, 2012a) e, principalmente, a Política Nacional de Defesa (Brasil, 2018b).

Referências

ALFORD, J. R.; HIBBING, J. R. The Origin of Politics: an Evolutionary Theory of Political Behavior. **Perspectives on Politics**, v. 2, n. 4, p. 707-723, Dec. 2004. Disponível em: <https://doi.org/10.1017/S1537592704040460>. Acesso em: 22 fev. 2020.

ALMEIDA, P. R. de. A arte de não fazer a guerra: novos comentários à estratégia nacional de defesa. **Revista de Geopolítica**, v. 1, n. 2, p. 5-20, 2016.

ALSINA JÚNIOR, J. P. S. **Rio-Branco**: grande estratégia e o poder naval. Rio de Janeiro: Ed. da FGV, 2015.

ALTMAN, D. The Strategist's Curse: A Theory of False Optimism as a Cause of War. **Security Studies**, v. 24, n. 2, p. 284-315, 2015. Disponível em: <https://doi.org/10.1080/09636412.2015.1038186>. Acesso em: 22 fev. 2020.

AMORIM, A. P. de. Política e estratégia nacionais de defesa: integração e consensos políticos. **Revista Brasileira de Estudos de Defesa**, v. 4, n. 2, p. 49-76, 2017. Disponível em: <https://doi.org/10.26792/rbed.v4n2.2017.75013>. Acesso em: 22 fev. 2020.

ARON, R. **Penser la guerre, Clausewitz**. Paris: Gallimard, 1976.

ARTÉUS, G. Military History: a Historiography. **Militärhistorisk tidskrift**, v. 23, n. 2, p. 213-224, 2002.

AUGIER, M.; MARSHALL, A. W. The Fog of Strategy: Some Organizational Perspectives on Strategy and the Strategic Management Challenges in the Changing Competitive Environment. **Comparative Strategy**, v. 36, n. 4, p. 275-292, 2017. Disponível em: <https://doi.org/10.1080/01495933.2017.1361196>. Acesso em: 22 fev. 2020.

AVANT, D. Political Institutions and Military Effectiveness: Contemporary United States and United Kingdom. In: BROOKS, R. A.; STANLEY, E. A. **Creating Military Power**: the Sources of Military Effectiveness. Stanford: Stanford University Press, 2007. p. 80-105.

BARANY, Z. **The Soldier and the Changing State:** Building Democratic Armies in Africa, Asia, Europe, and the Americas. Princeton: Princeton University Press, 2012.

BARMAN, R. **Brazil:** the Forging of a Nation, 1798-1852. Stanford Calif: Stanford University Press, 1994.

BEASLEY JR., W. The Rise, Fall, and Early Reawakening of US Naval Professionalism. In: FINNEY, N. K.; MAYFIELD, T. (Org.). **Redefining Modern Military:** The Intersection of Profession and Ethics. Annapolis: Naval Institute Press, 2018. p. 103-132.

BECKLEY, M. The Power of Nations: Measuring What Matters. **International Security**, v. 43, n. 2, p. 7-44, 2018.

BENNETT, A. Using Process Tracing to Improve Policy Making: the (Negative) Case of the 2003 Intervention in Iraq. **Security Studies**, v. 24, n. 2, p. 228-238, 2015. Disponível em: <https://doi.org/10.1080/09636412.2015.1036619>. Acesso em: 22 fev. 2020.

BIDDLE, S. D. **Military Power:** Explaining Victory and Defeat in Modern Battle. Oxford: Princeton University Press, 2006.

BIDDLE, S.; MACDONALD, J.; BAKER, R. Small Footprint, Small Payoff: the Military Effectiveness of Security Force Assistance. **Journal of Strategic Studies**, v. 41, n. 1-2, p. 89-142, 2018. Disponível em: <https://doi.org/10.1080/01402390.2017.1307745>. Acesso em: 22 fev. 2020.

BIDDLE, S.; OELRICH, I. Future Warfare in the Western Pacific: Chinese Antiaccess/Area Denial, U.S. AirSea Battle, and Command of the Commons in East Asia. **International Security**, v. 41, n. 1, p. 7-48, 2016. Disponível em: <https://doi.org/10.1162/ISEC_a_00249>. Acesso em: 22 fev. 2020.

BONATO, H.; DUARTE, E. E. Segurança global portuária e seus possíveis reflexos no Brasil. In: SCHMIDT, C. (Org.). **Políticas de defesa, inteligência e segurança**. Porto Alegre: Ed. da UFRGS, 2014. p. 99-113.

BRANDS, H.; INBODEN, W. Wisdom without Tears: Statecraft and the Uses of History. **Journal of Strategic Studies**, v. 41, n. 7, p. 916-946, 2018. Disponível em: <https://doi.org/10.1080/01402390.2018.1428797>. Acesso em: 22 fev. 2020.

BRASIL. Constituição (1967). Emenda Constitucional n. 1, de 17 de outubro de 1969. **Diário Oficial da União**, Poder Legislativo, Brasília, DF, 20 out. 1969.

BRASIL. Lei Complementar n. 136, de 25 de agosto de 2010. **Diário Oficial da União**, Poder Legislativo, Brasília, DF, 26 ago. 2010. p. 1.

BRASIL. Constituição (1988). Diário Oficial da União, Brasília, DF, 5 out. 1988.

BRASIL. Ministério da Defesa. **Estratégia Nacional de Defesa**. Brasília, 2008.

BRASIL. Ministério da Defesa, **Estratégia Nacional de Defesa**. Brasília, 2012a.

BRASIL. Ministério da Defesa, **Livro Branco de Defesa Nacional**. Brasília, 2012b.

BRASIL. Ministério da Defesa, **Livro Branco da Defesa Nacional**. Brasília, 2018a.

BRASIL. Ministério da Defesa. **Política de Defesa Nacional**. Brasília, 2005.

BRASIL. Ministério da Defesa. **Política Nacional de Defesa**. Brasília, 2018b.

BRASIL. Ministério da Educação. Conselho Nacional de Educação. Secretaria Executiva da Câmara de Educação Superior. Resolução n. 4, de 4 de outubro de 2017. **Diário Oficial da União**, Brasília, DF, 5 out. 2017. Disponível em: <http://www.in.gov.br/materia/-/asset_publisher/Kujrw0TZC2Mb/content/id/19339418/do1-2017-10-05-resolucao-n-4-de-4-de-outubro-de-2017-19339014>. Acesso em: 3 abr. 2020.

BROOKS, R. A. Introduction: the Impact of Culture, Society, Institutions, and International Forces on Military Effectiveness. In: BROOKS, R. A.; STANLEY, E. A. **Creating Military Power**: the Sources of Military Effectiveness. Stanford: Stanford University Press, 2007. p. 1-26.

BROOKS, R. **How Everything Became War and the Military Became Everything**: Tales from the Pentagon. New York: Simon & Schuster, 2017.

BRUNEAU, T. C.; TOLLEFSON, S. D. Civil-Military Relations in Brazil: a Reassessment. **Journal of Politics in Latin America**, v. 6, n. 2, p. 107-138, 2014. Disponível em: <https://doi.org/10.1177/1866802X1400600204>. Acesso em: 22 fev. 2020.

BUCHOLZ, A. **Hans Delbrück**: Military Historian. Illinois: The University of Chicago, 1972.

BUZAN, B. **An Introduction to Strategic Studies**: Military Technology and International Relations. Basingstoke: Palgrave Macmillan, 1987.

BUZAN, B.; HANSEN, L. **The Evolution of International Security Studies**. New York: Cambridge University Press, 2009.

CANCIAN, M. **U.S. Military Forces in FY 2018**: the Uncertain Future. Washington: Center for Strategic and International Studies, 2017.

CANCIAN, M. **U.S. Military Forces in FY 2019**: the Buildup and Its Limits. Washington: Center for Strategic and International Studies, 2018.

CASTRO, C. The Army as a Modernizing Actor in Brazil, 1870-1930. In: SILVA, P. (Org.). **The Soldier and the State in South America**: Essays in Civil-Military Relations. London: Palgrave Macmillan, 2001. p. 53-70.

CAVALCANTI, C. A. **O Ministério da Defesa e o Exército brasileiro**: a construção de um relacionamento (1999 aos dias atuais). Tese (Doutorado em Ciência Política) – Universidade Federal Fluminense, Niterói, 2014.

CENTENO, M. **Blood and Debt**: War and the Nation-State in Latin America. Philadelphia: Penn State University Press, 2003.

CLAUSEWITZ, C. von. **On War**. Princeton: University of Princeton Press, 1976.

CLAUSEWITZ, C. von. **On Wellington**: a Critique of Waterloo. Norman: University of Oklahoma Press, 2010.

CLAUSEWITZ, C. von. The Campaign of 1812 in Russia. In: PARET, P.; MORAN, D. (Org.). **Historical and Political Writings**. Princeton: Princeton University Press, 1992. p.110-204.

COCKAYNE, J. **Hidden Power**: the Strategic Logic of Organized Crime. New York: Oxford University Press, 2016.

CORTINHAS, J. Brazil and the Construction of Its Power to Defend the South Atlantic. In: DUARTE, E. E.; BARROS, M. C. (Org.). **Navies and Maritime Policies in the South Atlantic**. Cham: Palgrave Macmillan, 2019. p. 151-186.

COVINI, M. N. Political and Military Bonds in the Italian System, Thirteenth to Sixteenth Centuries. In: CONTAMINE, P. (Org.). **War and Competition between States**. New York: Clarendon Press, 2001. p. 9-36.

CRAIG, G. Delbruck: the Military Historian. In: PARET, P. (Ed.). **The Makers of Modern Strategy from Machiavelli to the Nuclear Age**. Princeton: Princeton University Press, 1986. p. 326-353.

CROFT, S. What Future for Security Studies? In: WILLIAMS, P. D. (Ed.). **Security Studies**: an Introduction. New York: Routledge, 2012. p. 568-580.

DARWIN, J. **Ascensão e queda dos impérios globais**: 1400-2000. São Paulo: Edições 70, 2015.

DELBRÜCK, H. **Warfare in Antiquity**: History of the Art of War. Lincoln: University of Nebraska Press, 1990. v. I.

DIALLO, M. A. The Impacts of Neo-colonial Security Frameworks in the South Atlantic: the Case of French Presence in Western Africa. In: DUARTE, E. E.; BARROS, M. C. (Org.). **Maritime Security Challenges in the South Atlantic**. Cham: Palgrave Macmillan, 2019. p. 41-48.

DIAMINT, R. Defense Management in South America: Bureaucracy and Diplomacy. In: SUAREZ, M. A. G.; VILLA, R.; WEIFFEN, B. (Org.). **Power Dynamics and Regional Security in Latin America**. London: Palgrave Macmillan, 2017. p. 247-272.

DIAMOND, J. **Armas, germes e aço**. Rio de Janeiro: Record, 2017.

DINIZ, E.; PROENÇA JÚNIOR, D. The Collapse of the Material Foundations of Westphalian International Law. **Revista de Sociologia e Política**, Curitiba, v. 23, p. 54, p. 9-20, 2015. Disponível em: <https://doi.org/10.1590/1678-987315235402>. Acesso em: 22 fev. 2020.

DOMINGO, F. The Problem of Expertise in Strategic Studies. **Strategic Analysis**, v. 39, n. 5, p. 527-534, 2015. Disponível em: <https://doi.org/10.1080/09700 161.2015.1069979>. Acesso em: 22 fev. 2020.

DORATIOTO, F. F. M. **Maldita guerra**. São Paulo: Companhia das Letras, 2002.

DREZNER, D. W. Military Primacy Doesn't Pay (Nearly as Much as you Think). **International Security**, v. 38, n. 1, p. 52-79, 2013. Disponível em: <https://doi.org/10.1162/ISEC_a_00124>. Acesso em: 22 fev. 2020.

DUARTE, E. E. **A conduta da guerra na era digital e suas implicações para o Brasil**: uma análise de conceitos, políticas e práticas de defesa. Texto para Discussão n. 1760. Rio de Janeiro: Ipea, jun. 2012. Disponível em: <http://www.ipea.gov.br/portal/index.php?option=com_content&view=article&id=15290>. Acesso em: 22 fev. 2020.

DUARTE, E. E. **A guerra entre China e Estados Unidos na Coreia**. Curitiba: Appris, 2019a.

DUARTE, E. E. **A independência norte-americana**: guerra, revolução e logística. Porto Alegre: Leitura XXI, 2013a.

DUARTE, E. E. Brazil, the Blue Economy and the Maritime Security of the South Atlantic. **Journal of the Indian Ocean Region**, v. 12, n. 1, p. 97-111, 2016a. Disponível em: <https://doi.org/10.1080/19480881.2015.1067384>. Acesso em: 22 fev. 2020.

DUARTE, E. E. Drugs, Piracy and Sovereignty: Brazil, United States and European Union's Security Perspectives for South Atlantic. **Sicherheit und Frieden**, v. 34, n. 3, p. 1-15, 2016b.

DUARTE, E. E. Introduction. In: DUARTE, E. E.; BARROS, M. C. (Org.). **Navies and Maritime Policies in the South Atlantic**. Cham: Palgrave Macmillan, 2019b. p. 1-12.

DUARTE, E. E. O batalhão perdido: a grande guerra e a mudança na face da batalha contemporânea. In: ZANELLA, C.; NEVES JÚNIOR, E. (Org.). **As relações internacionais e o cinema**. Belo Horizonte: Fino Traço, 2016c. v. 2: Estado e Conflitos Internacionais. p. 117-130.

DUARTE, E. E. Securing the South Atlantic: in Favour of a Revised Brazilian Maritime Strategy. In: SMITH-WINDSOR, B. A. **Enduring NATO, Rising Brazil**. Rome: NATO Defence College, 2015. p. 211-226.

DUARTE, E. E. Segurança e defesa. In: CEBRI – Centro Brasileiro de Relações Internacionais. **Dez desafios da política externa brasileira**. Rio de Janeiro, 2016d. p. 73-83. Disponível em: <http://midias.cebri.org/arquivo/10desafiosdaPEB.pdf>. Acesso em: 22 fev. 2020.

DUARTE, E. E. The Politics of Brazilian Intelligence and Foreign Relations with the US. **Newsbrief**, v. 33, n. 6, p. 12-15, 2013b.

DUARTE, E. E.; MACHADO, L. R. Uma análise crítica da Guerra das Malvinas/Falklands pela teoria das operações marítimas em Guerras Limitadas de Corbett. In: ENCONTRO DA ENABED, 10., 2018, São Paulo.

DUARTE, E. E.; MARCONDES, D.; CARNEIRO, C. Facing the Transnational Criminal Organizations in the South Atlantic. In: DUARTE, E. E.; BARROS, M. C. de. **Maritime Security Challenges in the South Atlantic**. Cham: Palgrave Macmillan, 2019. p. 11-40.

DUARTE, E. E.; MENDES, F. P. A ciência da guerra: epistemologia e progresso nos estudos estratégicos. **Revista Brasileira de Estudos de Defesa**, v. 2, n. 2, p. 129-150, 2015. Disponível em: <https://doi.org/10.26792/rbed.v2n2.2015.61742>. Acesso em: 22 fev. 2020.

DUARTE, E. E.; PROENÇA JÚNIOR, D. Comentários a uma nova política de defesa brasileira. **Security and Defense Studies Review**, v. 3, p. 164-192, 2003.

DUYVESTEYN, I.; MICHAELS, J. H. Revitalizing Strategic Studies in an Age of Perpetual Conflict. **Orbis**, v. 60, n. 1, p. 22-35, 2016.

DUYVESTEYN, I.; WORRALL, J. E. Global Strategic Studies: a Manifesto. **Journal of Strategic Studies**, v. 40, n. 3, p. 347-357, 2017. Disponível em: <https://doi.org/10.1080/01402390.2016.1269228>. Acesso em: 22 fev. 2020.

EARLE, E. M. Introduction. In: EARLE, E. M. (Ed.). **The Makers of Modern Strategy from Machiavelli to the Nuclear Age**. Princeton: Princeton University Press, 1943a. p. vii-xi.

EARLE, E. M. Adam Smith, Alexander Hamilton, Friedrich List: the Economic Foundations of Military Power. In: EARLE, E. M. (Ed.). **The Makers of Modern Strategy from Machiavelli to the Nuclear Age**. Princeton: Princeton University Press, 1943b. p. 117-154.

ELORANTA, J. et al. (Org.). **Economic History of Warfare and State Formation**. New York: Springer, 2016.

ENGLISH, J. A.; GUDMUNDSSON, B. I. **On Infantry**. Westport: Praeger, 1994.

ERTMAN, T. Otto Hintze, Stein Rokkan and Charles Tilly's Theory of European State-Building. In: KASPERSEN, L. B.; STRANDSBJERG, J. **Does War Make States?** Investigations of Charles Tilly's Historical Sociology. Cambridge: Cambridge University Press, 2017. p. 52-72.

ESPACH, R. Reflections on the Ends, Ways, and Means of Maritime Security Cooperation in the South Atlantic. In: DUARTE, E. E.; BARROS, M. C. (Org.). **Maritime Security Challenges in the South Atlantic**. Cham: Palgrave Macmillan, 2019. p. 129-153.

FAGUNDES, F.; DUARTE, E. E. International Cooperation for Ensuring the Safety of Brazil's Land and Maritime Boundaries. In: DANE, F.; RYAN, G. J. (Ed.). **Multilateral Security Governance**. Rio de Janeiro: Konrad-Adenauer Stiftung, 2014. p. 129-137.

FEAVER, P. Civil-Military Relations and Policy: a Sampling of a New Wave of Scholarship. **Journal of Strategic Studies**, v. 40, n. 1-2, p. 325-342, 2017. Disponível em: <https://doi.org/10.1080/01402390.2016.1254938>. Acesso em: 22 fev. 2020.

FINNEY, N. K.; MAYFIELD, T. (Org.). **Redefining the Modern Military**: the Intersection of Profession and Ethics. Annapolis: Naval Institute Press, 2018.

FLORES, M. C. Estratégia Nacional de defesa: uma breve análise. **Liberdade e Cidadania**, ano 3, n. 12, jan./jun. 2011. Disponível em: <https://www.flc.org.br/revista/materias_view84af.html?id=%7BE4A78181-DDA8-4D9A-84EE-4C15AE1B9288%7D>. Acesso em: 22 fev. 2020.

FREEDMAN, L. Academics and Policy-making: Rules of Engagement. **Journal of Strategic Studies**, v. 40, n. 1-2, p. 263-268, Jan. 2017. Disponível em: <https://doi.org/10.1080/01402390.2016.1269982>. Acesso em: 22 fev. 2020.

FRIEDMAN, N. **Network-Centric Warfare**: how Navies Learned to Fight Smarter Through Three World Wars. Annapolis: Naval Institute Press, 2009.

FUKUYAMA, F. **O fim da história e o último homem**. Rio de Janeiro: Rocco, 1992.

GARCIA, L. R. Types of Armies: Early Modern Spain. In: CONTAMINE, P. (Org.). **War and Competition between States**. New York: Clarendon Press, 2001. p. 37-68.

GAT, A. **The Causes of War and the Spread of Peace**: but Will War Rebound? Oxford/New York: Oxford University Press, 2017.

GAVIN, F. J. What If? The Historian and the Counterfactual. **Security Studies**, v. 24, n. 3, p. 425-430, 2015. Disponível em: <https://doi.org/10.1080/09636412.2015.1070610>. Acesso em: 22 fev. 2020.

GILPIN, R. **War and Change in World Politics**. Cambridge: Cambridge University Press, 1983.

GRAY, C. Across the Nuclear Divide, Strategic Studies Past and Present. **International Security**, v. 2, n. 1, p. 24-46, 1977.

GRAY, C. Clausewitz Rules, OK? The Future is the Past: with GPS. **Review of International Studies**, v. 25, p. 161-182, 1999.

GRIFFIN, S. Military Innovation Studies: Multidisciplinary or Lacking Discipline? **Journal of Strategic Studies**, v. 40, n. 1-2, p. 196-224, 2017. Disponível em: <https://doi.org/10.1080/01402390.2016.1196358>. Acesso em: 22 fev. 2020.

GRYGIEL, J. The Primacy of Premodern History. **Security Studies**, v. 22, n. 1, p. 1-32, 2013. Disponível em: <https://doi.org/10.1080/09636412.2013.757169>. Acesso em: 22 fev. 20209.

HARARI, Y. **Sapiens**: uma breve história da humanidade. São Paulo: L&PM, 2015.

HARRISON, M. Myths of the Great War. ELORANTA, J. et al. (Org.). **Economic History of Warfare and State Formation**. New York: Springer, 2016. p. 135-158.

HAZELTON, J. L. Drone Strikes and Grand Strategy: Toward a Political Understanding of the Uses of Unmanned Aerial Vehicle Attacks in US Security Policy. **Journal of Strategic Studies**, v. 40, n. 1-2, p. 68-91, 2017. Disponível em: <https://doi.org/10.1080/01402390.2016.1196589>. Acesso em: 22 fev. 2020.

HINTZE, O. **Military Organization and the Organization of State**. New York: Oxford University Press, 1975.

HUGHES, W. **Fleet Tactics and Coastal Combat**. Annapolis: Naval Institute Press, 2000.

HUI, V. **War and State Formation in Ancient China and Early Modern Europe**. New York: Cambridge University Press, 2000.

HUNTER, W. **Eroding Military Influence in Brazil**: Politicians against Soldiers. Chapel Hill: The University of North Carolina Press, 1997.

HUNTINGTON, S. P. **O Soldado e o Estado**: teoria e política das relações entre civis e militares. Rio de Janeiro: Biblioteca do Exército, 1996.

HUNTINGTON, S. P. **O choque de civilizações e a recomposição da ordem mundial**. Rio de Janeiro: Objetiva, 1997.

IISS – International Institute for Strategic Studies. **The Militarty Balance**. London, 2019.

JACCARD, J.; JACOBY, J. **Theory Construction and Model-Building Skills**: a Practical Guide for Social Scientists. New York: The Guilford Press, 2009.

JAGODZINSKI, J. (Ed.). **Interrogating the Anthropocene**: Ecology, Aesthetics, Pedagogy, and the Future in Question. London: Palgrave Macmillan, 2018.

JOBIM, N. **Depoimento de Nelson Jobim**. Rio de Janeiro: CPDOC; FGV, 2013.

JOHNSON, D. D. P.; TOFT, M. D. Grounds for War: the Evolution of Territorial Conflict. **International Security**, v. 38, n. 3, p. 7-38, 2014. Disponível em: <https://doi.org/10.1162/ISEC_a_00149>. Acesso em: 22 fev. 2020.

KADERCAN, B. Strong Armies, Slow Adaptation: Civil-Military Relations and the Diffusion of Military Power. **International Security**, v. 38, n. 3, p. 117-152, 2014. Disponível em: <https://doi.org/10.1162/ISEC_a_00146>. Acesso em: 22 fev. 2020.

KAUFMAN, S.; LITTLE, R.; WOHLFORTH, W. C. **Balance of Power in World History**. Basingstoke: Palgrave Macmillan, 2007.

KEELEY, L. H.; FARIA, F. **A guerra antes da civilização**: o mito do bom selvagem. São Paulo: É Realizações, 2011.

KENNEDY, P. **The Rise and Fall of the Great Powers**. New York: Vintage, 1989.

KOONINGS, K. Political Orientations and Factionalism in the Brazilian Armed Forces, 1964-85. In: SILVA, P. (Org.). **The Soldier and the State in South America**: Essays in Civil-Military Relations. London: Palgrave Macmillan, 2001. p. 127-150.

KRULAK, C. The Strategic Corporal: Leadership in the Three Block War. **Marines Magazine**, v. 28, n. 1, Jan. 1999.

LEGRO, J. W.; MORAVCSIK, A. Is Anybody Still a Realist? **International Security**, v. 2, n. 5, p. 24-75, 1999.

LOPEZ, A. C. The Evolution of War: Theory and Controversy. **International Theory**, v. 8, n. 1, p. 97-139, Mar. 2016. Disponível em: <https://doi.org/10.1017/S1752971915000184>. Acesso em: 22 fev. 2020.

LOVELL, D.; BAKER, D.-P. **The Strategic Corporal Revisited**: Challenges Facing Combatants in 21st-Century Warfare. Cape Town: University Of Cape Town Press, 2017.

LUTTWAK, E. **The Grand Strategy of the Byzantine Empire**. Cambridge: Belknap Press of Harvard University Press, 2009.

MARCUS, R. D. Military Innovation and Tactical Adaptation in the Israel-Hizballah Conflict: the Institutionalization of Lesson-Learning in the IDF. **Journal of Strategic Studies**, v. 38, n. 4, p. 500-528, 2015. Disponível em: <https://doi.org/10.1080/01402390.2014.923767>. Acesso em: 22 fev. 2020.

MARES, D. R. Interstate Disputes: Militarized Coercion and 'Peaceful Settlement'. In: MARES, D. R.; KACOWICZ, A. M. **Routledge Handbook of Latin American Security**. New York: Routledge, 2015. p. 254-265.

MARES, D. R. The Zone of Violent Peace. In: SUAREZ, M. A. G.; VILLA, R.; WEIFFEN, B. (Org.). **Power Dynamics and Regional Security in Latin America**. London: Palgrave Macmillan, 2017. p. 225-246.

MARES, D. R.; KACOWICZ, A. M. **Routledge Handbook of Latin American Security**. New York: Routledge, 2015.

MARKOWITZ, J. Prices or Power Politics? When and Why States Coercively Compete over Resources. In: GREENHILL, K. M.; KRAUSE, P. (Org.). **Coercion**: the Power to Hurt in International Politics. New York: Oxford University Press, 2018. p. 271-290.

MARQUES, A. A.; FUCCILLE, A. Ensino e pesquisa em defesa no Brasil: estruturação do campo e desafios. **Revista Brasileira de Estudos de Defesa**,

v. 2, n. 2, p. 57-73, 2015. Disponível em: <https://doi.org/10.26792/rbed.v2n2.2015.64674>. Acesso em: 22 fev. 2020.

MARTINS FILHO, J. R. **A marinha brasileira na era dos encouraçados, 1885-1910**: tecnologia, forças armadas e política. Rio de Janeiro: FGV, 2010.

McDONALD, M. M.; NAVARRETE, C. D.; VAN VUGT, M. Evolution and the Psychology of Intergroup Conflict: the Male Warrior Hypothesis. **Philosophical Transactions of the Royal Society B: Biological Sciences**, v. 367, n. 1.589, p. 670-679, 2012. Disponível em: <https://doi.org/10.1098/rstb.2011.0301>. Acesso em: 22 fev. 2020.

MEARSHEIMER, J. J. **A tragédia da política das grandes potências**. Lisboa: Gradiva, 2007.

MEHARG, S.; ARNUSCH, A. **Security Sector Reform**: a Case Study approach to Transition and Capacity Building. Leavenworth: US Army War College, 2010.

MILLER, S. E. The Hegemonic Illusion? Traditional Strategic Studies in Context. **Security Dialogue**, v. 41, n. 6, p. 639-648, 2010. Disponível em: <https://doi.org/10.1177/0967010610388212>. Acesso em: 22 fev. 2020.

MORRIS, I.; GIL, L. R. **Guerra**: o horror da guerra e seu legado para a humanidade. São Paulo: Proença: LeYa, 2016.

NOVAS diretrizes para a defesa nacional já estão em vigor. **Senado Notícias**, 20 dez. 2018. Disponível em: <https://www12.senado.leg.br/noticias/materias/2018/12/20/novas-diretrizes-para-a-defesa-nacional-ja-estao-em-vigor>. Acesso em: 22 fev. 2020.

NORDEN, D. Latin American Militaries in the 21st Century. In: MARES, D. R.; KACOWICZ, A. M. **Routledge Handbook of Latin American Security**. New York: Routledge, 2015. p. 242-253.

O'HANLON, M. E. **The Science of War**: Defense Budgeting, Military Technology, Logistics, and Combat Outcomes. Princeton: Princeton University Press, 2009.

PAPE, R. A. **Bombing to Win**: Air Power and Coercion in War. Ithaca: Cornell University Press, 1996.

PARET, P. Hans Delbrück on Military Critics and Military Historians. **Military Affairs**, v. 30, p. 148-152, 1966.

PARKER, G. **Global Crisis**: War, Climate Change and Catastrophe in the Seventeenth Century. New Haven/London: Yale University Press, 2017.

PARKER, G. The Gunpowder Revolution. In: PARKER, G. (Org.). **The Cambridge Illustrated History of Warfare**. Cambridge: Cambridge University Press, 2008. p. 104-119.

PARKER, G. **The Thirty Years' War**. 2. ed. London/New York: Routledge, 1997.

PESSOA, T. S. **A formação de oficiais e as operações conjuntas:** comparações com o caso britânico e os desafios brasileiros de gestão em defesa. Tese (Doutorado em Estudos Estratégicos Universais) – Universidade Federal do Rio Grande do Sul, Porto Alegre, 2017. Disponível em: <https://lume.ufrgs.br/handle/10183/172443>. Acesso em: 22 fev. 2020.

PINKER, S. **Os anjos bons da nossa natureza:** por que a violência diminuiu. São Paulo: Companhia das Letras, 2017.

PION-BERLIN, D. **Military Missions in Democratic Latin America.** New York: Palgrave Macmillan, 2016.

PION-BERLIN, D. Political Management of the Military in Latin America. **Military Review,** p. 19-31, 2005.

PION-BERLIN, D.; MARTÍNEZ, R. **Soldiers, Politicians, and Civilians:** Reforming Civil-Military Relations in Democratic Latin America. New York: Cambridge University Press, 2017.

PROENÇA JÚNIOR, D. Forças armadas para quê? Para isso. **Contexto Internacional,** Rio de Janeiro, v. 33, n. 2, p. 333-373, 2011a. Disponível em: <https://doi.org/10.1590/S0102-85292011000200004>. Acesso em: 22 fev. 2020.

PROENÇA JÚNIOR, D. O Enquadramento das Missões de Paz (PKO) nas teorias da guerra e de polícia. **Revista Brasileira de Política Internacional,** Brasília, v. 45, n. 2, p. 147-197, 2002. Disponível em: <https://doi.org/10.1590/S0034-73292002000200008>. Acesso em: 22 fev. 2020.

PROENÇA JÚNIOR, D. Promessa tecnológica e vantagem combatente. **Revista Brasileira de Política Internacional,** Brasília, v. 54, n. 2, p. 173-188, 2011b. Disponível em: <https://doi.org/10.1590/S0034-73292011000200009>. Acesso em: 22 fev. 2020.

PROENÇA JÚNIOR, D.; DINIZ, E. **Política de defesa no Brasil:** uma análise crítica. Brasília: Ed. da UnB, 1998.

PROENÇA JÚNIOR, D.; DINIZ, E. E. The Brazilian Conceptualization of Security. In: BRAUCH, H. G. (Org.). **Globalization and Environmental Challenges:** Reconptualising Security in 21st Century. Berlin: Springer, 2008. p. 311-320.

PROENÇA JÚNIOR, D.; DUARTE, E. E. Os estudos estratégicos como base reflexiva da defesa nacional. **Revista Brasileira de Política Internacional,** Brasília, v. 50, n. 1, p. 29-46, 2007.

PROENÇA JÚNIOR, D.; DUARTE, E. E. The Concept of Logistics Derived from Clausewitz: all that is Required so that the Fighting Force can be Taken as a Given. **Journal of Strategic Studies,** v. 28, n. 4, p. 645-677, 2005.

PROENÇA JUNIOR, D.; LESSA, M. A. Brazilian National Defence Policy and Strategy Reviewed as a Unity. **Revista Brasileira de Política Internacional,**

Brasília, v. 60, n. 2, 2017. Disponível em: <https://doi.org/10.1590/0034-7329201700210>. Acesso em: 22 fev. 2020.

QUIGLEY, C. **The Evolution of Civilizations**. 2. ed. Indianapolis: Liberty Fund, 1979.

QUIGLEY, C. **Weapons Systems and Political Stability**: a History. Washington: University Press of America, 1983.

RATCHEV, V. **Civilianisation of the Defence Ministry**: a Functional Approach to a Modern Defence Institution. Geneve: DCAF, 2011.

REICH, S.; DOMBROWSKI, P. **The End of Grand Strategy**: US Maritime Operations in the Twenty-First Century. Ithaca: Cornell University Press, 2018.

REIS, M. A. B. dos. **A privatização da guerra no mundo contemporâneo**. Curitiba: Publishing, 2018.

REITER, D.; STAM, A. C. **Democracies at War**. Princeton: Princeton University Press, 2002.

RICHERSON, P. J., BOYD, R. **Not by Genes Alone**: how Culture Transformed Human Evolution. Chicago: University of Chicago Press, 2006.

ROGERS, C. J. Medieval Strategy and the Economics of Conquest. **Journal of Military History**, v. 82, n. 3, p. 709-738, 2018.

SANTOS, T.; DUARTE, E. E. Defense Management & Defense Analysis: desafios para o Ministério da Defesa. In: SCHMIDT, C. (Org.). **Políticas de defesa, inteligência e segurança**. Porto Alegre: Ed. da UFRGS, 2014. p. 114-146.

SCHEINA, R. L. **Latin America's Wars**. Washington: Brassey's, 2003.

SEABRA, P. Política de defesa, política externa e grande estratégia do Brasil. **Nação e Defesa**, n. 138, p. 45-62, 2014.

SELBY, J. et al. Climate Change and the Syrian Civil War Revisited. **Political Geography**, v. 60, p. 232-244, 2017. Disponível em: <https://doi.org/10.1016/j.polgeo.2017.05.007>. Acesso em: 22 fev. 2020.

SHACKELFORD, T. K.; WEEKES-SHACKELFORD, V. A. **The Oxford Handbook of Evolutionary Perspectives on Violence, Homicide, and War**. New York: Oxford University Press, 2012.

SHANKS-KAURIN, P. Questioning Military Professionalism. In: FINNEY, N. K.; MAYFIELD, T. (Org.). **Redefining Modern Military**: the Intersection of Profession and Ethics. Annapolis: Naval Institute Press, 2018. p. 9-21.

SHARMA, V. War, Conflict and the State Reconsidered. In: KASPERSEN, L. B.; STRANDSBJERG, J. **Does War Make States?** Investigations of Charles Tilly's Historical Sociology. Cambridge: Cambridge University Press, 2017. p. 181-218.

SILVA, E. R.; PROENÇA JÚNIOR, D. An Outline of Military Technological Dynamics as Restraints for Acquisition, International Cooperation and Domestic Technological Development. **Revista Brasileira de Política Internacional**, v. 57, n. 2, p. 99-114, 2014. Disponível em: <https://doi.org/10.1590/0034-7329201400306>. Acesso em: 22 fev. 2020.

SILVA, F. A. V. **O processo de transformação do Exército**: extensão, fontes e fatores intervenientes. Dissertação (Mestrado em Ciências Militares) – Escola de Comando e Estado-Maior do Exército, Rio de Janeiro, 2013.

SILVA, P. Introduction. In: SILVA, P. **The Soldier and the State in South America**: Essays in Civil-Military Relations. London: Palgrave Macmillan, 2001. p. 1-12.

SOARES, S. A. Por uma nova ontologia da defesa. **Revista Brasileira de Estudos de Defesa**, v. 2, n. 2, p. 15-20, 2016. Disponível em: <https://doi.org/10.26792/rbed.v2n2.2015.65447>. Acesso em: 22 fev. 2020.

SPEKTOR, M. **18 dias**. Rio de Janeiro: Objetiva, 2014.

SPRUYT, H. **The Sovereign State and Its Competitors**: an Analysis of Systems Change. Princeton: Princeton University Press, 1996.

STRACHAN, H. **The Direction of War**: Contemporary Strategy in Historical Perspective. New York: Cambridge University Press, 2014.

STRATFOR. The Geopolitics of Brazil: An Emergent Power's Struggle with Geography. **Stratfor**, 13 May 2012. Disponível em: <http://www.stratfor.com/sample/analysis/geopolitics-brazil-emergent-powers-struggle-geography>. Acesso em: 22 fev. 2020.

THAYER, B. A. **Darwin and International Relations**: on the Evolutionary Origins of War and Ethnic Conflict. Lexington: University Press of Kentucky, 2009.

THIES, C. G. War, Rivalry, and State Building in Latin America. **American Journal of Political Science**, v. 49, n. 3, p. 451-465, July 2005. Disponível em: <https://doi.org/10.2307/3647725>. Acesso em: 22 fev. 2020.

TILLY, C. **Coercion, Capital and European States, AD 990-1992**. Hoboken: Wiley-Blackwell, 2007.

TZU, S. **A arte da guerra**. São Paulo: Novo Século, 2015.

UGARTE, J. M. Doutrina de segurança nacional. In: SAINT-PIERRE, H.; VITELLI, M. G. (Org.). **Dicionário de segurança e defesa**. São Paulo: Ed. da Unesp, 2018. p. 219-314.

VEGO, M. On Littoral Warfare. **Naval War College Review**, v. 68, n. 2, 2015.

VUCETIC, S.; DUARTE, E. E. New Fighter Aircraft Acquisitions in Brazil and India: why not Buy American? **Politics & Policy**, v. 43, n. 3, p. 401-425, 2015.

WALSH, J. I. Is Technology the Answer? The Limits of Combat Drones in Countering Insurgents. In: GREENHILL, K. M.; KRAUSE, P. (Org.). **Coercion**: the Power to Hurt in International Politics. New York: Oxford University Press, 2018. p. 160-178.

WALTZ, K. **Theory of International Politics**. Reading: Addison Wesley, 1979.

WEIFFEN, B.; VILLA, R. Re-Thinking Latin American Regional Security: The Impact of Power and Politics. In: SUAREZ, M. A. G.; WEIFFEN, B.; VILLA, R. (Ed.). **Power Dynamics and Regional Security in Latin America**. London: Palgrave Macmillan, 2017. p. 1-25.

WENDT, A. Constructing International Politics. **International Security**, v. 20, n. 1, p. 71-81, 1995.

WILSON, D. S. **Evolution for Everyone**: how Darwin's Theory Can Change the Way We Think about Our Lives. New York: Delta, 2007.

WOHLFORTH, W. C. The Stability of a Unipolar World. **International Security**, v 24, n. 1, p. 5-41, 1999. Disponível em: <https://doi.org/10.1162/016228899560031>. Acesso em: 22 fev. 2020.

WRANGHAM, R. W.; GLOWACKI, L. Intergroup Aggression in Chimpanzees and War in Nomadic Hunter-Gatherers: Evaluating the Chimpanzee Model. **Human Nature**, Hawthorne, v. 23, n. 1, p. 5-29, 2012. Disponível em: <https://doi.org/10.1007/s12110-012-9132-1>. Acesso em: 22 fev. 2020.

XENOPHON. **Anabasis**. Cambridge: Harvard University Press, 1998.

YOUNG, T.-D. The Failure of Defense Planning in European Post-Communist Defense Institutions: Ascertaining Causation and Determining Solutions. **Journal of Strategic Studies**, v. 41, n. 7, p. 1031-1057, 2018. Disponível em: <https://doi.org/10.1080/01402390.2017.1307743>. Acesso em: 23 fev. 2020.

ZEFFERMAN, M. R.; MATHEW, S. An Evolutionary Theory of Large-Scale Human Warfare: Group-Structured Cultural Selection. **Evolutionary Anthropology**, v. 24, n. 2, p. 50-61, 2015. Disponível em: <https://doi.org/10.1002/evan.21439>. Acesso em: 22 fev. 2020.

ZIELINSKI, R. C. **How States Pay for Wars**. Ithaca: Cornell University Press, 2016.

Respostas

Capítulo 1

Questões para revisão

1. c

2. d

3. As relações internacionais tratam a guerra como uma caixa preta e não explicam seus desenvolvimentos; possuem uma atitude mais normativa que analítica; não explicam a discrepância de desempenho entre forças combatentes e de uma mesma força em condições diferentes; não reconhecem as diferenças essenciais entre defesa e ataque; não reconhecem as várias formas e utilidades de emprego da força; analisam a guerra geralmente em um único nível e como um fenômeno unilateral.

4. a

5. O realismo, pois confere relevância ao Estado nacional e tem como foco principal o provimento da segurança.

Questão para reflexão

Do ponto de vista dos estudos de segurança, o principal questionamento é a relevância contemporânea do filme *300* e como ele poderia representar ou influenciar as relações entre Estados Unidos × Irã e Oriente Médio (Croft, 2012, p. 573). Além dessa questão, pode-se refletir sobre a idealização da guerra como algo ocidental, glorioso, masculino e estatal; sobre a descaracterização de povos não ocidentais; e sobre a marginalização do papel da mulher. Do ponto de vista dos estudos estratégicos, um debate sobre o filme consideraria, primeiro, os contrastes do filme com aquilo que realmente aconteceu ou que poderia ter acontecido em termos de formas e formações de combate, desenvolvimentos e resultados dos enfrentamentos, bem como consideraria a razão de ser das decisões estratégicas de ambos os lados.

Um exercício prático é a comparação desses aspectos apresentados no filme com o trabalho do principal analista contemporâneo do assunto, Hans Delbrück (1990). Entre eles, o mais notório é que o diretor do filme e seu roteirista original replicaram o mito da enorme superioridade em números dos persas, presente nas autoridades clássicas sobre o evento. Atualmente, há métodos bastante consistentes que estimam as condições demográficas do Império Persa e o quanto ele poderia fornecer de combatentes. Delbrück, em particular, estudou as possibilidades de marcha e sustentação dessas forças no pouco fértil terreno grego. Em síntese, a invasão persa contou com cerca de 40 mil soldados, número muito abaixo do milhão que, geralmente, se aponta.

Portanto, não existe, necessariamente, sobreposição entre as agendas de pesquisa dos estudos estratégicos e dos estudos de segurança. Eles partem de pontos de vista muito distintos e aspiram produzir entendimentos que não são excludentes entre si. A principal controvérsia entre os dois campos seria quanto aos efeitos públicos destes. Do ponto de vista dos estudos estratégicos, várias das colocações e proposições dos estudos de segurança prejudicam a conscientização e o consentimento públicos sobre a guerra, inserindo muitos fatores no debate, sem hierarquia de conhecimento. Do ponto de vista dos estudos de segurança, como já discutido, os estudos estratégicos não contribuem para a emancipação dos espólios de guerra e provimento de uma condição de paz e segurança ampla e sustentável.

Capítulo 2

Questões para revisão

1. d
2. b
3. Guerras ilimitadas são sempre encerradas com campanhas ofensivas, ao passo que guerras limitadas podem ser encerradas com campanhas defensivas; negociações e acordos acontecem durante guerras limitadas e apenas após guerras ilimitadas; guerras limitadas têm pouco apoio popular, ao passo que guerras ilimitadas contam com amplo apoio popular.
4. Recursos, *status*, parceiros e condições de reprodução e território.
5. d

Questão para reflexão

Os cenários 1 e 2 são, respectivamente, casos de guerra limitada e de guerra ilimitada. Muito provavelmente, o assaltante estar ou não armado influenciará a reação da mãe no primeiro cenário, mas não no segundo. Esse exercício busca proporcionar a reflexão de que guerra é um tipo de relacionamento político entre quaisquer tipos de atores e grupos, por isso não é restrito ao Estado.

Capítulo 3

Questões para revisão

1. Saldo efetivo de mísseis; qualidade superior de mísseis; ter disponibilidade de bases navais avançadas próprias ou de aliados; ter unidades navais mais coesas e articuladas.

2. Negligência de aspectos geográficos da guerra; negligência de características das forças oponentes; promessa de vitória a baixos custos; tendência à falta de compromisso do líder político.

3. 3. a
4. 4. e
5. 5. e

Questão para reflexão

O ponto comum entre as duas obras é que os antigos padrões de cooperação, competição e conflito se tornaram globais e contínuos, e, por essa razão, de mais difícil entendimento. No entanto, a previsão de Fukuyama (1992) parece ser muito precipitada, tendo em vista que a globalização econômica ainda não foi capaz de prover distribuição de riqueza por tempo o suficiente para alterar os padrões coletivos de comportamento humano. Por outro lado, para além dos alcances geográficos e demográficos, os choques civilizacionais apontados por Huntington (1997) não são novos, nem mesmos entre "ocidentais" e mulçumanos. Mesmo essas duas categorias, hoje, são ainda mais ambíguas e pouco representativas da variedade de grupos cristãos e mulçumanos, bem como de seus confrontos internos relacionados à religião e outros aspectos identitários.

Capítulo 4

Questões para revisão

1. Teste e experimentação doutrinários; incentivo a reformas na educação e organização militares; amadurecimento da coordenação entre civis e militares; capacitação das forças armadas brasileiras em atuação internacional e multilateral; recurso de política externa.

2. Solano López tinha como objetivo conquistar uma porção substancial do território uruguaio, sua capital e porto, o que implicaria no desbaratamento ou fuga da autoridade política nativa. Para isso seria necessário a destruição das forças uruguaias e, possivelmente, a subordinação de uma parcela de sua população. Todos esses são fatores que caracterizam uma guerra de tipo ilimitada.

3. d
4. a
5. b

Capítulo 5

Questões para revisão

1. c

2. A produção de material de guerra em massa demandou indústrias de defesa; foi necessário elevar as condições de consumo da população para evitar o sucesso dos movimentos revolucionários; foi possível equalizar as diferenças regionais do Brasil; o desenvolvimento permitiu superar a dependência externa; houve melhora no controle do território nacional.

3. Assimetria de poder; perspectivas diferentes com relação à América do Sul; indecisão brasileira sobre uma política para o Estados Unidos (de alinhamento ou balanceamento); alterações constantes na orientação da política externa dos Estados Unidos; falta de unidade brasileira para lidar com os Estados Unidos devido à constante instabilidade política e econômica.

4. c

5. d

Capítulo 6

Questões para revisão

1. a

2. Supervisionar e intervir quando o Executivo não cumpre ou excede seu papel em matéria de defesa; participar do debate público sobre defesa nacional; apreciar os documentos de defesa; apreciar as contas orçamentárias de defesa; aprovar os parâmetros e as instâncias de uso das forças armadas.

3. Formatar estudos e documentos de defesa nacional; avaliar a execução política de defesa; estabelecer prioridades para o planejamento do Ministério da Defesa e das forças armadas; discutir questões transversais de segurança nacional, como energia nuclear, segurança cibernética e segurança de fronteiras.

4. b

5. d

Questão para reflexão

Estados Unidos, China, Rússia e os Brics são importantes para o Brasil porque afetam as relações internacionais como um todo e porque, individualmente ou por meio de interações entre si, afetam a nossa região. Por isso, pelo menos um acompanhamento dessas interações e efeitos deveria ser apontado na Política Nacional de Defesa.

Sobre o autor

Érico Esteves Duarte é doutor e mestre em Engenharia de Produção (com ênfase em Estudos Estratégicos) pela Universidade Federal do Rio de Janeiro (UFRJ) e bacharel em Relações Internacionais pela Universidade de Brasília (UnB). Atuou como colaborador nas seguintes instituições: Instituto de Pesquisa Econômica Aplicada (Ipea), Universidade da Força Aérea, Escola de Comando e Estado-Maior do Exército, Centro Corbett de Estudos de Política Marítima do King's College, Instituto de Estudos de Paz e Políticas de Segurança (IFSH) da Universidade de Hamburgo e Instituto Superior de Relações Internacionais de Moçambique. Além disso, ocupou a Cátedra Rui Barbosa da Universidade de Leiden.

Atualmente, é membro do Instituto Internacional de Estudos Estratégicos (IISS), da Sociedade de História Militar (SMH) e da Associação de Estudos Internacionais (ISA).

Em 2010, recebeu o prêmio de Melhor Tese em Defesa Nacional pelo Ministério da Defesa. Publicou quatro livros: *A independência norte-americana: guerra, revolução e logística*; *Maritime Security Challenges in the South Atlantic*; *Navies and Maritime Policies in the South Atlantic*; e *A guerra entre China e Estados Unidos na Coreia: da escalada às negociações de cessar-fogo*.

Os papéis utilizados neste livro, certificados por instituições ambientais competentes, são recicláveis, provenientes de fontes renováveis e, portanto, um meio responsável e natural de informação e conhecimento.

FSC
www.fsc.org
MISTO
Papel | Apoiando o manejo florestal responsável
FSC® C103535

Impressão: Reproset
Julho/2023

PRESSLAB/Shutterstock